Brix Förster

Deutsch-Ostafrika

Geographie und Geschichte der Colonie

DOGMA

Brix Förster

Deutsch-Ostafrika

Geographie und Geschichte der Colonie

ISBN/EAN: 9783955076924

Auflage: 1

Erscheinungsjahr: 2012

Erscheinungsort: Bremen, Deutschland

© DOGMA in Europäischer Hochschulverlag GmbH & Co KG, Fahrenheitstr. 1, 28359 Bremen (www.dogma.de). Alle Rechte beim Verlag und bei den jeweiligen Lizenzgebern.

Deutsch-Ostafrika.

Geographie und Geschichte der Colonie.

Von

Brix Förster.

Mit einer Karte von Deutsch-Ostafrika.

Leipzig:
F. A. Brockhaus.
1890.

Deutsch=Ostafrika.

Vorwort.

Die Erkenntniß der Productions- und Consumtionsfähigkeit eines fremden Ländergebietes liefert die Handelsstatistik und die Geographie. Die Handelsstatistik gewährt einen Ueberblick über die zur Zeit vorhandenen natürlichen und industriellen Erzeugnisse und über die von den Eingeborenen zur Zeit begehrten Tauschwaaren. Die Geographie dagegen gibt die Anhaltspunkte zur Beurtheilung der überhaupt möglichen Erzeugungskraft eines Landes und über den Werth der Bevölkerung als Arbeiter und als Abnehmer europäischer Artikel.

Ausschließliche Handelscolonien können erblühen einzig und allein auf Grund der Erfahrung über die Exportfähigkeit der Landesproducte und über die Importfähigkeit bestimmter europäischer Industrieerzeugnisse. Beabsichtigt man aber neben der Belebung des Handels die Quantität und Qualität der Bodenfrüchte einer Colonie durch intensiveren Ackerbau oder durch Einführung neuer Culturpflanzen zu steigern, so ist das Wissen über Bodenbeschaffenheit, Klima, über die Verkehrsmöglichkeiten, mit einem Worte, über die Geographie des Gebietes unumgängliches Bedürfniß.

In der deutschen Colonie von Ostafrika trat man von
Anfang an mit der Absicht auf, den tropischen Reichthum an
Grund und Boden durch Anlage von Plantagen und durch
Anregung der Eingeborenen zu ausgiebigerem Ackerbau zu heben
und auszunutzen. Wir bedürfen daher zur richtigen und zu
einer den Erfolg annähernd sichernden Werthschätzung Deutsch-
Ostafrikas eines geographischen Handbuches. Denn die vorhandene, in Sansibar aufgestellte Handelsstatistik enthält
noch so außerordentlich weite Lücken und noch so sehr schwankende, auf kurze Zeiträume beschränkte Ziffern, daß sie durchaus nicht vermag, uns ein klar und scharf gezeichnetes Bild
von der Bedeutung der Colonie, nicht einmal in ihrem gegenwärtigen Zustande, zu schaffen.

Wir sind auf die Erforschung der geographischen Verhältnisse angewiesen. Ich räume bereitwillig ein, daß diese,
wenigstens mit Rücksicht auf colonisatorische Unternehmungen,
in so geringem Grade untersucht sind, daß nur die dringende
Nothwendigkeit, das vorhandene Material zu sammeln und zu
sichten und einen Anfang überhaupt einmal zu machen, in mir den
Entschluß hervorgerufen hat, eine Geographie Deutsch-Ostafrikas
zu entwerfen. Wir besitzen, mit Ausnahme einiger kürzlich ver-
öffentlichter sehr wichtiger Monographien, nur Reisebeschrei-
bungen als benutzbare Quellen. Noch besteht keine einzige
wissenschaftliche Station in jenen Gebieten, welche uns genaue
und umfangreiche Anhaltspunkte zur Bestimmung des allgemeinen und speciellen Landescharakters geben könnte. Groß ist
die Anzahl der Reisenden und werthvoll sind unzweifelhaft die
meisten ihrer Berichte. Aber da sie diesen Theil Afrikas hauptsächlich als Durchzugsgebiet betrachteten und sehr häufig dieselben

Karavanenstraßen einschlugen, so bleiben oft weite, dazwischen liegende Strecken vollkommen unberührt, deren Kenntniß erst jetzt bei der Umgestaltung des Landes in eine Colonie von unerwarteter Bedeutung geworden ist. Arbeitet man die Erzählungen verschiedener Erforscher über ein und dasselbe Gebiet mit Aufmerksamkeit durch, so gewinnt man sehr bald die Ueberzeugung, daß die Berichte nicht nur unter sich einen sehr verschiedenen Grad von Verläßigkeit besitzen, sondern daß auch die glaubwürdigsten Autoren nicht in allen Gegenden mit gleicher Schärfe beobachtet haben. Nur durch eine vorurtheilslose, förmlich auflauernde Kritik der umfangreichen und der kurzgefaßten Reiseberichte ist es möglich, den Grad der Cultur und der Culturfähigkeit mit einiger Sicherheit darzustellen. Da nach meiner Meinung die Unterschätzung eines Terrainabschnittes als Culturland weniger schadet als die Neigung zur Uebertreibung, so habe ich nur dort den Ton bis zum Lob „üppiger Fruchtbarkeit" gesteigert, wo ich außer den topographisch günstigen Verhältnissen mehrere und zwar sichere Beobachter mit gleich stark ausgesprochenen und übereinstimmenden Urtheilen vorfand. Es mögen sich daher diejenigen, welche sich ein viel glänzenderes Bild von der tropischen Ueberfülle Deutsch-Ostafrikas gemacht, mit der Versicherung trösten, daß eifrige Nachforschung und fortschreitende Cultur in künftigen Jahren noch manchen farblosen Strich Landes mit leuchtendem Grün überziehen werden. Das wichtigste und zugleich schwierigste Problem für die Ausnutzung Ostafrikas bleibt die Herstellung sicherer und billiger Verkehrsmittel. Schiffbare Flüsse und befahrbare Straßen existiren nicht; die Verwendung der Eingeborenen als Träger ist für uns sehr theuer, da wir mit eigenen Sklaven nicht arbeiten können.

Es bleibt nur der Bau von Eisenbahnen. Ich muß die Ent=
scheidung den Technikern überlassen, ob eine Möglichkeit be=
steht, die zweifellos vorhandenen klimatischen und geographischen
Hindernisse hier zu überwinden.

In der kartographischen Darstellung von Ostafrika sind
wir noch ziemlich weit entfernt von praktisch verwerthbarer
Genauigkeit und Vollständigkeit trotz Ravenstein's sorgfältiger,
aber theilweise schon wieder veralteter Leistung. Zwar mögen
die Flußläufe im großen und ganzen und die hervorragendsten
Orte richtig fixirt sein; allein die Erhebungen des Geländes
und die Gliederung der Gebirge dürften in vielen Fällen mehr
der phantasievollen und prophetischen Gabe der Afrikareisenden
Ehre machen, als den Thatsachen entsprechen. Das einzige ver=
lässig und vollkommen durchgearbeitete Gebiet ist Usambara.
Dies verdanken wir Dr. Baumann.

Was mit dem gegebenen Material zu erreichen war, steht
demnach vorläufig nur als Entwurf in der beigegebenen Karte.
Das Verlangen nach Uebersichtlichkeit im Ganzen und zugleich
nach Deutlichkeit in vereinzelten wichtigen Landstrichen bestimmte
die Wahl eines möglichst großen Maßstabes, eines größeren, als
er bisher in Deutschland für eine Karte von Deutsch=Ostafrika
verwendet worden. Herrn Dr. Hans Fischer, von der karto=
graphischen Anstalt von Wagner und Debes in Leipzig, gebührt
mein ganz besonderer Dank, da er mit verständnißvoller Hin=
gebung und technischer Kunstfertigkeit die Terraindarstellung
dem Texte auf Grund der einschlägigen Literatur angepaßt hat.

Ich habe nicht alle Namen von Ortschaften, welche auf=
zutreiben waren, in die Karte aufgenommen. Es wäre eine
nutzlose Ueberfüllung gewesen. Denn die meisten, die nur den

Namen des gerade herrschenden Häuptlings repräsentiren, ver=
schwinden mit diesem in den nächsten Jahren. Was sich durch
eine größere Anzahl von Berichten unter derselben Bezeichnung
als dauernd herausgestellt hat, dem allein habe ich eine Stelle
angewiesen; dennoch gebe ich auch für deren unumstößliche
Daseinsberechtigung keine absolute Sicherheit. Denn man darf
nie vergessen, daß in Ostafrika alles sich in Fluß und Schwanken
befindet: Wohnstätten, Stammesgrenzen und Machtgebiete.

Da ich mit vorliegendem Buche neben einer kritisch=
wissenschaftlichen Ordnung und Sichtung des geographischen
Materials hauptsächlich eine praktischen Zwecken dienende Orien=
tirung zu liefern trachte und denjenigen, welche aus irgend
einem Grunde sich mit Ostafrika als einer deutschen Colonie
eingehend beschäftigen wollen, die Mittel zu selbständigem
und möglichst erschöpfendem Urtheil zu bieten beabsichtige, so
mußten auch die wirthschaftlich=politischen Verhältnisse des
deutschen Besitzes in den Kreis der Betrachtung gezogen werden.
Nach meiner Ueberzeugung erhält man über diese Verhältnisse
nur durch die Kenntniß der geschichtlichen Entwickelung eine
grundlegende Einsicht. Ich sah mich deshalb veranlaßt, der
geographischen Darstellung die Geschichte der Gründung
der Colonie und die verschiedenen Phasen im Wachsthum
und in der Thätigkeit der Deutsch=Ostafrikanischen Gesellschaft
bis zum directen Eingreifen der Reichsregierung voranzuschicken.
Es ist nicht nur interessant, schrittweise zu verfolgen, wie
aus ursprünglich fast abenteuerlichen Plänen mächtige, ganze
Völker aufregende Ereignisse entsprangen; es ist auch wichtig,
das historisch Gewordene unverrückbar festzustellen und die
vorhandenen Mittel organisirender und finanzieller Kräfte mit

den Aufgaben einer emporstrebenden neuen Colonie zu ver=
gleichen. Ich gedenke weder einen Panegyrikus auf die Deutsch=
Ostafrikanische Gesellschaft zu schreiben, noch mit bequemer Selbst=
gefälligkeit Mängel in ihrem Thun und Treiben aufzudecken:
ich werde von einem ferner gelegenen Standpunkte aus einfach
die Geschicke vor den Augen der Leser sich abspielen lassen,
nichts verschweigend und nichts verschönend, doch mit dem
Hinweis auf ähnliche Erscheinungen, wie sie bei kräftigen
Völkern in dem Anfang zukunftunsicherer Unternehmungen
jederzeit sichtbar geworden.

Zwei Wünsche mögen zum Schluß das Ziel meiner Arbeit
kennzeichnen: erstens, daß Deutsch=Ostafrika in seiner Ent=
wicklungsfähigkeit als Colonie den wirklichen Thatsachen ent=
sprechend gewürdigt werde; und zweitens, daß diejenigen,
welche die schwierige Aufgabe der Colonisation sich gestellt,
mit englischer Nüchternheit, Gelassenheit und Klugheit ans
Werk gehen.

München, im October 1889.

Brix Förster.

Inhalt.

———

Geschichte der Gründung der deutschen Colonie von 1884 bis 1. April 1889.

––––––

Colonien werden erworben entweder durch die Macht des Staates oder durch einwandernde Volksmassen oder durch den Unternehmungsgeist abenteuernder oder weitsichtiger Männer, sei es aus eigenem Antrieb oder im Auftrag einer Corporation. Ostafrika wurde für das Deutsche Reich gewonnen durch die Thatkraft eines Einzelnen im Namen einer Gesellschaft. Abenteuerlich nennt man jedes Unternehmen, das mit unzureichenden Mitteln begonnen und dessen Vollendung auf das Eintreten günstiger Zufälle berechnet ist. Die anzuwendenden Mittel sind Kapital, Waffengewalt und Kenntniß von Land und Volk. Ob die Mittel zureichend waren, darüber entscheidet der Erfolg, aber nicht der momentane, sondern der schließliche, oft nach Jahren. Die Geschichte ist also die Richterin und sie spricht erst dann, wenn die öffentliche Meinung, aufgeregt durch die widersprechendsten Ereignisse, gänzlich verstummt ist.

Die Erwerbung von Deutsch-Ostafrika war im ersten Jahr in den Augen vieler Verständiger ein Abenteuer, nach mehr als drei Jahren eine glorreiche That und erscheint jetzt nach fünf Jahren im Lichte eines ungenügend vorbereiteten Unternehmens. Die Geschichte hat noch nicht zu Wort kommen können; ihr Urtheil schlummert in der Zukunft.

Das Studium der Entstehung und des Verlaufs der colo=
nialen Gründung zeigt, mit welch geringen Mitteln begonnen
und doch Großes geschaffen wurde, zugleich aber auch, wo der
Keim des Unhaltbaren, des Gewagten verborgen liegt. Die
Besserung der Verhältnisse beruht auf der nüchternen Erkennt=
niß und dem rücksichtslosen Zugeständniß der gemachten Fehler,
aber ebenso auch in der Würdigung energisch vollbrachter Thaten.

Das sind die Gesichtspunkte, von denen gegenwärtig die
Geschichte der deutschen Colonie Ostafrika mit Billigkeit betrachtet
werden muß.

Für alle Zeiten wird mit dem Namen Deutsch=Ostafrika
die Person Dr. Carl Peters verbunden bleiben. Er soll hier
nicht parteiisch verherrlicht werden, sondern es soll die unge=
schminkte Wahrheit über sein Streben und seine Thaten zum
vollen Ausdruck gelangen. Die Wahrheit macht uns gerecht.
Und das Geringste ist doch Gerechtigkeit, die wir einem Manne
gewähren müssen, der sein Leben und seinen Ruf zum Wohl
des ganzen Volkes in die Schanze schlug.

Carl Peters (geb. 1856 als der Sohn eines Pfarrers in
Neuhaus an der Unterelbe) hat in Göttingen, Tübingen und
Berlin Geschichte, Nationalökonomie und Jurisprudenz studirt,
1879 den Doctortitel und 1880 die facultas docendi sich
erworben. Ein darauf folgender mehrjähriger Aufenthalt in
England brachte ihn mit Kreisen in Berührung, in denen
er nicht nur die praktische Energie der Engländer kennen
lernte, sondern auch die Bedeutung einer Colonialmacht für
Nationalreichthum und Weltstellung. Als er zu Anfang des
Jahres 1884 nach Deutschland zurückkehrte und eine aufflam=
mende Begeisterung für die Erwerbung von deutschen Colonien
vorfand, die sich hauptsächlich im Halten und Hören von Vor=
trägen und in Gründung von Vereinen Genüge that, da reifte
in seiner Seele auf Grund der in England erhaltenen Schulung
der Entschluß, schöpferisch die Hand ans Werk zu legen und
ein wirkliches Land dem deutschen Drang nach Colonisation

zu gewinnen, auf dem die deutsche Nationalität frei schöpferisch sich entfalten und nicht durch fremde europäische Einflüsse gestört werden könnte.

Der Ausführung dieses Planes war kein Vorbild gegeben: Angra Pequena und Kamerun verschleierte noch tiefes Geheimniß. Die Unterstützung des Reiches in Anspruch zu nehmen, erschien unmöglich seit der abfälligen Behandlung der Samoa-Vorlage im Reichstag. Ganz aus eigenen Mitteln, aus der eigenen Kraft mußte das Werk unternommen werden. Peters fand in dem Grafen Behr-Bandelin einen ernstbegeisterten Gesinnungsgenossen. Sie beriefen eine Versammlung von dreißig Herren, und mit vierundzwanzig derselben gründeten sie am 28. März 1884 die „Gesellschaft für deutsche Colonisation". Ein Ausschuß von sechs Mitgliedern wurde eingesetzt. Am 6. April 1884 trat er zusammen und verfaßte die Satzungen, von welchen die wichtigsten waren:

Zweck der Gesellschaft: Begründung von deutschen Ackerbau- und Handelscolonien;

Beschaffung eines Colonisationscapitals;

Auffindung und Erwerbung geeigneter Colonisations-districte;

Hinlenkung der deutschen Auswanderung in diese Gebiete.

Die Aufnahme in die Gesellschaft erfolgt durch Einzahlung eines Jahresbeitrags von mindestens fünf Mark.

Organisation:

Der Ausschuß besteht aus höchstens zwölf Mitgliedern, von denen sechs von der Hauptversammlung mit dem Rechte der Cooptation von sechs weitern Mitgliedern gewählt werden.

Der Ausschuß hat alle äußern und innern Angelegenheiten der Gesellschaft selbständig zu erledigen. Er faßt bündige Beschlüsse über alles, was den Zweck der Gesellschaft fördern kann, und hat das Recht, rechtsgültige Verträge im Namen der Gesellschaft zu schließen.

Er verfügt über die eingegangenen Gelder für die
Zwecke der Gesellschaft.

Der Ausschuß erwählt den Vorsitzenden.

Der Vorsitzende beruft den Ausschuß. Außerdem muß
auf Antrag von drei Mitgliedern des Ausschusses derselbe berufen werden. Er ist beschlußfähig bei Anwesenheit von mindestens fünf Mitgliedern.

Abänderung der Satzungen oder Auflösung der Gesellschaft
kann nur auf Antrag des Ausschusses und nur durch
eine Mehrheit von zwei Dritteln der anwesenden Mitglieder in einer Hauptversammlung beschlossen werden.

In dem ersten Ausschuß saßen Graf Behr als 1. Vorsitzender, Dr. Peters als 2. Vorsitzender, Dr. Zühlke als Schrift-
führer, Premierlieutenant Kurella als Schatzmeister.

Diese Satzungen tragen den Stempel des Thatendrangs.
Nicht ein „Verein“ mit langsam wirkendem Einfluß auf die
öffentliche Meinung und auf die Gestaltung hoffnungsvoller
Pläne war gegründet worden, sondern eine „Gesellschaft“,
welche beschlossene Unternehmungen sofort zu verwirklichen hatte.
Alles Parlamentiren und Debattiren wurde in die alljährlich
nur einmal stattfindende Hauptversammlung verwiesen. Der
Ausschuß war Kopf und Herz der Gesellschaft; von ihm ging
das Leben und der Entschluß zur That aus. Und er selbst
war nur ein leicht zu handhabendes Werkzeug für den Vorsitzenden. Dieselbe Tendenz, mit wenigen Mitgliedern nahezu
unumschränkt zu arbeiten und den eigenen Willen vorherrschend
zur Geltung zu bringen, offenbart sich auch später bei der
Organisation der Deutsch-Ostafrikanischen Gesellschaft.

Ein zweiter und der wichtigste Punkt war die Beschaffung
der nothwendigen Gelder. Der Mitgliederbeitrag von mindestens, d. h. von gewöhnlich, fünf Mark konnte nur dazu dienen,
eine breite Basis für die Gesellschaft zu schaffen, die coloniale
Bewegung in Fluß zu erhalten und jene Stimmung zu erzeugen,
die größere Kapitalisten zur Zeichnung von namhaften Bei-

trägen drängen sollte. Allein ein finanzieller Erfolg wurde damit nicht erreicht. Die Massenbetheiligung blieb aus; das Großkapital ließ sich nicht in nebelhafte Fernen locken.

Der ursprüngliche Zweck der Gesellschaft — und das muß hier besonders betont werden — war der Ankauf von überseeischen Ländereien und der Verkauf derselben an auswandernde deutsche Ackerbauer.

Es wurde in der ersten Hauptversammlung der Gesellschaft am 29. Mai 1884 in Berlin von dem Missionar Merensky das Hochplateau von Südafrika als dasjenige Gebiet bezeichnet, das wegen kühleren Klimas und großer Fruchtbarkeit zur Bebauung durch den deutschen Landmann sich besonders eigne. Wie sich später zeigte, war das Hinterland von Mossamedes, nördlich des Kunene, ins Auge gefaßt. Mit der allgemein gehaltenen Bezeichnung „Plateau von Südafrika" zog man das Kapital nicht heran. Man konnte und wollte aber nicht deutlicher sein, um nicht die Aufmerksamkeit anderer Nationen, namentlich der Engländer, dahin zu lenken, die mit Leichtigkeit das in Aussicht genommene Land vor der Ankunft der Deutschen hätten occupiren können.

Der Ausschuß fand einen Ausweg. Er erließ am 25. Juli 1884 einen Aufruf an die großen Kapitalisten, welche nicht Mitglieder der Gesellschaft waren, mit der Aufforderung, sich mit einem Beitrag von mindestens 5000 Mark an dem beabsichtigten Landankauf zu betheiligen und zu einer Versammlung am 19. August sich einzufinden, in welcher ihnen das geheimgehaltene Project im Vertrauen mitgetheilt würde. Die Kapitalistenversammlung fand statt, doch die Einzeichnungen erschienen noch ungenügend. Man bot Antheilscheine zu 500 Mark aus und gewann so im ganzen allmählich 45 000 Mark. Wiederholt setzte man den Hebel an. Den wirklichen Mitgliedern des Vereins sicherte man, damit auch sie aus dem gesammten Unternehmen realen Nutzen ziehen könnten, die Aussicht auf einen Landantheil zu, wenn sie sich zur Zahlung von 50 Mark herbeiließen, ja man versuchte durch den Appell an den Patriotismus der geringer bemittelten Massen Beiträge zu 20 und 10 Mark herauszuschlagen. 20000 Mark waren das Resultat dieser Anstrengungen.

Es muß hier ausdrücklich erwähnt werden, daß der Aus= schuß, um den Vorwurf des Heranziehens des kleinen Kapitals zu entkräften, bei seinen Aufforderungen rundweg erklärte, er könne keine weitere Verpflichtung übernehmen, als daß bei dem fraglichen Gelingen des Unternehmens das Land nach Maßgabe der Beiträge vertheilt und dann zur freien Verfügung gestellt werden würde, daß er aber keine Rechenschaft über die Ver= wendung der Gelder abzulegen gedenke. Den Großkapitalisten hingegen, welche 45000 Mark gezeichnet, wurde Sicherung durch Einsetzung einer eigenen Controlkommission gewährleistet.

Man hatte nun 65000 Mark beisammen, und mit dieser geringen Summe gedachte Dr. Peters eine Colonie zu gründen. Das war freilich abenteuerlich genug und war es um so mehr, als weder er noch die gleich ihm begeisterten Reisegefährten Graf Joachim Pfeil und Dr. Jühlke irgendwelche persönliche Kenntniß von den zu erwerbenden Landstrichen besaßen. Aber die Jugend liebt das Verschleierte und hält sich an den Spruch: Wer nicht wagt, gewinnt nicht. Außerdem rechneten sie gewiß mit jener Eigenthümlichkeit des deutschen Nationalcharakters, der mit Zähigkeit das Begonnene unterstützt, wenn nur irgend= jemand zuvor die Arbeit des Anfangs auf sich genommen.

Im September 1884 waren alle Vorbereitungen zur Abreise nach Südafrika getroffen, nachdem der Ausschuß am 16. August 1884 beschlossen hatte, dort Ländereien anzukaufen.

Wir müssen es ein günstiges Geschick nennen, das diesen Plan über den Haufen warf; denn am Kunene hätte man später nur getäuschte Erwartungen zu begraben gehabt. Das günstige Geschick wehte die Kunde von der Besitzergreifung Angra Pequenas durch Lüderitz im richtigen Augenblick über das Meer. Zwischen dieses Gebiet und der portugiesischen

Colonie sich einzukeilen, ohne die Aussicht auf den Besitz eines eigenen Hafens, erschien dem länderdurstigen, in ferne Zeiten schauenden Dr. Peters unmöglich. Mit Wärme wies er jetzt wiederholt auf jenes Land hin, das er während des ganzen Sommers, aber vergeblich in Vorschlag gebracht: auf Usagara an der Ostküste von Afrika. Dieses hatte sein sehnsuchtsvolles Drängen erfüllt, seit er die verführerische Beschreibung durch Stanley gelesen: „Wer will Afrika der Civilisation erschließen? Hier ist eine Gelegenheit! Hier, wo man unter den artigen Wasagara ohne Furcht und Störung leben kann, mitten in den schönsten und malerischsten Landschaften. Hier ist das üppigste Grün, das reinste Wasser; hier sind Thäler angefüllt mit Getreidehalmen, Tamarinden, Mimosen und Gummibäumen. Gesundheit und Ueberfluß an Lebensmitteln sind gesichert!" Man nahm in jenen Kreisen damals die Aussprüche Stanley's als vollwerthige Münzen; andere aber wußten schon längst und zwar allein durch kritische Vergleichung verschiedener Reise= berichte, daß die Exactheit Stanley'scher Schilderungen nicht mit der Größe seiner geographischen Entdeckungen Schritt hält.

Dr. Peters vertraute dem, was er gelesen, und er be= stimmte den Ausschuß, nachdem das Project mit Südafrika fallen gelassen worden, am 16. September 1884 Folgendes zu beschließen:

„Die Herren Dr. Peters, Dr. Jühlke und Graf J. Pfeil werden bevollmächtigt und beauftragt, an der Ostküste Afrikas, in erster Reihe in Usagara, eine Landerwerbung behufs Anlegung einer deutschen Ackerbau= und Handels= colonie zu vollziehen.

„Das zu erwerbende Gebiet muß politisch die Möglichkeit deutscher Oberhoheit bieten, wirthschaftlich für deutsche Ansiedelung behufs Ackerbau geeignet sein.

„Sollte es unmöglich sein, auf dem ins Auge gefaßten Gebiet den Ankauf vorzunehmen, so sind die Herren ermächtigt, an einem andern Punkte Land zu erwerben.

„Der Ausschuß spricht die feste Erwartung aus, daß die Herren keineswegs, ohne den Ankauf von geeignetem Land irgendwo vollzogen zu haben, nach Deutschland zurückkommen werden."

Drei Aufgaben wurden demnach Dr. Peters gestellt:

1) In Afrika für den deutschen Landmann geeignetes Land aufzufinden;
2) Grund und Boden käuflich zu erwerben;
3) eine deutsche staatliche Oberhoheit zu errichten.

Diese Aufgaben wurden nicht gelöst und konnten that= sächlich nicht gelöst werden, weil sie ohne nur annähernde Kenntniß von Land und Leuten gestellt wurden.

Der Erfolg war nicht der beabsichtigte, aber von außen betrachtet größer und glänzender, als man sich zu träumen gehofft.

Am 1. October 1884 fuhr die Expedition unter Dr. C. Peters von Triest ab und traf am 4. November in Sansibar ein. Alle Vorsicht wurde aufgewendet, um die Absicht der Ländererwerbung zu verhüllen. Denn es mußte befürchtet werden, daß bei offenem Auftreten der Sultan von Sansibar, welcher zeitweise seine Autorität auf dem Festlande bis Tabora zur Geltung zu bringen suchte, alle Hebel in Bewegung setzen würde, um das deutsche Unternehmen zu vereiteln.

In der unglaublich kurzen Zeit von fünf Tagen wurde die Expedition, wenn auch nur nothdürftig, in Sansibar ausgerüstet und landete am 10. November in Saadani. Am 12. November 1884 nachmittags 5 Uhr setzte sich die Karavane in Marsch, bestehend aus Dr. Peters, Dr. Jühlke, Graf Pfeil, Otto, der schon in Berlin auf eigene Kosten sich angeschlossen hatte, aus 6 Dienern und 36 Trägern.

Man schlug die früher von Makay, Cambier u. A. be= nutzte Route ein und durchzog die Landschaft Usegguha ohne längern Aufenthalt. Am 23. November 1884 wurde in Mkindo oder Kwindo Kaniani in Nguru der erste größere Halt gemacht

und der erste Vertrag mit einem Negerhäuptling abgeschlossen.
Dann ging es nach Südwesten hinein in die Landschaft Usagara und am 4. December 1884 erreichte man das geplante
Endziel, nämlich Muinin Sagara oder Sima. Die Wegstrecke
von Saadani bis Sima beträgt auf der Karte gemessen gegen
300 km; sie wurde in 22 Tagen zurückgelegt, also mit durchschnittlich 14 km pro Tag, eine tüchtige Marschleistung auf
afrikanischen Wegen, insofern man berücksichtigt, daß während
dieser Zeit sechs größere Verträge zum Abschluß gelangten und
die betreffenden Verhandlungen sehr viel Aufenthalt verursachten.

Mit den Kräften der Expedition ging es aber auch zu
Ende. Alle vier Herren litten an den heftigsten Fieberanfällen,
denen Otto sogar an Ort und Stelle bald erlag. Man beschloß
schleunigsten Rückzug nach Sansibar. Nur Graf Pfeil wurde
zur Gründung der ersten Station (Kiora) zurückgelassen. Dr.
Peters und Dr. Jühlke brachen am 7. December 1884 von
Muinin Sagara wieder auf und kamen nach unsäglichen Stra-
pazen durch Ukami und Ukwere am 17. December 1884 in
Bagamoyo und am 19. December in Sansibar an.

Innerhalb sechs Wochen war afrikanischer Grund und
Boden mit tropischer Ertragsfähigkeit in der ungefähren Ausdehnung des Königreichs Baiern für die „Gesellschaft für deutsche
Colonisation" scheinbar erworben worden, und zwar nur durch
Verträge mit Negersultanen unter Einsetzung verhältnißmäßig
geringer Geldkräfte. Die Verträge selbst waren freilich von
sehr geringer staatsrechtlicher Bedeutung, wenn man einerseits
die sehr beschränkte Macht der Häuptlinge berücksichtigt, andererseits den Vorgang beim Contractabschluß im einzelnen verfolgt. Privatrechtlich fehlte ihnen jede Basis; denn Ackerland
wird in diesen Gebieten nicht durch Kauf, sondern nur durch
thatsächliche Bebauung Eigenthum von Weißen und Schwarzen.
Unangebautes Land ist herrenlos. Dr. Peters' eigene Erzählung
darüber („Tägliche Rundschau" vom März und April 1885)
liefert hierzu das authentische Material. Sie lautet im Aus-

zug: „Nahten wir uns einem Kraal, wo ein Contract zu machen war, so pflegte ich mit denjenigen von meinen Leuten zusammen zu marschiren, welche irgendetwas von dem betreffenden Herrscher, seinem Charakter, seinen Schicksalen, seinem Besitzstand mittheilen konnten. Gerüchte von meiner Macht und meinem Einfluß waren vorher in Umlauf gesetzt. Zogen wir ins Kraal ein, so knüpften wir sofort ein recht cordiales Verhältniß an, indem wir den Sultan zwischen uns auf ein Lager nahmen, von beiden Seiten unsere Arme um ihn schlagend. Wir thaten einen Trunk guten Grogs und brachten Seine Hoheit von vornherein in die vergnüglichste Stimmung. Alsdann wurden die Ehrengeschenke ausgetauscht und nach dem Essen begannen die diplomatischen Verhandlungen und auf Grund derselben wurde der Contract abgeschlossen. War dies geschehen, so wurden die Fahnen gehißt, der Vertrag im deutschen Text verlesen; ich hielt eine kurze Ansprache, wodurch ich die Besitzergreifung als solche vornahm, die mit einem Hoch auf S. M. den Deutschen Kaiser endete. Man wird sich nicht leicht vorstellen, welchen Eindruck der ganze Vorgang auf die Neger zu machen pflegte."

Uebrigens muß hervorgehoben werden, daß in ganz Mittelafrika die allgemeine Besitzergreifung einer Landschaft in ähnlicher Form vollzogen wird. Gestattet der Häuptling das Hissen einer Flagge, so unterwirft er sich und das ihm unterthänige Volk der neuen Herrschaft und gestattet die Ansiedelung. Dazu bestimmt ihn entweder die Furcht vor drohender Gewalt, oder die Hoffnung, für sich reichlichen Nutzen zu gewinnen, oder das Vertrauen in die Macht der Weißen, ihm Schutz gegen die Raubzüge benachbarter Stämme zu gewähren. Fällt aber eine dieser Vorbedingungen im Laufe der Zeit hinweg, so kümmert er sich nicht mehr im geringsten um den Vertrag: er kennt keine moralische, einfach gesetzliche Verpflichtung. Mithin ist die Dauer und der Werth solcher Verträge sehr problematisch.

Als Dr. Peters die Verträge mit den Negerhäuptlingen entwarf, dachte er weniger an ihre bindende Kraft, die sie für diese besitzen sollten, sondern an ihre Stichhaltigkeit gegenüber den Einsprüchen des Sultans von Sansibar und den etwa später möglichen Einmischungsversuchen anderer europäischer Mächte.

Ihre Abfassung bekundet diese Absicht. Ich gebe einen der Verträge als Beispiel im Wortlaut wieder.

„Muinin Sagara in Usagara, 4. December 1884.

„Muinin Sagara, alleiniger absoluter Herr von ganz Usagara, und Doctor C. Peters, als Vertreter der Gesellschaft für deutsche Colonisation schließen hierdurch einen ewigen Freundschaftsvertrag ab.

„Sultan Muinin Sagara erhält eine Reihe von Geschenken; weitere Geschenke für die Zukunft werden ihm versprochen, und er tritt hierdurch unter den Schutz der Gesellschaft.

„Dafür tritt der Sultan an Herrn Dr. C. Peters, als Vertreter der Gesellschaft für deutsche Colonisation, kraft seiner absoluten und unumschränkten Machtvollkommenheit das alleinige und ausschließliche Recht, Colonisten nach ganz Usagara zu bringen, ab; ferner das alleinige und ausschließliche Recht völliger und uneingeschränkter privatrechtlicher Ausnutzung von ganz Usagara; endlich alle diejenigen Rechte, welche nach dem Begriff des deutschen Staatsrechts den Inbegriff staatlicher Oberhoheit ausmachen, unter anderm das Recht der Ausbeutung von Bergwerken, Flüssen, Forsten; das Recht, Zölle anzulegen, Steuern zu erheben, eigene Justiz und Verwaltung einzurichten, und das Recht, eine bewaffnete Macht zu schaffen.

„Der privatrechtliche Besitzstand des Sultans wird von der Gesellschaft anerkannt und garantirt, und die Vertreter der Gesellschaft werden angewiesen werden, diesen Besitzstand mit allen Kräften mehren zu helfen.

„Die Gesellschaft wird mit allen Kräften dahin wirken,
daß Sklaven aus dem Gebiet des Sultans Muinin Sagara
nicht mehr fortgeschleppt werden dürfen."

Durch diese Verträge war das formelle Recht der Besitz=
ergreifung gewonnen; auch die vom Ausschuß gestellten Auf=
gaben (siehe S. 7) schienen gelöst: weite Länderstrecken waren
uneingeschränktes Eigenthum der Gesellschaft geworden und
die deutsche Oberhoheit wurde unbedingt anerkannt. Ob die
erworbenen ostafrikanischen Gebiete für den deutschen Arbeiter
geeignet, wurde allein in Frage gestellt; vielleicht fand sich
noch ein erträgliches Klima in höheren, nahe liegenden
Gebirgsgegenden. Soweit wäre alles recht schön und gut
gewesen. Allein eine thatsächliche Wirkung, die man von
den Verträgen erwartete, konnte nicht durch das gesprochene
und geschriebene Wort, durch Flaggenhissen und reiche Ge=
schenke geschaffen werden; dazu bedurfte man entweder des
unausgesetzt guten Willens und einer gewissen Vertrauensselig=
keit der Eingeborenen oder deutscherseits der Entfaltung von
Machtmitteln.

Was war bewilligt worden und was hatte man garantirt?

Die Häuptlinge unterwarfen ganz Usagara, Useguha u. s. w.
der deutschen Oberhoheit auf Grund ihrer Souveränetät.

Es wurde gar nicht genauer untersucht, ob ihre Herrschaft
weiter reiche als über die nächsten Dörfer, ob ihre Behaup=
tungen nicht Prahlereien seien. Sie geben den ganzen Privat=
besitz ihrer Unterthanen in die Hände der deutschen Gesellschaft
zur beliebigen Ausnutzung, so steht es in allen Verträgen.
Als es später darauf ankam, Stationen und Plantagen zu
errichten, ließ sich kein einziger Neger herbei, sein bebautes
Stück Land gutmüthig ohne Entgelt, etwa nur mit dem Hin=
weis auf die Verträge, abzutreten. Die Erwerbung „des ganzen
Landes zu unumschränkter Ausnutzung" bestand nur in dem
Erwerb der Erlaubniß, auf herrenlosem Grund und Boden
sich anzusiedeln.

Mit dem für Oberhoheit und Grunderwerb bezahlten Kaufpreis sah es übrigens auch nicht viel besser aus. Die Baumwolltücher und Husarenjacken spielten nur die Rolle von Trinkgeldern; die Hauptsumme, welche die Negersultane gefügig machte, muß in der Zusicherung des Schutzes gesucht werden, Schutz gegen Sklavenraub und gegen die Einfälle landgieriger Nachbarn.

Konnte dieser von den paar anwesenden Weißen oder nach ihrem Abgang von der gehißten Flagge gewährt werden? Wäre Deutschland damals eine von Negern gekannte Macht gewesen, wie England, so hätte die Furcht vor drohender Bestrafung als Schutz gelten können. Das war aber nicht der Fall.

Dem Versprechen der Häuptlinge auf Unterwerfung stand das Versprechen der Gesellschaft auf Schutz ebenbürtig zur Seite. Die Verträge waren nur eine Anweisung auf die Zukunft. Blieb diese friedlich, der Neger gutmüthig und von Feinden unbelästigt, so erfüllten sie vollkommen ihren Zweck. Trat ein Umschwung in der Haltung der Eingeborenen und in den politischen Verhältnissen ein, dann verloren sie allen Werth, und neue Mittel mußten ergriffen werden, um den Willen der Colonisation durchzusetzen.

Doch einen Werth besaßen die Verträge, einen bedeutenden, der ihnen, wie die folgenden Ereignisse lehrten, unlösbar anhaftete: sie machten das ganze Gebiet unantastbar für die übrigen Nationen.

––––––––

Am 2. Februar 1885 traf Dr. Peters in Berlin ein. Sein erster Schritt galt der völkerrechtlichen Sicherstellung des erworbenen Gebietes und einer dadurch zu gewinnenden festen Grundlage für die lebenskräftige Gestaltung der neuen Colonie.

Er wandte sich an das Reichskanzleramt. Schon am 27. Februar erhielt er den Schutzbrief S. M. des Deutschen Kaisers.

„Wir Wilhelm, von Gottes Gnaden Deutscher Kaiser, König von Preußen, thun kund und fügen hiermit zu wissen:

„Nachdem die derzeitigen Vorsitzenden der «Gesellschaft für deutsche Colonisation» Dr. Carl Peters und Unser Kammerherr, Felix, Graf Behr-Bandelin, Unseren Schutz für die Gebietserwerbungen der Gesellschaft in Ostafrika, westlich von dem Reiche des Sultans von Sansibar, außerhalb der Oberhoheit anderer Mächte, nachgesucht und Uns die von besagtem Dr. Carl Peters zunächst mit den Herrschern von Usagara, Nguru, Useguha und Ukami im November und December v. J. abgeschlossenen Verträge, durch welche ihm diese Gebiete für die deutsche Colonisationsgesellschaft mit den Rechten der Landeshoheit abgetreten worden sind, mit dem Ansuchen vorgelegt haben, diese Gebiete unter Unsere Oberhoheit zu stellen, so bestätigen wir hiermit, daß Wir diese Oberhoheit angenommen und die betreffenden Gebiete, vorbehaltlich Unserer Entschließungen auf Grund weiterer Uns nachzuweisender vertragsmäßiger Erwerbungen der Gesellschaft oder ihrer Rechtsnachfolger in jener Gegend, unter Unseren Kaiserlichen Schutz gestellt haben. Wir verleihen der besagten Gesellschaft unter der Bedingung, daß sie eine deutsche Gesellschaft bleibt, und daß die Mitglieder des Directoriums oder die sonst mit der Leitung betrauten Personen Angehörige des Deutschen Reiches sind, sowie den Rechtsnachfolgern dieser Gesellschaft unter der gleichen Voraussetzung, die Befugniß zur Ausübung aller aus den Uns vorgelegten Verträgen fließenden Rechte, einschließlich der Gerichtsbarkeit, gegenüber den Eingeborenen und den in diesen Gebieten sich niederlassenden oder zu Handels- und andern Zwecken sich aufhaltenden Angehörigen des Reiches und anderer Nationen, unter der Aufsicht Unserer Regierung

und vorbehaltlich weiterer von Uns zu erlassender Anord=
nungen und Ergänzungen dieses Unseres Schutzbriefes.

„Zu Urkund dessen haben wir diesen Schutzbrief Höchst=
eigenhändig vollzogen und mit Unserm Kaiserlichen Insiegel
versehen lassen.

„Gegeben Berlin, den 27. Februar 1885.

(gez.) Wilhelm.
(ggz.) v. Bismarck."

Die Besitzungen in Ostafrika, an deren möglichste Er=
weiterung Dr. Peters sofort bei seiner Rückkehr nach Berlin
dachte, mußten eine feste, energisch arbeitende Regierung er=
halten. Der Ausschuß der Gesellschaft für deutsche Colonisation
war nach den Satzungen dazu nicht geeignet; seine Aufgabe
war eine allgemeine, nach vielen Richtungen hin wirkende
Thätigkeit; mit der Entsendung der Expedition Peters und
Genossen hatte er seine erste That vollbracht und abgeschlossen.
Es stellte daher Dr. Peters am 12. Februar 1885 an den Aus=
schuß der Gesellschaft den Antrag: „ein Directorium aus fünf
Mitgliedern auf 15 Jahre zu ernennen, welchem die Ausübung
der in Afrika erworbenen Rechte unter Zuziehung der ver=
schiedenen Interessentengruppen allein und ausschließlich zu=
steht". Der Antrag wurde einstimmig angenommen. Damit
war der Keim zur Gründung der Deutsch=Ostafrikani=
schen Gesellschaft gelegt und mit Recht datirt sie von diesem
12. Februar 1885 ihren Geburtstag. In einer Versammlung
an demselben Tage traten die Besitzer von Antheilscheinen von
50 Mark und in jener vom 27. Februar diejenigen, welche
500 und 1000 Mark am 19. August 1884 als Beitrag ge=
zeichnet hatten, der neugebildeten Gesellschaft bei. Eine große
Schwierigkeit bereitete die juristische Form für dieselbe. Eine
Actiengesellschaft schien nach den bestehenden Gesetzen nicht
anwendbar; eine offene Handelsgesellschaft bedingte die Haft=
barkeit des Gesammtvermögens aller Theilnehmer. Man suchte

und fand einen Ausweg, indem man die juristische Organisation der Gesellschaft den Bestimmungen einer Commanditgesellschaft anpaßte. Das Directorium constituirte sich als Gesellschaft mit Haftung seiner sämmtlichen Mitglieder; die Antheilscheininhaber traten als stille Theilnehmer mit den fünf Mitgliedern des Directoriums in ein Vertragsverhältniß.

Am 2. April 1885 wurde die Deutsch-Ostafrikanische Gesellschaft unter der Firma „Carl Peters und Genossen" in das Gesellschaftsregister eingetragen. Persönlich haftende Mitglieder waren Dr. Peters, Dr. F. Lange, Consul Roghé und Hofgarten-Director Jühlke. Graf Behr-Bandelin betheiligte sich als Commanditist nur mit einem bestimmten Betrage seines Vermögens.

Die unter demselben Datum angenommenen Satzungen bestimmten:

1) Zweck der Gesellschaft: Erwerb, Besitz, Verwaltung und Verwerthung von Ländern, sowie deutsche Colonisation im Osten Afrikas.

2) Die Besitzer von Antheilscheinen treten in ein Vertragsverhältniß zum Directorium, das sich als juristische Person constituirt.

3) Das Directorium, aus 5 Mitgliedern bestehend und auf 15 Jahre von den Mitgliedern eingesetzt, hat die vollständige und unbeschränkte Ausübung aller in Afrika erworbenen Rechte; freies Verfügungsrecht über die Gelder der Gesellschaft; das Recht der Einsetzung und Absetzung von Beamten; das Recht, neue Ländereien zu erwerben.

4) Satzungsänderungen können nur auf Antrag des Directoriums und mit Zustimmung von zwei Dritteln der Mitglieder vorgenommen werden.

Die Executive, die eigentliche Geschäftsführung, übertrug man einem Verwaltungschef.

Eine straffere Organisation einer Gesellschaft ist nicht zu denken; sie schuf ein in jeder Beziehung verwendbares Werkzeug für die Hand eines Einzigen, des Verwaltungschefs; zu diesem wurde Dr. Peters ernannt. Er besaß das unbedingteste Vertrauen. Die ihm am 9. April 1885 ertheilte Generalvollmacht beweist dies. Sie lautete: „Namens der Deutsch=Ostafrikanischen Gesellschaft «Carl Peters und Genossen» ertheilen wir hierdurch dem Mitglied der Gesellschaft, Herrn Dr. Peters zu Berlin, die Vollmacht, die allgemein administrative und politische Leitung der Gesellschaft zu führen. Insbesondere ist derselbe hierdurch ermächtigt, die Beamten im Namen des Directoriums anzustellen, zu befördern, zu entlassen, die Aufsicht und Controle über dieselben zu führen, alle administrativen Anordnungen selbständig zu treffen, Befehle zu ertheilen, die Disciplin zu handhaben, Disciplinarstrafen zu verhängen. Diese Vollmacht hat Bezug auf alle Beamte der Gesellschaft in Deutschland wie in Afrika und sonst an andern Orten, Civilbeamte wie Militär und Militärbeamte. Ferner wird Herr Dr. Peters ermächtigt, als erster Executivbeamter der Deutsch=Ostafrikanischen Gesellschaft alle in sein Ressort fallenden Beschlüsse des Directoriums zur Ausführung zu bringen; in dringlichen Fällen ist er ermächtigt, Maßregeln und Bestimmungen für die Interessen der Gesellschaft auch ohne vorherige Einholung eines Directorialbeschlusses zu treffen; indeß ist er für derartige Acte dem Directorium verantwortlich."

Während die Deutsch=Ostafrikanische Gesellschaft im Frühjahr 1885 sich auf diese Weise allmählich krystallisirte, neue Geldmittel zu beschaffen suchte und mit den Behörden in wichtigen und verwickelten Verhandlungen ihre Existenzberechtigung zu sichern trachtete, arbeitete Dr. Peters unausgesetzt an neuen Plänen, um an das „Ostafrikanische Schutzgebiet" neue weitausgedehnte Ländereien im Norden, Westen und Süden anzusetzen.

In Befolgung seiner Befehle, die mit lakonischer Kürze den Victoria=Nyanza und den Nyassa=See als Ziel= und Nicht=

punkte angaben und zu mancherlei Mißverständnissen führten, wurden vom Mai 1885 bis zum Februar 1886 folgende neue Gebiete unter die Oberhoheit der Deutsch-Ostafrikanischen Gesellschaft gebracht. Ich gebe sie in geographischer Ordnung von Nord nach Süd.

1) Die Nordostküste des Somali-Landes von Halule bis Warscheth. Durch Regierungsbaumeister Hörnecke und Lt. von Anderten. September 1885.

2) Die Küste des Somali-Landes an der Wubuschi-Mündung. Durch Dr. Jühlke, Lt. Günther und Janke. Herbst 1886.

3) Das Land nördlich und südlich vom Sabaki durch Lt. von Anderten. Januar 1886.

4) Usambara, Pare und Dschagga-Land am Kilimandscharo. Durch Dr. Jühlke und Prlt. Kurt Weiß. Mai 1885.

5) Usaramo. Durch Lt. Schmidt und Söhnge. Sept. 1885.

6) Kutu. Durch Graf Pfeil. Juni 1885.

7) Uhehe, Mahenge, Ubena und das Land der Waginbo zwischen Rufidschi und Rovuma. Durch Graf Pfeil. November 1885.

Die Besitzergreifung fand wie bisher durch Abschließen von Verträgen, Proclamationen und durch Hissen der Flagge statt. Stationen wurden nur in einzelnen Fällen errichtet. Eine wesentliche Veränderung fand in der Abfassung der Verträge statt, insofern sie nicht mehr den Erwerb des ganzen Landes als Privatbesitz der Gesellschaft enthielten, sondern nur das Recht der Ansiedelung auf noch nicht bebauten Ländereien.

Es ist kein Zweifel, daß mit all diesen fieberhaft rasch beschleunigten Landerwerbungen kein Rechtszustand geschaffen wurde, dessen unentrinnbarem Zwang die eingeborenen Häuptlinge in jeder Beziehung sich fügen mußten, aber die deutsche Hand war auf ein weitausgedehntes Gebiet gelegt worden, das zu berühren oder ohne weiteres zu ergreifen jeder andern Nation mit Entschiedenheit verwehrt werden konnte. Kam es zu Verwickelungen mit fremden Staaten, so hatte man eine feste Grundlage gewonnen, auf der man zu verhandeln und zu einem befriedigenden Abschluß zu gelangen vermochte, wie es später auch geschehen.

Der heftigste und erste Einspruch war von der zunächst etablirten und organisirten Staatsmacht zu befürchten, von dem Sultanat Sansibar. Der Küstenstrich vom Tana bis zum Rovuma war ihm unterthan: die Existenz von Walis und von stationirten regulären Truppen an verschiedenen Orten schlossen jeden Zweifel aus; aber eine irgendwie bestimmte Abgrenzung nach dem Innern des Festlandes konnte nirgends stichhaltig bezeichnet werden. Dem Sultan von Sansibar mag auch die Stipulation eines Abhängigkeitsverhältnisses unnöthig erschienen sein, da er bisher die einzige Macht gewesen, die sich gelegentlich unter den Negerstämmen wirksam geltend machen konnte. Waren doch auch die arabischen Händler, die am Tanganika und Nyassa eine unbedingt herrschende Stellung einnahmen, seine Unterthanen! Für die Behauptung seines Willens gegenüber den schwarzen Häuptlingen genügte diese regellose und ungeregelte Machtentfaltung, nützte aber nichts im Fall eines Conflicts mit einem europäischen Staatswesen. Da war ein geschriebener Vertrag, auch ein sonst werthloser, weit überwiegend im Vortheil; wer solch einen vorzeigen konnte, der mußte bei Gebietsstreitigkeiten mit dem Sultan von Sansibar factisch Recht erhalten, weil er das formelle besaß.

Dr. Peters und Genossen ließen deshalb bei dem Abschluß der Verträge die Negerhäuptlinge besonders betonen, daß sie „unumschränkte Herren" in dem abzutretenden Gebiete seien. Ja, Dr. Peters nahm am 26. November 1884 von einem Beamten des Sultans von Sansibar folgende wichtige Erklärung zu Protokoll:

„Mvomero, den 26. November 1884. Salim bin Hamid, seit vier Jahren erster Bevollmächtigter S. M. des Sultans von Sansibar in Nguru, erklärt vor einer Reihe rechtsgültiger

Zeugen, daß der Sultan von Sanſibar auf dem Continent
von Oſtafrika, ſpeciell in Nguru und Uſagara, Oberhoheit und
Schutzrecht nicht beſitzt."

So kam es denn, daß der Sultan Said Bargaſch von
Sanſibar mit all ſeinen verſpäteten Verſuchen, die deutſchen
Unternehmungen durch ſeine Hoheitsanſprüche zu vereiteln,
keine andere Wirkung als eine diplomatiſche erzielte, welche
aber durch entſchiedenes Auftreten der deutſchen Reichsgewalt
neutraliſirt wurde.

Als er am 25. April 1885 officielle Kenntniß von dem
am 27. Februar ertheilten kaiſerlichen Schutzbrief erhielt, erließ er folgendes Telegramm an den Deutſchen Kaiſer:

„Wir haben vom Generalconſul Rohlfs Abſchrift von
Eurer Majeſtät Proclamation vom 27. Februar empfangen,
wonach Gebiete in Uſagara, Nguru und Ukami, von denen es
heißt, daß ſie weſtlich von unſern Beſitzungen liegen, Eurer
Oberhoheit und deutſcher Regierung unterſtellt ſind. Wir pro-
teſtiren hiergegen, weil dieſe Gebiete uns gehören und wir
dort Militärſtationen halten und jene Häuptlinge, welche die
Abtretung von Souverainetätsrechten an die Agenten der Geſellſchaft anbieten, dazu nicht Befugniß haben: dieſe Plätze
haben uns gehört ſeit der Zeit unſrer Väter." Faſt zu gleicher
Zeit, Anfang Mai 1885, wurden Truppen des Sultans nach
Witu, Dſchagga und Uſagara geſchickt, um die deutſchen Be-
ſitzergreifungen zu annulliren.

Am 19. Juni 1885 erhielt Said Bargaſch vom Fürſten
Bismarck eine ausführlich begründete, aber entſchieden ableh-
nende Antwort, deren markanteſte Stellen lauteten: „Ew. Hoheit
richteten am 27. April ein Telegramm an S. Majeſtät den
Kaiſer, worin E. H. Proteſt erheben gegen die deutſche Erwerbung. Ich bin inſtruirt, dieſen Proteſt und die von E. H.
erhobenen Anſprüche für unbegründet zu erklären und im Namen
S. M. des Kaiſers Proteſt zu erheben gegen Ihre nachträg-
liche Beſetzung von Gebieten, welche innerhalb des deutſchen

Schutzgebietes liegen. . . . Seine Majestät wünschen aufrichtig das freundliche Einvernehmen aufrecht zu erhalten, welches bisjetzt mit E. H. bestanden hat, und sind in dieser Beziehung bereit, mit E. H. in Verhandlungen zu treten, um die internationalen Beziehungen zwischen dem deutschen Schutzgebiet und E. H. zu regeln. S. M. erwarten, daß E. H. deren Wünschen in dieser Hinsicht entgegenkommen und Ihre Beamten und Truppen aus dem deutschen Gebiet zurückziehen werden."

Der Sultan gab nach, wesentlich bestimmt durch die Rathschläge der englischen Regierung; der Vormarsch der Truppen wurde am 24. Juni 1885 eingestellt. Zur ausdrücklichen Anerkennung des deutschen Schutzgebietes bedurfte es aber des Erscheinens eines deutschen Geschwaders, das Ende Mai nach Sansibar beordert worden war und am 7. August 1885 eintraf. Am 14. August gab der Sultan folgende Erklärung ab, wodurch die deutsche Regierung vollkommen befriedigt wurde:

„Infolge der Forderung, welche von S. M. dem Kaiser gestellt ist als Ultimatum und unerläßlich für die Aufnahme freundlicher Verhandlungen, anerkennen wir die Schutzherrschaft Deutschlands über die Länder von Usagara, Nguru, Useguha, Ukami und über das Gebiet von Witu. Wir übernehmen es, unsere Soldaten zurückzurufen, und machen dies unsern Beamten bekannt, welche die sämmtlichen Küstengebiete besetzt halten."

Auf dieser Grundlage konnte das Deutsche Reich in weitere Verhandlungen über die Ordnung der neugeschaffenen Verhältnisse treten. England, das mit wachsamen Augen den steigenden Einfluß und die Expansionsbestrebungen der Deutschen in Ostafrika beobachtete, bot aufs bereitwilligste seine Vermittelungsdienste an, um Deutschland zu bestimmen, dem französisch-englischen Abkommen vom 10. März 1862 in Bezug auf die Unabhängigkeit des Sultans von Sansibar beizutreten. Die deutsche Regierung willigte ein unter der Bedingung, daß die deutsche Schutzherrschaft über Useguha u. s. w. rückhaltlos vom Sultan anerkannt werde und daß er die Häfen Pangani und Dar-es-Salaam in der Form einer Zollpacht an die Deutsch-Ostafrikanische Gesellschaft abtrete. Es war jener Moment, der später von einigen gewichtigen Stimmen als versäumte Gelegenheit bezeichnet wurde, das ganze Sultanat mit ein paar Kanonenschüssen in die Tasche des Deutschen Reiches zu spediren. Allein abgesehen von dem hohen politischen Werth ungestörter freundschaftlicher Beziehungen zwischen England und Deutschland, muß man doch zugeben, daß es klüger war, die eingewurzelte arabische Herrschaft zu eigenem Vortheil zu benutzen, als eine neue unter vollkommen fremdartigen Verhältnissen mit Gewaltmitteln einer widerspenstigen Bevölkerung aufzuzwingen.

Ferner galt es mit England ein Compromiß zu Stande zu bringen. England war seit Jahrzehnten an der ostafrikanischen Küste heimisch; es hatte da Handelsfactoreien und Missionsstationen und bisher ausschlaggebenden Einfluß auf Sansibar, und die Tausende von ansässigen Indern waren britische Unterthanen. Man mußte deutscherseits das Hinterland von Mombas und Malindi opfern, erhielt dafür das als Paradies beschriebene Gebiet in Dschagga am Fuße des Kilimandscharo, das zweifellos von dem Sultan von Sansibar früher mit Beschlag belegt worden war, als von Dr. Jühlke, wenn auch der Sultan Mandara in Dschagga letzterm erklärte, er habe die arabische Occupation als solche nicht aufgefaßt.

Alle diese Punkte bedurften weitläufiger diplomatischer Verhandlungen, die am 23. December 1885 begannen und endlich ihren Abschluß fanden in dem internationalen Abkommen zu London am 1. November 1886.

1) Deutschland und Großbritannien erkennen die Souveränetät des Sultans von Sansibar über die Inseln Sansibar und Pemba, sowie über diejenigen kleinern Inseln an, welche in der Nähe der erstern innerhalb eines

Umkreises von 12 Seemeilen liegen; desgleichen über die Inseln Lamu und Mafia.

Dieselben erkennen in gleicher Weise als Besitz des Sultans auf dem Festlande eine Küstenlinie an, welche ununterbrochen von der Mündung des Miningani-Flusses am Ausgang der Tungbi-Bucht bis Kipini reicht. Diese Linie beginnt im Süden des Miningani-Flusses, folgt dem Laufe desselben fünf Seemeilen und wird dann auf dem Breitenparallel bis zu dem Punkte verlängert, wo sie das rechte Ufer des Rovuma-Flusses trifft, durchschneidet den Rovuma und läuft weiter an dem linken Ufer entlang.

Die Küstenlinie hat eine Tiefe landeinwärts von zehn Seemeilen, bemessen durch eine gerade Linie ins Innere von der Küste aus bei dem höchsten Wasserstande zur Flutzeit. Die nördliche Grenze schließt den Ort Kau ein. Im Norden von Kipini erkennen die genannten Regierungen als dem Sultan gehörig an die Stationen von Kismaju, Barawa, Marka, Makdischu mit einem Umkreis landeinwärts von je zehn Seemeilen und Warscheikh mit einem Umkreis von fünf Seemeilen.

2) Großbritannien macht sich verbindlich zur Unterstützung derjenigen Verhandlungen Deutschlands mit dem Sultan, welche die Verpachtung der Zölle in den Häfen von Dar-es-Salaam und Pangani an die Deutsch-Ostafrikanische Gesellschaft gegen eine dem Sultan seitens der Gesellschaft zu gewährende jährliche Zahlung bezwecken.

3) Beide Mächte kommen überein, eine Abgrenzung ihrer gegenseitigen Interessen-Sphären in diesem Theile des ostafrikanischen Festlandes vorzunehmen, in gleicher Weise, wie dies früher bei den Gebieten am Golf von Guinea geschehen ist.

Das Gebiet, auf welches dieses Uebereinkommen Anwendung findet, soll begrenzt sein im Süden durch den

Rovuma-Fluß und im Norden durch eine Linie, welche, von der Mündung des Tana-Flusses ausgehend, dem Laufe dieses Flusses oder seiner Nebenflüsse bis zum Schneidepunkt des Aequators mit dem 38.° östl. Länge folgt und dann in gerader Richtung fortgeführt wird bis zum Schneidepunkt des 1.° nördl. Breite mit dem 37.° östl. Länge, wo die Linie ihr Ende erreicht.

Die Demarcationslinie soll ausgehen von der Mündung des Flusses Wanga oder Umbe, in gerader Richtung nach dem Jipe-See laufen, dann entlang an dem Ostufer und, um das Nordufer des Sees führend, den Fluß Lumi überschreiten, um die Landschaften Taveta und Dschagga in der Mitte zu durchschneiden und dann entlang an dem nördlichen Abhang der Bergkette des Kilimandscharo in gerader Linie weiter geführt zu werden bis zu demjenigen Punkte am Ostufer des Victoria-Nyanza-Sees, welcher von dem 1.° südl. Breite getroffen wird.

Deutschland verpflichtet sich, im Norden dieser Linie keine Gebietserwerbungen zu machen, keine Protectorate anzunehmen und der Ausbreitung englischen Einflusses im Norden dieser Linie nicht entgegenzutreten, während Großbritannien die gleiche Verpflichtung für die südlich von dieser Linie gelegenen Gebiete übernimmt.

4) Großbritannien wird seinen Einfluß geltend machen, um den Abschluß eines freundschaftlichen Uebereinkommens hinsichtlich der concurrirenden Ansprüche des Sultans von Sansibar und der Deutsch-Ostafrikanischen Gesellschaft auf das Kilimandscharo-Gebiet zu befördern.

5) Beide Mächte erkennen als zu Witu gehörig die Küste an, welche nördlich von Kipini beginnt und sich bis zum Nordende der Manda-Bucht erstreckt.

6) Deutschland und Großbritannien werden gemeinschaftlich den Sultan von Sansibar zum Beitritt an der General-Acte der Berliner Conferenz auffordern, vorbehaltlich

der bestehenden Rechte Sr. Hoheit gemäß den Bestim=
mungen des Artikels I der Acte.

7) Deutschland macht sich verbindlich, der Erklärung beizu=
treten, welche Großbritannien und Frankreich am 10. März
1862 mit Bezug auf die Anerkennung der Unabhängig=
keit von Sansibar gezeichnet haben.

Auch mit der portugiesischen Regierung wurde am
30. December 1886 ein Uebereinkommen getroffen, welches deren
Bestrebungen, von Mozambique bis Angola nach und nach
seine Herrschaft auszudehnen, eine in der Zukunft mögliche
Stütze verlieh. Zwei der wichtigsten Bestimmungen sind:

1) Die Grenzlinie zwischen den deutschen und portugiesischen
Besitzungen in Ostafrika folgt dem Laufe des Rovuma
von seiner Mündung bis zu dem Punkt der Einmündung
des Msinje=Flusses und läuft von dort weiter nach dem
Breitenparallel bis zum Ufer des Nyassa=Sees.

2) Die Regierung S. M. des Deutschen Kaisers erkennt das
Recht S. M. des Königs von Portugal an, in den zwischen
Angola und Mozambique liegenden Gegenden, unbeschadet
der dort von andern Mächten etwa bisher erworbenen
Rechte, souveränen und civilisatorischen Einfluß geltend
zu machen, und verpflichtet sich in Gemäßheit dieser An=
erkennung, dort weder Gebietserwerbungen zu machen, noch
Schutzherrschaften anzunehmen, noch der Ausdehnung
des portugiesischen Einflusses entgegenzutreten.

––––––

Während die deutsche Reichsgewalt, zum Schutze der Rechte
und der neu erworbenen ostafrikanischen Besitzungen herbei=
gerufen, ihre starke Hand ausstreckte und die deutsche Colonie
in den Rahmen geordneter politischer Beziehungen fügte, fand in
der Deutsch=Ostafrikanischen Gesellschaft selbst ein Ueber=
gang zu einer dauerbaft gegliederten, den veränderten Verhält=
nissen mehr entsprechenden Organisation statt. Beim Beginn

und bei den ersten Erfolgen des Colonialunternehmens griffen
Dr. Peters und seine Gesinnungsgenossen rasch nach dem, was
sofort eine ersprießliche Wirksamkeit für das nächste Ziel ver-
sprach. Man kann sie deshalb nicht tadeln. Die natürliche
Entwickelung im wirthschaftlichen Leben besteht in der Aus-
gleichung von Irrthümern durch die Erfahrung.

Vor allem genügte bei den außerordentlich erweiterten
Aufgaben und deshalb vergrößerten materiellen Bedürfnissen
der Gesellschaft die Form einer Commanditgesellschaft nicht mehr,
wie es durch die Satzungen vom 2. April 1885 bestimmt worden.
Schon am 7. September 1885 beschloß das Directorium, „zur
festern finanziellen Begründung der Gesellschaft" eine cor-
porative Form anzunehmen, d. h. die Commanditgesellschaft
in eine Actiengesellschaft umzugestalten, die ganze Verwaltung
aus den Händen Einzelner zu nehmen und sie der vermehrten
Einwirkung der Gesammtheit zu übergeben. Die Generalversammlung vom 14. December 1885 genehmigte die vom Directorium vorgelegten Entwürfe zu neuen Satzungen, deren Grundlage die Dreitheilung der Gesellschaftsthätigkeit bildete: eine
Regierung als Executive, ein Landesrath von 15 Mitgliedern
und eine Hauptversammlung. Die Betheiligung des kleinen
Kapitals wurde von nun an gänzlich ausgeschlossen; nur Antheilscheine von mindestens 10 000 Mark sollten ausgegeben werden.

Die endgültige Festsetzung der neuen Satzungen bean-
spruchte wegen der massenhaft auftauchenden juristischen Schwierigkeiten, da keine der gesetzlichen Vorschriften über Gründung
von Gesellschaften der Deutsch-Ostafrikanischen Gesellschaft recht
paßte, einen Zeitraum von mehr als einem Jahr. Erst am
26. Februar 1887 gelangten sie vor die constituirende Generalversammlung und damit zur Annahme.

Die Grundzüge der neuen Organisation sind folgende:

Zweck der Gesellschaft: in den Gebieten von Ostafrika
die Rechte der Landeshoheit auszuüben und die dazu erfor-

derlichen Einrichtungen zu treffen; die Civilisirung des Schutz=
gebietes durch Ansiedelung und Handel anzubahnen; Län=
dereien zu erwerben, zu bewirthschaften und zu verwerthen.

Mitglieder sind die frühern Besitzer von Antheilscheinen
und die Uebernehmer eines neuen Antheilscheines von
10 000 Mark.

Die Generalversammlung muß regelmäßig einmal
im Jahr einberufen werden; oder in besondern Fällen auf
den Antrag von 25 Mitgliedern oder des Directionsrathes
oder der Revisoren. Sie genehmigt die Bilanz und beschließt
über die Verwendung der Ueberschüsse, über Aufnahme von
Anleihen, über Aenderungen der Statuten und über die
Auflösung der Gesellschaft. Sie erwählt den Directionsrath
und die Revisoren.

Der Directionsrath besteht aus 21—27 Mitgliedern,
von denen drei durch den Reichskanzler, eins durch die
Seehandlung in Berlin ernannt werden. Der Directions=
rath überwacht die gesammte Geschäftsführung in allen
Zweigen der Verwaltung, stellt das Budget fest und ernennt
die höheren Beamten; er wählt die Direction.

Die Direction besteht aus zwei oder mehreren Mit=
gliedern. Sie vertritt die Gesellschaft in allen Rechts=
geschäften, ernennt und entläßt die Beamten.

Die Revisoren, drei Mitglieder, welche aber nicht zum
Directionsrath oder zur Direction gehören dürfen, haben
die Beobachtung der Satzungen zu überwachen und das
Recht, jederzeit Einsicht von den Büchern, Rechnungen und
Urkunden zu nehmen.

Der Reichskanzler hat durch einen Commissar die Ober=
aufsicht über die Gesellschaft. Der Commissar ist berechtigt,
an allen Sitzungen des Directionsrathes und der General=
versammlung theilzunehmen und jederzeit von der Direction
Berichterstattung zu verlangen. Seiner Genehmigung sind
unterworfen: die Grundsätze über Ausübung der landes=

hoheitlichen Rechte im Schutzgebiet, die Wahl des Vorsitzenden der Direction, die Ernennung und Entlassung der höchsten Beamten, die Aufnahme von Anleihen, die Aenderung der Satzungen und die Auflösung der Gesellschaft.

Die durch die neuen Satzungen geschaffene Befestigung der Gesellschaft, die solide finanzielle Grundlage, welche durch ausschließliche Theilnahme des Großkapitals gegeben wurde, endlich und vor allem die Bekundung des Vertrauens und die Sicherung einer geordneten Geschäftsführung durch das Auftreten der Reichsgewalt als höchste Aufsichtsbehörde bewirkten einen vermehrten Zufluß von Geldmitteln. 232 neue Antheilscheine von je 10000 Mark wurden bis zum Schluß des Jahres 1887 erworben, sodaß das Activvermögen mit Hinzurechnung der früheren Beitrittserklärungen drei und eine halbe Million Mark überstieg.

Eine weitere günstige Folge war die Gründung der Ostafrikanischen Plantagengesellschaft und später diejenige der Deutschen Pflanzergesellschaft. Der ursprüngliche Plan der Deutsch-Ostafrikanischen Gesellschaft, die erworbenen Ländereien zum Zwecke cultureller Ausbeutung theils an Besitzer von Antheilscheinen zu vergeben, theils an andere zu verkaufen, kam jetzt zur Ausführung. Man hatte die Unmöglichkeit eingesehen, daß einzelne Landwirthe die Bebauung tropischer Gegenden unternehmen könnten; auch die Thätigkeit des deutschen Landmannes als Arbeiter war ausgeschlossen. Nur durch den Aufwand großen Kapitals, das auf Rentabilität geduldig wartete, konnte gehofft werden, den Boden und die Handelsgelegenheiten auszunutzen. Corporationen mußten dies in die Hand nehmen.

Während die Deutsch-Ostafrikanische Gesellschaft selbst die Organisation und Verwaltung des Schutzgebietes als Richtschnur ihrer Hauptthätigkeit ins Auge faßte, wollte die Plantagengesellschaft die Arbeit der Cultivation im großen Stil übernehmen. Sie bildete sich unter dem Eindruck der festern Consolidation schon während des Jahres 1886; sie trat am 24. November 1886 mit einem Grundkapital von 130000 Mark als Actiengesellschaft in Wirksamkeit. Actien wurden im Betrage von 1000 Mark ausgegeben. Das Kapital strömte zu. Schon im März 1887 konnten 1 250 000 Mark und im Februar 1888 1 750 000 Mark in das Handelsregister eingetragen werden. Die Gesellschaft kaufte 100 000 Morgen im Schutzgebiete von der Deutsch-Ostafrikanischen Gesellschaft und bezahlte sie mit 100 Stück ihrer eigenen Actien. So wurden die Interessen beider Gesellschaften miteinander verschmolzen. Das Gewinnreiche des Geschäfts lag für beide Theile in der Zukunft.

Die Deutsche Pflanzergesellschaft wurde am 19. September 1888 mit einem Kapital von 30 000 Mark gegründet. Sie vergibt die Actien zu 1000 Mark. Ihre Thätigkeit hat wegen des Aufstandes noch nicht begonnen.

Für alle diese und künftige Colonisationsunternehmungen, sei es zum Zwecke des Ackerbaues oder des Handels, sollten die von der Deutsch-Ostafrikanischen Gesellschaft gegründeten Stationen die Stützpunkte geben.

Es waren gegründet worden:

1884: 1, die Hauptstation in Sansibar.
1885: 3, nämlich 2 in Usagara,
               1 an der Somaliküste.
1886: 9, nämlich 1 an der Somaliküste,
               1 in Giriyama (nördlich von Mombas),
               2 in Usambara,
               1 in Useguha,
               4 in Usaramo.
1887: 5, nämlich 2 im Dschaggaland,
               1 in Usambara,
               1 in Usagara,
               1 in Usaramo.
1888: 3 (Zollst.), nämlich in Kilwa, Lindi und Mikindani.

Von diesen 21 Stationen wurden infolge des deutsch-englischen Abkommens vom 1. November 1886 die drei nördlich des Umba-Flusses gelegenen aufgegeben.

Ende August 1888 bestanden demnach 18 Stationen, welche geographisch geordnet sich auf die folgenden Landschaften vertheilten. Um ein vollkommenes Bild der europäischen Besiedelung zu geben, sind auch die Stationen der Deutsch-Ostafrikanischen Plantagengesellschaft (mit * bezeichnet) und diejenigen der deutschen, englischen und französischen Missionsgesellschaften (mit ** bezeichnet) beigefügt.

Insel Sansibar. — Sansibar, gegr. v. Dr. Jühlke, Dec. 1884.
                *Kibueni,   „ „ „   „   Dec. 1887.
                *Manyama, „ „ „   „   Jan. 1888.
                **Sansibar (engl.), gegr. 1864.
                **Sansibar (deutsch, evang.), gegr. von
                    M. Rentsch 1887.

Tschagga-Land. — Moschi, gegr. von Frhrn. v. Eberstein,
                    Prlt. Zelewski, Wilken, Braun und Hessel,
                    August 1887.
                Arnscha, gegr. von Frhrn. v. Eberstein
                    und Prlt. Zelewski, August 1887.
                **Moschi (engl.), gegr. 1885.

Usambara.   — Pangani, gegr. von Hörnecke, Mai 1887.
                Korogwe am Pangani, gegr. von Hörnecke
                    und Frhrn. v. Gravenreuth, April 1886.
                *Lewa.
                Masi am Pangani, gegr. von Zboril,
                    Nov. 1886.
                **Magila (engl.), gegr. 1869, mit Filialen
                    in Umba, Mkusi, Missoswe und Msaaka.

Useguha.   — Petershöhe am Wami, gegr. von Lt.
                v. Anderten, Juli 1886.
                *Mbusine am Wami.

Usagara. — Mbambwa (oder Mpwapwa), gegr. von
                Krieger, Giese, Rühle, 1887.
                Sima, gegr. von Graf Pfeil, Jan. 1885.
                Kiora, gegr. von Söhnge, Juni 1885.
             **Mbambwa (engl.), gegr. 1878.
             **Mamboia (engl.), gegr. 1880.
Usaramo. — Dar-es-Salaam, gegr. 1887.
                Bagamoyo, gegr. von Lt. v. Bülow,
                August 1886.
                Dunda am Kingani, gegr. von Lt. Krenz-
                ler, März 1886.
                Madimola, am Kingani, gegr. von Lt.
                Frhr. von St. Paul-Illaire, April 1886.
                Usungula am Kingani, gegr. von Prlt.
                v. Zelewski, Mai 1886.
             **Bagamoyo (franz.).
             **Dar-es-Salaam (deutsch, evang.), gegr.
                von Greiner, Juli 1887.
             **Pugu (deutsch, kathol.), gegründet von
                Pater Bonifacius 1888.
Magindo-Land. — Kilwa (Zollst.), gegr. von Hessel und
                Krieger, Aug. 1888.
                Lindi (Zollst.).
                Mikindani (Zollst.).
             **Masasi (engl.), gegr. 1876.
             **Newala (engl.), gegr. 1887.

Das deutsche ostafrikanische Gebiet mit der gesammten
sogenannten deutschen Interessensphäre, also von der Ostküste
bis zum Tanganika und vom Victoria-Nyanza bis zum Nyassa-
See und zum Rovuma-Fluß, umfaßt ungefähr 1 100 000 qkm
(Deutsches Reich 540 622 qkm).

     Dagegen beträgt jener Ländercomplex, welcher durch An-
legen von Stationen bisjetzt in Angriff genommen oder von

ihnen eingeschlossen ist, mit Ausschluß des Wagindo=Landes,
nach ungefährer Schätzung etwa 110000 qkm (Baiern, Würt=
temberg und Baden 110443 qkm).

Alle Erwerbungen und Einrichtungen der Deutsch=Ostafri=
kanischen Gesellschaft hatten nur einen unvollkommenen Werth,
solange der freie Zutritt zur Küste erschwert oder versperrt
blieb. Europäische Colonien in allen Weltgegenden bedürfen
zu ihrer vollen Entwickelung den unbehinderten Verkehr mit
dem Mutterlande: der Seeweg muß offen bleiben.

Unbestreitbar besaß der Sultan von Sansibar die Herrschaft
über die ostafrikanische Küste. Es mußte in sie eine Bresche
gelegt werden — daran dachte Dr. Peters bei dem ersten
Gelingen seines Unternehmens. Vorerst wollte man sich mit
dem Benutzungsrecht e i n e s Hafens begnügen. In den während
des Sommers 1885 durch Admiral Knorr geleiteten Verhand=
lungen verlangte man direct den Hafen von Dar=es=Salaam
für die deutschen Schiffe; am 26. September 1885 willigte
Said Bargasch ein. Mit Dar=es=Salaam war einer der End=
punkte der Karavanenstraßen vom Tanganika=See gewonnen
worden; nach der Erwerbung des Kilimandscharo=Gebietes und
Usambaras erschien auch Pangani zur Eröffnung des eigenen
und zur Beherrschung des einheimischen Verkehrs unbedingt
nothwendig. In dem Vertrag vom 1. November 1886 ver=
anlaßte die deutsche Regierung die englische mitzuwirken, daß
nicht nur das Mitbenutzungsrecht der beiden genannten Häfen
der Deutsch=Ostafrikanischen Gesellschaft zugestanden, sondern
daß ihr die Zollverwaltung daselbst ganz und gar übertragen
werde, ja nur unter dieser Bedingung wollte sie die Sou=
veränetät des Sultans über den Küstenstrich, zehn Meilen land=
einwärts, anerkennen.

Auf dieser Grundlage arbeitete Dr. Peters unablässig
weiter. Die Erhebung der Zölle bildete für den Sultan von

Sansibar den Kern seiner Regierungsthätigkeit auf dem Festland. War er zu bewegen, diese den Deutschen zu überlassen, so machte es keine große Schwierigkeit, auch noch Verwaltung, Polizei und Gerichtsbarkeit, und damit die thatsächliche Beherrschung des ganzen Küstenstriches zu erlangen. Wirklich brachte Dr. Peters den Sultan zu einem Uebereinkommen, das diesem Zweck entsprach, zum sogenannten Vorvertrag vom 30. Juli 1887.

Nach den neuen Satzungen der Gesellschaft unterlag dieser Vertrag der Genehmigung des Directionsrathes in Berlin. Said Bargasch hatte nur widerstrebend Punkt für Punkt nachgegeben und Paragraphen dazwischen geworfen, welche das Risico der Gesellschaft steigerten und keine sofortige Annahme in Berlin fanden. So zogen sich die Verhandlungen hin und her während des ganzen Winters 1887/88. Da starb am 30. März Said Bargasch, und sein Bruder Said Khalifa folgte. Weniger scharfsichtig und leichter zu überreden, gab dieser dem unausgesetzten Drängen des deutschen Generalconsuls Michahelles endlich nach und genehmigte am 28. April 1888 den für die Gesellschaft so wichtigen und zugleich verhängnißvollen Küstenvertrag.

Sein Inhalt zerfällt in folgende Theile:

1. Die factische Uebernahme der Verwaltung und das Probejahr.

   „Dem Sultan sollen keine Verbindlichkeiten erwachsen weder wegen der Kosten der Besitzergreifung noch auch wegen der daraus etwa entstehenden Kriegszustände. Dagegen willigt er ein, alle Acte und Handlungen, welche erforderlich sind, um die Bestimmungen des Vertrags zur Ausführung zu bringen, vorzunehmen und der Gesellschaft mit seiner ganzen Autorität und Macht zu helfen.

   „Im ersten Jahr liefert die Gesellschaft den ganzen Betrag der erhobenen Ein- und Ausfuhrzölle an den

Sultan ab, abzüglich der Geſchäftsunkoſten (nicht über 272 000 Mark) und einer Commiſſionsgebühr von fünf Procent. Auf Grund der im erſten Jahre gemachten Erfahrungen ſoll die Durchſchnittsſumme der jährlich zu zahlenden Pacht feſtgeſtellt werden."

2. Rechte und Vortheile der Geſellſchaft.

„Die Geſellſchaft wird ermächtigt, Beamte einzu= ſetzen, Geſetze zu erlaſſen, Gerichtshöfe einzurichten, Verträge mit Häuptlingen zu ſchließen; alles noch nicht in Beſitz genommene Land zu erwerben, Steuern, Abgaben und Zölle zu erheben, Vorſchriften für den Handel und Verkehr zu erlaſſen, die Einfuhr von Waaren, Waffen und Munition und allen andern Gütern, welche nach ihrer Anſicht der öffentlichen Ordnung ſchädlich ſind, zu verhindern; alle Häfen in Beſitz zu nehmen und von den Schiffen Abgaben zu erheben."

3. Rechte und Vortheile des Sultans von Sanſibar.

„Die Verwaltung ſoll im Namen des Sultans und unter ſeiner Flagge, ſowie unter Wahrung ſeiner Souveränetätsrechte geführt werden. Der Sultan erhält eine nach einem Jahr feſtzuſtellende Pacht= ſumme, ferner 50% des Reineinkommens, welches aus den Zollabgaben der Häfen fließen wird; endlich die Dividende von zwanzig Antheilſcheinen der Geſell= ſchaft à 10 000 Mark, nachdem Zinſen in der Höhe von 8% auf das eingezahlte Kapital der Antheil= ſcheinbeſitzer bezahlt worden ſind."

Die Durchführung des Küſtenvertrags mit der damit ver= bundenen Beſitzergreifung des Küſtenſtriches durch die Deutſchen rief den Aufſtand vom Auguſt 1888 hervor. Die Reihen= folge der Ereigniſſe ergibt ſich aus der nachſtehenden chrono= logiſchen Ueberſicht.

August, 17. und 18. Beginn der Unruhen in Pangani. Der Wali verweigert die Hissung der Gesellschaftsflagge und flüchtet sich vor den Landungstruppen der „Carola".

August, 21. Beginn der Unruhen in Bagamoyo. Die Sultansflagge wird unter Anwesenheit von Mannschaften der „Möwe" vom Hause des Wali heruntergenommen; später, als der Wali sein Haus der Gesellschaft eingeräumt, auf derselben Stelle wieder gehißt, neben ihr die Gesellschaftsflagge. Der Wali bleibt.

September, 4. Voller Aufruhr in Pangani. Die Beamten der Gesellschaft werden gefangen gehalten.

September, 8. General Matthews trifft im Auftrag des Sultans mit regulären Sansibarsoldaten in Pangani ein und befreit die deutschen Beamten, welche nach Sansibar zurückkehren.

September, 8. Die „Möwe" holt die Beamten aus dem aufrührerischen Tanga nach Sansibar.

September, 17. Der Häuptling Buschiri tritt als Leiter des Aufstandes in Pangani auf.

September, 23. General Matthews wird von den Aufständischen gezwungen, mit den Regulären aus Pangani nach Sansibar zurückzukehren.

September, 23. Bagamoyo wird von den Arabern angegriffen; von den Beamten unter Mitwirkung der „Leipzig" siegreich gehalten.

September, 23. Lindi wird von den deutschen Beamten verlassen, nachdem sie zwei Tage mit den anstürmenden Yaos gekämpft.

September, 23. Mikindani wird bei dem Andrang von Tausenden der Yaos von den deutschen Beamten geräumt.

September, 24. Kampf in Kilwa. Nach heftiger Gegenwehr fallen die Beamten Krieger und Hessel.

September, 25. In Bagamoyo ergreift der Bezirkschef Gravenreuth die Offensive und nimmt Mtoni im Sturm.

3*

October, 31.   Windi, Waffen= und Pulverdepot der Auf=
rührer, wird von der „Sophie“ beschossen und zerstört.

November, 20.   Buschiri marschirt von Pangani südwärts ab.

November, 28.   „Carola“ wird vor Windi beschossen; sie
vertreibt mit der „Sophie“ die Rebellen.

December, 2.   Beginn der deutsch=englischen Blokade.

December, 5.—7.   Buschiri greift Bagamoyo an. Er wird
unter Mitwirkung der „Leipzig“ und der „Zühlke“
zurückgeworfen.

December, 23. und 24.   Dar=es=Salaam wird von räube=
rischen Banden von ca. 50 Mann unter Anführung des
ausgewiesenen Akadi Salamini und der Walis von
Kisiju und Kikunja angegriffen, aber ohne Erfolg.

December, 29. und 31.   Wiederholte Angriffe gegen Baga=
moyo.   Der Ort fast ganz zerstört.   Das Stationshaus
allein unversehrt erhalten.   Buschiri bezieht ein festes
Lager am Kingani.

1889.   Januar, 10. und 11.   Erneuter Angriff auf Dar=
es=Salaam.   Ein Theil der Stadt wird niedergebrannt.
Die deutsche Besatzung bleibt unerschüttert.

Januar, 13.   Die Missionsstation Pugu wird von den Rebellen
zerstört.   Zwei Missionare und eine Oberin werden ge=
fangen genommen, welche am 11. März die Freiheit
gegen Lösegeld wieder erhielten.

Januar, 21.   Erfolgloser Angriff auf das Karavanenhaus
(„Ratuhaus“) in Bagamoyo durch Buschiri.

Januar, 25.   Landungstruppen der „Sophie“ verjagen nach
heftiger Gegenwehr 80 Araber aus Dar=es=Salaam.

März, 3.   Kämpfe bei Bagamoyo gegen Buschiri. Lt. Meier
erobert zwei Geschütze.

März, 26.   Die „Schwalbe“ erobert Kondutschi.

März, 31.   Hauptmann Wißmann trifft in Sansibar ein.

Aus den Berichten des deutschen Generalconsuls Michahelles in Sansibar (Weißbuch IV. Theil, Berlin 1889) und aus den Briefen einzelner Beamten der Deutsch=Ostafrikanischen Gesellschaft (Deutsche Kolonialzeitung, Sept. bis Dec. 1888) erhält man ein ziemlich treues Bild von der Entstehung und Entwickelung des Aufstandes an den einzelnen Orten.

In Sansibar war man sich der entstehenden Schwierigkeiten bei der Umänderung der altgewohnten Regierungsform in die neue deutsche bis zu einem gewissen Grade vollkommen bewußt. Schon im Juli 1888 bereiste der Generalvertreter der Deutsch=Ostafrikanischen Gesellschaft mit einem hierzu designirten Sultansbeamten sämmtliche Küstenplätze, instruirte die Walis über den am 16. August eintretenden Regierungswechsel, erklärte aber zugleich, daß die Sitten und Gebräuche der Eingeborenen unberührt bleiben sollten. Sämmtliche Walis erklärten ihre Bereitwilligkeit zu bleiben. Es ist aus den bisher veröffentlichten Mittheilungen nicht ersichtlich, ob in der Instruction auch betont wurde, daß neben der Sultansflagge auch die Flagge der Gesellschaft gehißt werden sollte. Im Vertrage Art. I. steht nur: „Die Verwaltung soll von der Gesellschaft unter der Flagge des Sultans geführt werden." Man kann es ja selbstverständlich finden, daß die Gesellschaft zur Behauptung ihres Ansehens auch die eigene Flagge aufpflanzen mußte; auch scheint der Sultan selbst niemals einen Widerspruch dagegen erhoben zu haben. Allein thatsächlich gab in Pangani die Hissung der deutschen Gesellschaftsflagge den Anstoß zum Aufruhr.

Allen Küstenstationen waren Polizeisoldaten des Sultans beigegeben worden in Uebereinstimmung mit dem Artikel I des Küstenvertrags: „Seine Hoheit willigt ein, alle Acte und Handlungen, welche erforderlich sind, um die Bestimmungen des Vertrags zur Ausführung zu bringen, vorzunehmen und der Gesellschaft mit seiner ganzen Autorität und Macht zu helfen." Die Sultanssoldaten taugten aber nirgends etwas,

ja die deutschen Beamten verlangten später, daß zu ihrer
Sicherheit dieselben wieder nach Sansibar zurückbeordert werden
sollten.

In Pangani zeigte sich der Wali von Anfang an wider=
willig; er protestirte gegen die Hissung der deutschen Flagge
durch den Bezirkschef v. Zelewski. Das Erscheinen der „Möwe"
am 17. August mit einem Specialbefehl des Sultans setzte
momentan den Willen der Gesellschaft durch; allein kaum war
sie abgefahren, so veranlaßte der Wali sogar die Soldaten,
den Gehorsam zu verweigern. Die deutsche Marine griff am
19. August ein; der Wali entfloh. Ruhe trat ein bis zum
3. September, aber nur innerhalb der Stadt selbst; außerhalb
derselben war es unmöglich, Amtshandlungen vorzunehmen.
Auf Verlangen des Bezirkschefs warb der Generalvertreter
der Gesellschaft 50 Irreguläre der Sultanstruppe in Sansi=
bar und schickte sie zur Unterstützung. Die Auswahl der
Irregulären muß trotz der Warnung des General Matthews
(Weißbuch IV, S. 16) eine sehr unglückliche gewesen sein,
denn gerade die Irregulären gaben dem Aufstand in Pangani
neue Nahrung; sie bemächtigten sich am 4. September einer
Dau mit Pulverladung und hielten von nun an die deutschen
Beamten in ihrem Haus gefangen. Als diese Nachricht in
Sansibar eintraf und der deutsche Consul um Absendung einer
ergiebigen Truppenmacht bat, lehnte der Sultan dies zuerst
positiv ab. Erst den eindringlichen Vorstellungen des General
Matthews gelang es, den Befehl zu erwirken, daß unter seinem
Commando 150 Mann reguläre Soldaten am 7. September
nach Pangani geschickt wurden. Sie wurden mit Jubel von
der Bevölkerung empfangen. Man legte die Waffen nieder und
unterwarf sich dem Sultan, aber für die deutschen Beamten
gab es kein Ansehen, keine Autorität mehr. Sie mußten froh
sein, mit heiler Haut aus dem Rebellennest entlassen zu werden.
General Matthews sollte es übrigens nicht viel besser ergehen
als den deutschen Beamten. Es trat jetzt der Mann auf, der

die Revolte mit fester Hand ergriff und im Interesse der
Araber planmäßig leitete: es war Buschiri. Er ist kein
Araber von reinem Blut, sondern ein Suaheli=Mischling.
Trotzdem fand er bei Arabern und Eingeborenen mit seiner
Legende, daß er aus dem Geschlechte der Jras stamme, das
vornehmer und älter sei als das Sultansgeschlecht auf Sansi=
bar, allgemeinen Glauben. Buschiri stachelte die Bevölkerung
von Pangani gegen den „Europäer und Christen" Matthews
auf, sodaß dieser am 23. September gezwungen war, mit
seinen 150 Regulären das Feld zu räumen und nach Sansibar
zurückzukehren. Der von ihm installirte Beamte des Sultans,
Soliman ben Nasr, fand Duldung von seiten der Aufständischen;
sie folgten in der Regel seinen Weisungen, da er eine Art
von Sultanspartei geschaffen. Zeigte sich aber Buschiri in der
Stadt, dann zerschmolz alle Autorität des Sultans von Sansi=
bar in nichts.

Im benachbarten Tanga hatten von Frankenberg und
Klentze ganz ohne Störung die Zollstation bezogen. Allein der
Sieg des Aufruhrs in Pangani verwirrte auch hier die Köpfe.
Die Eingeborenen griffen ein unbewaffnetes Boot der „Möwe",
das landen wollte, am 5. September an. Sie wurden zwar am
6. blutig landeinwärts getrieben und verhielten sich nach der
Abfahrt der „Möwe" durchaus nicht aggressiv gegen die Deut=
schen, welche ohne Befehl der Gesellschaft ihren Posten nicht
räumen wollten, doch der Aufstand in der ganzen Umgegend
machte die Lage der Deutschen in Tanga unhaltbar und zweck=
los; sie wurden am 8. September von der „Leipzig" nach
Sansibar gebracht.

In Bagamoyo unter dem Bezirkschef Frhrn. von Graven=
reuth kam es anfangs zu keinen thatsächlichen Unruhen. Auf
dem Gesellschaftshause wurden am 16. August die deutsche und
die Sansibarflagge ohne jede Störung gehißt; die „Carola"
lag dicht vor Anker. Nur weigerte sich der Wali, die auf
seinem Hause wehende Sultansflagge einzuziehen. Ein darauf

bezüglicher ſtricter Befehl rief unter den Arabern und Indern
eine drohende aufrühreriſche Stimmung hervor. Der deutſche
Generalconſul in Sanſibar bewirkte, daß am 21. Auguſt die
„Möwe‟ nach Bagamoyo entſendet wurde. Jetzt gab der Wali
nach und nahm ſelbſt ſeine Flagge herunter. Said Khalifa
hatte lange gezögert, dem widerſpenſtigen Wali einen beſtimmten
Befehl zu geben; erſt als am 21. die „Möwe‟ und dann die
„Leipzig‟ nach Bagamoyo abgeſegelt waren, entſchloß er ſich
auf den vermittelnden Vorſchlag einzugehen, das Haus des
Wali der Geſellſchaft als Amtsgebäude einzuräumen, wobei die
Sultansflagge auf der alten Stelle bleiben konnte. Sein Befehl traf zu ſpät ein; die Deutſchen hatten ſchon in Anweſenheit von zwei Kriegsſchiffen ihren Willen durchgeſetzt. Aber
man fügte ſich ſofort der neuen Anordnung: die Geſellſchaft
ſiedelte in das Haus des Wali über und die einzige Sultansflagge wehte auf ihrer gewohnten Stelle. Von nun an herrſchte
in der Stadt Bagamoyo ſelbſt einen vollen Monat Ruhe; landeinwärts aber breitete ſich der Aufſtand aus; die Stationen
Dunda und Madimola am Kingani mußten aufgegeben werden.
Durch dieſe Erfolge ermuthigt, ſcharten ſich am 23. September die Eingeborenen und Araber zu einem gewaltſamen
Angriff gegen Bagamoyo zuſammen; ſie wurden durch die
deutſchen Beamten und eine Landungstruppe der „Leipzig‟
zurückgetrieben und am 25. September in freiem Felde bei
Mtoni durch Frhrn. von Gravenreuth total geſchlagen. Die
trotzdem fortgeſetzte Nährung des Aufſtandes ſchien in der fortwährenden Zufuhr von friſcher Munition ihre Hauptquelle zu
haben; man vermuthete in Windi das eigentliche, immer wieder
aufgefüllte Munitionsdepot. Die „Sophie‟ bombardirte deshalb am 31. October dieſen Ort; zahlreiche Exploſionen erwieſen
die Richtigkeit der Annahme.

Unmittelbar darauf erfreute ſich auch Bagamoyo einer zu-
nehmenden Sicherheit; Handel und Verkehr begannen in ge-
wohnter Weiſe ſich zu regen. Da tauchte plötzlich die Nach-

richt auf, Buſchiri ſei am 20. November von Pangani gegen
Süden aufgebrochen. Richtig erſchien er am 5. December vor
Bagamoyo. Zwei Tage wurde heftig gekämpft, die „Leipzig"
griff energiſch ein; am 7. December zog ſich Buſchiri in das
Innere zurück und ließ infolge ſchwerer Verluſte zwei mit=
gebrachte Geſchütze ſtehen.

Doch er ruhte nicht; er wollte Bagamoyo vernichten oder
es wenigſtens von allem Verkehr mit dem Innern abſperren.
Ende December äſcherte er alle Wohnungen ein, die nicht von
den Deutſchen beſetzt waren; er ſchlug ein wohlbefeſtigtes
Lager nahe vor der Stadt auf und verſuchte von hier aus,
freilich vergeblich, Ende Januar und Anfang März ſich der
Stationsgebäude zu bemächtigen.

Dar=es=Salaam bildete anfangs eine Oaſe in dem ganzen
vom Aufruhr durchwühlten Küſtengebiet: hier blieb alles fried=
lich bis in die letzten Tage des December. Der Bezirkschef
Leue dankte dies ſeiner ſtrengen Zucht, die er trotz aller huma=
nitären Gefühle unerbittlich aufrecht erhielt. Auch verſtand
er, ſich des Wali, dem er mistraute, ſofort zu entledigen und
dafür einen ergebenen Beamten von Sanſibar zu requiriren.
Sein Einfluß reichte nach Weſten bis Pugu und Ujungula
und nach Norden bis Bueni, wo die Verbindung mit Graven=
reuth in Bagamoyo aufgenommen werden konnte. Der General=
conſul berichtete unter dem 28. November: „Die Geſellſchaft
übt an dieſer Küſtenſtrecke eine thatſächliche Autorität aus."
Die fortwährende Anweſenheit eines deutſchen Kriegsſchiffes
im Hafen von Dar=es=Salaam, der beſonders friedfertige
Charakter der Bevölkerung und die Schreckensnachrichten über
die blutigen und doch erfolgloſen Kämpfe bei Bagamoyo werden
außerdem beigetragen haben, jeden Gedanken an Gewalt=
thätigkeiten niederzuhalten. So wäre es auch geblieben, wenn
nicht Buſchiri, der Nimmermüde, ſeinen Kriegszug von Ba=
gamoyo nach Süden fortgeſetzt hätte. Die Unterbringung
der durch das Blokadegeſchwader befreiten Sklaven in den

Miſſionen zu Dar-es-Salaam und Pugu reizte den Rachedurſt
und die Bentegier. Dem kurzen Kampfe vom 23. und 24. December folgte der überlegte Sturm gegen beide Orte in der
Mitte des Januar. Die Wiedergewinnung der befreiten Sklaven
und die Gefangennahme der Miſſionare als werthvolle Geiſeln
war der Lohn der zurückgeſchlagenen Sieger.

Ganz anders als in den nördlichen Diſtricten geſtaltete
ſich der Aufſtand in den ſüdlichen Häfen Kilwa, Lindi und
Mikindani. Das war kein Aufſtand, ſondern förmlicher Krieg,
unternommen von den am Rovuma wohnenden Yao-Völkern.
Möglich, daß ſie von den Arabern des Nyaſſa-Sees dazu auf-
geſtachelt waren, daß man ihnen erzählt hatte, mit der Beſetzung der Küſte durch die Deutſchen wäre es mit dem lucra-
tiven Sklavenhandel vorbei, von dem ſie als Sklavenjäger
der Araber lebten; möglich, daß ſie nur Raubluſt gegen die
ſchwachbeſetzten deutſchen Stationen trieb. Verabredet war der
Kriegszug jedenfalls, denn faſt am gleichen Tage erſchienen
ſie in den drei Hafenplätzen.

In Kilwa fanden der neu eingeſetzte Bezirkschef Heſſel
und ſein Genoſſe Krieger bei ihrem Einzug einen etwas hart-
köpfigen Wali vor. Doch gelang es ihnen bald, ſeine Unter-
ſtützung wie auch die Geneigtheit der Eingeborenen zu gewinnen. Noch am 18. September fühlten ſie ſich ganz behaglich
in ihrem Wirkungskreis, es war nur der Mangel einer ver-
läſſigen Truppe, was ihnen einige Sorge für die Zukunft
machte. Da erſchienen plötzlich am 19. oder 20. September
die Yaos in hellen Haufen (der Kapitän eines engliſchen Kriegsſchiffes ſchätzte ſie auf 15000) und verlangten die Uebergabe
des Platzes, denn „ihnen hätte vordem die Küſte gehört und
ſie wollten ihren frühern Beſitz wieder an ſich nehmen". Die
den Deutſchen zu freiem Abzug gewährte Friſt von 48 Stunden wurde von dieſen nicht benutzt; ſie wurden in ihrem
Haus angegriffen. So tapfer die Vertheidigung, ſo erfolglos
war ſie. Am 24. September fiel Krieger, Heſſel nahm ſich das

Leben. Während des zweitägigen Kampfes lag die „Möwe" unthätig bei Kilwa vor Anker. Sie konnte das mitten im Ort gelegene Stationshaus nicht beobachten; der interimistische Befehlshaber wagte nicht, die erhaltene Ordre, „aufs gerathe-wohl keine Boote ans Land zu setzen", eigenmächtig zu über-schreiten, und wartete vergeblich auf irgendein Zeichen der Beamten, das ihn zu Hülfe rufen sollte.

Unblutiger verlief der Angriff und die Wegnahme von Mikindani und Lindi. Die Yaos zeigten sich am 20. Sep-tember vor Mikindani. Die Araber bestürmten den Bezirks-chef von Bülow, er möge fliehen; die Uebermacht sei zu groß und die Sultansoldaten würden nicht gegen die schwarzen Brüder kämpfen. Es blieb ihm nichts übrig, als in der Nacht des 23. September ein Boot zu besteigen und sich nach Sansibar zu flüchten.

Herr von Eberstein fand die Verhältnisse in Lindi von Anfang an sehr schwierig. Lindi ist ein berüchtigter Sklaven-exporthafen; um die Befehle des Sultans von Sansibar hatte man sich dort nie viel gekümmert. Die Araber sahen in dem Deutschen nur den Mann, der sie um ihren gewinnreichen, alt-gewohnten Handel bringen wolle. Sie verabredeten deshalb mit Kassuguro, einem Häuptling der Yaos, er solle die Station überfallen; die Sultansoldaten seien auf ihrer Seite. Am 20. September rückten die Yaos an, ein Scheingefecht wurde von den Askaris geliefert. Die Deutschen sahen, daß sie in einem Nest von Verräthern steckten. Die Yaos wagten nicht, direct gewaltthätig vorzugehen; sie suchten durch Verhandlungen die Deutschen zu dem Gefühl der Sicherheit zu verführen, um sie dann wehrlos abzuschlachten. Drei Tage dauerte dieser schwankende Zustand zwischen Kampf und Frieden. Hülfe gegen die Tausende von Feinden war von keiner Seite zu erwarten. Da war es der Araber Isar bin Senam, der in der Nacht des 23. September den Beamten die unmittelbar drohende Lebens-gefahr verkündete. So konnten sich die Deutschen noch im letzten Moment auf ein Boot retten und entkamen glücklich nach Sansibar.

Das Gebiet zwischen Rovuma und Rufidschi ist von nun an ganz und gar in der Herrschaft der Rebellen geblieben; der Sultan von Sansibar machte Ende September einen letzten Versuch, seiner Autorität Geltung zu verschaffen; allein man antwortete seinem Abgesandten Naßr ben Soliman: Said Khalifa habe nichts mehr zu sagen; er habe sein Land den Deutschen verkauft und werde deswegen nicht mehr als Herrscher anerkannt.

So war anfangs October ganz Deutsch-Ostafrika mit Ausnahme von Bagamoyo und Dar-es-Salaam den Händen der Deutsch-Ostafrikanischen Gesellschaft entwunden worden. Denn wenn auch das Binnenland sich nicht am Aufstand betheiligte und die Stationen in Usungula, Mbambwa und Moschi unangefochten blieben, so hatte die Erhaltung einer dürftigen Autorität im Innern zur Zeit gar keinen Werth, da jede Verbindung vollkommen abgeschnitten war.

Daß aber nicht die ganze Küste den Deutschen verloren ging, namentlich daß Bagamoyo als wichtigster Platz noch erhalten blieb, das ist der Anwesenheit und dem Eingreifen der deutschen Kriegsmarine zu verdanken. Man hat ihr im Mutterlande den Vorwurf gemacht, daß sie ihre Kräfte beim Beginn des Aufstandes nicht voll eingesetzt und mit einigen wuchtigen Schlägen die doch geringe Anzahl rebellischer Araber zu Paaren getrieben hätte. Diesen Vorwurf verdient sie selbst aber nicht. Es scheint, daß der Marine durch höhere Befehle die Hände gebunden waren: sie sollte wol der persönlichen Sicherheit der Deutschen Schutz bieten, aber nicht Schutz ihrer Herrschaft durch kriegerische Actionen. Daraus ließe sich erklären, weshalb in Pangani am 19. August nur eine Wache von zwei Unteroffizieren und 16 Mann von der „Carola" zurückgelassen und weshalb diese vier Tage darauf bei etwas eingetretener Ruhe sofort wieder abgeholt wurden; ferner daß

Bagamoyo erſt nach dem Angriff vom 23. September eine ſtändige Garniſon von 1 Offizier und 20 Mann erhielt; daß endlich der ſtellvertretende Commandant der „Möwe" am 23. und 24. September vor Kilwa es nicht wagte, Mannſchaften ans Land zu ſetzen trotz des wahrnehmbaren Kampfes, mit Rückſicht auf die Rüge, welche ſich die „Möwe" wegen ihres Streifzuges gegen Tanga am 5. September zugezogen.

Um übrigens die angeſtrengte Thätigkeit der Marine richtig zu würdigen, muß man ſich Folgendes vergegenwärtigen. Das Geſchwader beſtand beim Ausbruch des Aufſtandes aus 4 Schiffen, der „Leipzig", „Carola", „Olga" und „Möwe". Am 8. September kam die „Sophie" dazu; dafür ſchied die „Olga" ſehr bald aus; ſie war nach Samoa beordert worden. Mit dieſen wenigen Schiffen mußte eine Küſtenſtrecke von 110 deutſchen Meilen, gleich der der ganzen deutſchen Nord- und Oſtſeeküſte, beobachtet werden. Man war gezwungen, um überhaupt wirkſam auftreten zu können, die drei ſüdlichen Plätze, Kilwa, Lindi und Mikindani, gerade an den ſchlimmſten Tagen ihrem Schickſal zu überlaſſen. Man hatte eben nicht Schiffe genug, um im regelmäßigen Turnus die vielen be- drohten Punkte anzulaufen und rechtzeitig Nachricht von be- vorſtehenden Kämpfen zu erhalten.

Das Eingreifen der einzelnen Schiffe zum Schutze der Deutſch-Oſtafrikaniſchen Geſellſchaft während des Aufſtandes bis Ende November ergibt ſich aus folgender nach den Con- ſulatsberichten gemachten Zuſammenſtellung.

„Leipzig" am 21. Auguſt vor Bagamoyo. Flaggenhiſſung.

         7. September bei Tanga.

        20. bis 23. September vor Bagamoyo. Ab- wehr des Angriffs.

„Carola" am 16. Auguſt vor Bagamoyo. Flaggenhiſſung.

        18. und 19. Auguſt vor Pangani. Landung einer Wachtruppe.

        28. November vor Windi. Beſchießung.

„Olga" am 7. September vor Tanga.

„Möwe" am 16. August vor Pangani. Flaggenhissung.

20. und 21. August vor Bagamoyo. Flaggenhissung.

23. August vor Pangani. Einholen der Wachtruppe der „Carola".

5. und 7. September vor Tanga. Befreiung
der deutschen Beamten.

22. bis 24. September vor Kilwa.

„Sophie" am 8. September vor Tanga.

22. October vor Bagamoyo. Landung einer
Wachtruppe.

31. October vor Windi. Beschießung.

28. November vor Windi. Beschießung.

29. November vor Saadani.

Die Brandreden des Cardinal Lavigerie, Erzbischofs von
Karthago, in den Monaten August und September gegen die
Scheußlichkeiten des Sklavenhandels und die dadurch aufgeregte
öffentliche Theilnahme in ganz Europa boten für den deutschen
Reichskanzler eine günstige Handhabe, mit England und Portugal Anfang November ein Abkommen über eine Blokade der
ostafrikanischen Küste zu vereinbaren, wodurch einerseits die
Sklavenausfuhr gehemmt oder aufgehoben, andererseits durch
die Verhinderung der Munitionseinfuhr die Mittel zur Fortsetzung des Aufstandes abgeschnitten werden sollten.

Das Blokadegeschwader, bestehend aus sechs deutschen
Schiffen mit 54 Geschützen und 1337 Mann und aus sieben
englischen Schiffen mit 52 Geschützen und 1510 Mann, erreichte
den einen Zweck, Unterdrückung des Sklavenexports, ziemlich
vollständig, soweit sich dies aus der Entfernung beurtheilen
läßt. Der Aufstand selbst aber erlitt dadurch keine wesentliche
Schwächung. Die angesammelten Massen von Gewehren und

Munition, sicherlich heimlich verstärkt durch fortwährende geringere Zufuhr, genügten immer noch zur Ausführung der wenigen Unternehmungen im Charakter des kleinen Krieges.

Um den Aufstand niederzuwerfen, das Ansehen der Deutschen wiederherzustellen und den Handelsverkehr nach dem Innern wieder zu eröffnen, mußte unbedingt die Küste erobert werden. Das vermochte die Marine nicht, man bedurfte einer eigens hierzu bestimmten und geeigneten Landtruppe. Wer sollte sie aufbringen und bezahlen? Der Sultan von Sansibar, der als Souverän der Küste in erster Linie hierzu berufen gewesen wäre, hatte mit seinen Truppen bisher vollständig Fiasco gemacht. Diese fraternisirten lieber mit den Rebellen, als daß sie zu Gunsten der Deutschen den Befehlen ihres Kriegsherrn gehorchten. Die Deutsch-Ostafrikanische Gesellschaft, auf sich selbst angewiesen, verfügte über zu geringe finanzielle Mittel, um die Ausgaben zur Lösung einer so unerwartet ihr gestellten Aufgabe zu bestreiten. Sie mußte entweder liquidiren oder die Hülfe des Deutschen Reiches anrufen. Sie wählte das Letztere und mit vollem Recht. Haben doch auch andere europäische Colonien und Colonialgesellschaften, vor allem die englischen, an das Mutterland appellirt, wenn sie in der Bedrängniß durch uncivilisirte Völkermassen die Rettung des eigenen Besitzes und das Ansehen der eigenen Nation in höchster Gefahr und sich dieser gegenüber machtlos sahen. Die Deutsch-Ostafrikanische Gesellschaft wandte sich Anfang Januar 1889 an den Deutschen Reichstag. Der Deutsche Reichstag beschloß durch Gesetz vom 2. Februar 1889 die deutschen Interessen in Ostafrika zu schützen. Hauptmann Wißmann, der berühmte Erforscher des südlichen Kongobeckens, der gründliche Kenner des Araber- und Negercharakters, wurde von S. M. dem Deutschen Kaiser mit der Ausführung des Unternehmens betraut. Eine militärische Expedition wurde ausgerüstet: 14 Offiziere, 4 Aerzte, 4 Verwaltungsbeamte und 100 Unteroffiziere der deutschen Armee traten freiwillig bei ihr ein;

600 Sudanesen und Zulus wurden angeworben und 6 Dampfer
in deutschen Häfen gechartert.

Mit dem Eintreffen Wißmann's in Sansibar am 31. März
1889 beginnt ein neuer Abschnitt in der Gründung und
Wiedereroberung Deutsch-Ostafrikas.

Rückblick auf die Ursachen und den Charakter des Aufstandes.

Im allgemeinen gilt es als ein müßiges Beginnen, über
das, was geschehen ist, kluge Betrachtungen anzustellen. Mit
dem Unabänderlichen soll man rechnen, nichts weiter. Zuge-
geben; aber richtig zu rechnen vermag nur derjenige, welcher
den Werth der Factoren kennt; und die in Ostafrika wirken-
den Factoren, die bisher durch den alltäglichen Verlauf der
Dinge verdeckt waren, sind während des Aufstandes und durch
ihn in ein grelles Licht getreten. Nicht eine Rechtfertigung
der Deutsch-Ostafrikanischen Gesellschaft soll geschrieben, sondern
die naturnothwendige, gesetzmäßige Wirkung von Neuerungen
auf starre Verhältnisse dargestellt werden.

Jede Veränderung in den Einrichtungen eines Staates
schafft Befriedigte und Unzufriedene; greift ein fremdes Volk
ein, so wird die öffentliche Stimmung energischer erregt. Tritt
die Veränderung mit absolut zwingender Gewalt ein, sei es
als Befreiung von Ungerechtigkeiten und Lasten, sei es unter
der Entfaltung imponirender militärischer Kraft, so werden
Zufriedene wie Unzufriedene sich fügen; das Fremdartige des
Neuen wird allmählich zur unbewußten Gewohnheit im täglichen Leben werden.

Der Abschluß des deutschen Küstenvertrags war an und
für sich kein Eingriff in den Staatsorganismus von Sansibar.
Die Zollerhebung sollte verpachtet werden, wie dies seit mehrern
Jahrzehnten geschehen zwischen dem Sultan und indischen

Kaufleuten; ebenso wenig beabsichtigte die deutsche Gesellschaft gesetzgeberische Veränderungen bei der Uebernahme der Justiz und Verwaltung. Aber daß Europäern das Recht übertragen wurde, nicht nur Zölle in anderer Weise zu erheben, sondern auch Richter zu bestellen und Verwaltungsbeamte zu ernennen, das war eine noch nie erlebte Neuerung und mußte voraussichtlich bei den grundverschiedenen Anschauungen zwischen Europäern und Orientalen eine tiefgehende Umwälzung zur Folge haben.

Gegen den Verkauf der Zölle an die deutsche Gesellschaft hatten die Araber nichts einzuwenden, wie sie dem Generalconsul Michahelles im November 1888 auseinandersetzten; das wäre eine private Geschäftssache des Sultans, von der sie nicht den geringsten Nachtheil zu befürchten hätten. Nur die Manipulation der Zollerhebung sollte nicht dem Gutdünken der Deutschen überlassen werden, welche die herkömmlichen, den Händlern vortheilhaften Mißbräuche und Durchstechereien wahrscheinlich abschaffen würden. Was sie am meisten aufbrachte, war die Befürchtung, daß mit dem Eintritt der deutschen Verwaltung ihr uncontrolirtes, freies Schalten und Walten an der Küste, die durch Bestechlichkeit handsam gewordene Rechtspflege und die Präponderanz ihres Ansehens unter den Negern aufhören werde. Mit der Verminderung ihrer socialen Stellung käme auch das Vertrauen in die Prosperität ihrer Geschäftsverbindungen ins Schwanken und die indischen Kaufleute entzögen ihnen dann jede Art von Vorschüssen, ohne welche sie ihren Handel nicht wie bisher betreiben könnten. So und ähnlich äußerte sich wenigstens das Haupt der Empörung, Buschiri, gegen Dr. Hans Meyer.

Ohne Frage hatte die Negerbevölkerung in ihrer Gesammtheit einen positiven Nutzen von der Einführung der deutschen Verwaltung in der Zukunft zu erwarten. Denn Unsicherheit des Eigenthums, Sklavenraub in vereinzelten Fällen und auch in größerm Maßstab, Parteilichkeit vor dem Richter — das

war das Kennzeichen der Sultanswirthschaft. Allein Erwartung
ist noch nicht Thatsache, und was der Neger nicht mit Händen
greifen kann, das ist für ihn nicht vorhanden und denkbar.
Zudem gibt es an der Sansibarküste keinen Volkswillen in
unserm Sinne; entscheidend allein ist die Meinung der vielen
Häuptlinge, der Jumbes, in den zerstreuten Ortschaften. Für
diese war die Erhaltung des halbanarchischen Zustandes eine
Sicherung ihrer Willkür. Ihnen konnten die Araber leicht be-
greiflich machen, daß ihre Gewohnheiten und Rechte von den
Deutschen nicht berücksichtigt werden würden. Sie bildeten
auch mit ihren Sklaven das kriegerische Gros der Empörung.

Ein Einwurf scheint hier gerechtfertigt: mit dem Vertrag ging
doch nicht die Herrschaft an sich auf die Deutsch-Ostafrikanische
Gesellschaft über; sie blieb bei dem Sultan von Sansibar; in
seinem Namen, unter seiner Flagge, mit seinem Einver-
ständniß sollte sie ausgeübt werden. Er ist Despot und seine
Unterthanen sind gewöhnt, sich ohne Zaudern seinem Willen
zu unterwerfen. Aber Despoten, auch orientalische, sind nicht
verkörperte Ideen, die von dem Volke kritiklos und gehorsam
von einer Person auf die andere übertragen und dadurch gleichmäßig wirkend gemacht werden; nein, auch sie besitzen nur
eine individuelle Wirkungskraft. Said Bargasch waren die
Araber unbedingt ergeben, da sie seinen starren Willen fürch-
teten. Said Khalifa dagegen erschien ihnen als ein Spielball
in den Händen der Europäer, ein Spielball ihrer eigenen
Ränke und Widersetzlichkeiten. Sein Sultanswort bezauberte
nicht mehr ihre Ohren, noch erschreckte es sie.

Konnten also die Deutschen hoffen, daß die Ausführung
des Küstenvertrags die Belebung des Handels, die Sicherheit
der Person und des Besitzes in der Zukunft bewirken und dadurch eine beruhigte Stimmung in der Masse der Bevölkerung
eintreten würde, so mußten sie für den Moment darauf gefaßt sein, daß die ersten Schritte ihrer Thätigkeit auf Wider-
stand stoßen und daß nur militärische Zwangsmittel die

sofortige Fügsamkeit unter die neue Ordnung ermöglichen würden. Die Gesellschaft hat manches unterlassen, was die Schärfe des Conflicts gemildert hätte: Rücksicht auf die Reizbarkeit des arabischen und indischen Elements, und namentlich die Anwerbung und Ausrüstung einer größern Anzahl von Polizeisoldaten. Sie setzte zu großes Vertrauen in die Bereitwilligkeit und Fähigkeit des Sultans, der in dem Vertrage vom 28. April 1888 versprochen hatte, „mit seiner ganzen Autorität und Macht" in der Ausführung der Stipulationen zur Seite zu stehen.

Als diese Macht zur Herstellung der Ordnung, zur Bezähmung der rebellischen Bevölkerung eingesetzt werden sollte, erwies sie sich als morsch und wirkungslos.

Der Aufstand trug nicht den Charakter einer immer gewaltiger werdenden Empörung großer Volksmassen; er blieb von Anfang an bis zum Frühjahr 1889 in dem Rahmen kleiner, gelegentlicher Scharmützel. So wurde Bagamoyo am 23. September und dann erst wieder am 5. December angegriffen. Vor und nachher gingen und kamen Karavanen; ja die Deutschen wurden in den ersten Monaten in ihrem amtlichen Dienste von Arabern und Indern unterstützt. Dar-es-Salaam blieb vier Monate unberührt, bis Buschiri Ende December erschien. Kilwa, Lindi und Mikindani fielen nicht durch die Empörung der Ansässigen, sondern durch die herbeigerufenen Jaos den Arabern in die Hände.

Wenn die Veranlassung des Aufstandes nicht in dem Auftreten und in den Maßregeln der deutschen Beamten gefunden werden darf, sondern nur in der Einsetzung einer neuen Regierungsthätigkeit an Stelle der altgewohnten, so könnte die Unrichtigkeit einer solchen Behauptung durch die ungestörte Ruhe innerhalb der Englisch-Ostafrikanischen Compagnie, die denselben Vertrag wie die deutsche mit Sansibar abgeschlossen hatte, als erwiesen erachtet werden.

Allein bei dieser waren vor allem die Verhältnisse anders

4*

gelagert. In Zanzibar und auch an der Zanzibarküste sind
die Engländer seit langer Zeit heimisch, sei es durch Con-
sulate, Handelsfactoreien oder Missionsstationen. Die zahlreichen dort ansässigen indischen Kaufleute hielten von jeher
darauf, als englische Unterthanen zu gelten; sie mußten also
englische Unternehmungen zu unterstützen, nicht zu untergraben
trachten. Die englische Interessensphäre liegt nicht in dem
Bereich der massenhaften Sklavenjagden und des im großen
Stil betriebenen Sklavenexports, wie die deutsche. Deshalb
wurden auch hier die Araber nicht so sehr durch das Erscheinen der Engländer von sofortigen Verlusten bedroht und ge-
ängstigt. Das nächste Hinterland von Mombas bis nach dem
Kilimandscharo ist nur Durchzugsland für die Karavanen;
dort können keine Plantagen angelegt werden und deshalb
keine Conflicte mit ansässigen oder habgierigen Häuptlingen
entstehen.

Trotz dieser ungemein günstigen Verhältnisse wagten die
Engländer es nicht, das ihnen vertragsmäßig vom 1. October
1888 zustehende Recht der Zollerhebung sofort auszuüben. Sie
waren durch den von den Deutschen erlittenen Schaden klug genug geworden, um nicht durch vorzeitiges Auftreten als Gebieter
den sonst unvermeidlichen Ausbruch einer Revolte im eigenen
Lager heraufzubeschwören. Am 6. Juni 1889 erklärte Mackenzie
in der Vorstandssitzung der Gesellschaft in London, sie würden
erst vom 1. August 1889 an die Zollverwaltung in die eigenen Hände nehmen. Wenn Hauptmann Wißmann die Araber
niedergezwungen, dann ist es auch für sie Zeit zur Ernte —
so rechnen sie, gewiß überlegt und berechtigt.

Mißgunst ist sehr häufig die Quelle der Ueberhebung;
das andern Nationen eingeräumte Zugeständniß des Besser-
verstehens dagegen die Quelle der eigenen Verbesserung. Wir
Teutsche können nicht alles für uns brauchen, was die Engländer mit Erfolg für sich anwenden — wir besitzen nicht die
geschulten Kräfte für Gründung und Einrichtung von Colonien,

und noch viel weniger die Bereitwilligkeit eines massenhaften Kapitals. Aber in einzelnen und sehr wichtigen Fällen sollten wir vernünftigerweise in ihre Fußstapfen treten.

Die Englisch=Ostafrikanische Compagnie hatte im Sommer 1888 fünf Millionen Mark für das kleine Gebiet zwischen Tana und Umba beim Beginn ihrer Operationen zur Ver= fügung. Sie quartierte sich in Mombas ein, unternahm wegen des Aufstandes in den Nachbarterritorien nichts als Re= cognoscirungen von Land und Leuten, Besprechungen mit den vornehmsten Arabern und kurze Ausflüge nach dem Westen, um die Handels= und Productionsverhältnisse zu studiren. Als einmal die Gelegenheit kam, den Arabern sich als großmächtige Gentle= men zu zeigen, bezahlten sie ihnen die in eine englische Mis= sionsstation entflohenen und mit Ungestüm zurückverlangten Sklaven mit baarem Gelde: dafür ernteten sie Jubel von den Heiden und Mohammedanern. Nachdem die Sicherheit im eng= lischen Gebiete von Monat zu Monat sich mehr und mehr befestigt hatte, dachten die Engländer endlich daran, dem Handel einen Anstoß und neues Leben zu geben. Die Araber sind und bleiben die geschicktesten Händler im Innern von Afrika; sie sollten auch unter englischer Obhut ihr Handwerk fortsetzen und zwar mit der wesentlichen Verbesserung, daß nicht, wie bisher die wucherischen Inder ihnen den nöthigen Vorschuß gaben, sondern die englische Gesellschaft und nur unter Verpfändung ihrer Kokosplantagen.

Um jedoch diesen Vortheil billigen Zinses und außerdem den Schutz englischer Stationen im Binnenland genießen zu können, müssen sie sich verpflichten, weder Sklavenhandel zu treiben noch auf Sklaven Jagd zu machen.

Die Engländer sahen nach den von den Deutschen erlebten Erfahrungen sehr wohl ein, daß sie eines Tages eine stärkere Polizeitruppe nothwendig haben dürften. Zu diesem Zweck wählten sie das einfachste und billigste Mittel, dessen Wirksam= keit freilich noch in Frage steht: sie kauften sich einen ange=

sehenen Häuptling in der Nachbarschaft von Mombas durch
Auszahlung eines jährlichen Einkommens und dieser hat sich
verpflichtet, waffenfähige Mannschaft den Engländern zu stellen.

Der geistige Anschluß der Deutsch=Ostafrikanischen Gesell=
schaft an die englische, nicht die Bekämpfung und die Herab=
setzung des englischen Einflusses wird die Früchte europäischer
Culturarbeit in diesen Gebieten des dunkeln Welttheils zur
Reife bringen.

Geographie von Deutsch-Ostafrika.

Aeberſicht.

Die deutſche Intereſſenſphäre in Oſtafrika, durch das deutſch-engliſche Abkommen vom 1. November 1886 begrenzt im Norden durch den Umba, im Süden durch den Rovuma, im Oſten durch den 10 engliſche Meilen breiten, dem Sultan von Sanſibar unterworfenen Küſtenſtrich und im Weſten ganz allgemein durch den im Seengebiet anſtoßenden Kongo-Staat, wird Deutſch-Oſtafrika im weitern Sinne genannt. Im engern Sinne aber können gegenwärtig nur diejenigen Länder innerhalb der Intereſſenſphäre als Deutſch-Oſtafrika bezeichnet werden, in welchen entweder Verträge mit den eingeborenen Häuptlingen deutſcherſeits abgeſchloſſen worden ſind oder deutſcher politiſcher und wirthſchaftlicher Einfluß ſich geltend gemacht hat. Darnach muß die Weſtgrenze und zwar dieſe allein anders gezogen werden. Sie verläuft von Norden nach Süden: vom Kilimandſcharo-Gebiet den Pangani entlang an der weſtlichen Seite von Nguru und Uſagara vorbei nach Mahenge und von da in unbeſtimmbarer Linie nach dem Rovuma.

Vom geographiſchen und coloniſatoriſchen Standpunkt aus umſchließt Deutſch-Oſtafrika zur Zeit die Flußgebiete des Pangani und Umba, des Wami und Kingani, des Rufidſchi und Rovuma im mittlern und untern Theil.

Auf diesen Umfang beschränkt sich im allgemeinen die vorliegende Darstellung der Geographie von Deutsch-Ostafrika.

Die Gestaltung und mit ihr die klimatischen und Vegetationsverhältnisse Deutsch-Ostafrikas erhalten ihre charakteristische Eigenthümlichkeit als Küstengebiet durch eine mächtige, zusammenhängende Gebirgskette, welche zwischen dem Hochplateau Innerafrikas und dem Indischen Ocean in breiter Masse eingelagert ist. Das Gebirge, mäßig von Westen ansteigend, fällt steil nach Osten in bis zum Seestrand reichenden Terrassenstufen ab. Die Ausdehnung und die Höhe der Erhebung der Terrassen verursacht im speciellen einen wesentlichen Unterschied zwischen dem nördlichen und dem südlichen Theil. Während zwischen Umba und Kingani das Terrain sich rasch erhebt und als Ebene von geringerer Breite an den Fuß der nahe gelegenen Berge herantritt, erstreckt sich das Land zwischen Kingani und Rovuma als eine mächtige, gleichmäßige Hochfläche mit minderer Erhebung tief in das Innere zu dem fernliegenden Gebirge hinan.

Ueber das Klima auf dem Festlande besitzen wir keine genügenden meteorologischen Aufzeichnungen; länger andauernde, an einem bestimmten Ort gemachte Beobachtungen existiren gar nicht, sondern nur gelegentliche, in Zahlen gefaßte Reisenotizen und allgemeine Bemerkungen über das Wetter. Um uns aber doch ein annähernd richtiges Bild zu verschaffen, um Anhaltspunkte zur Verwerthung der in den Reisewerken zerstreuten Wetternotirungen zu gewinnen, müssen wir uns eine Grundlage bilden durch die Betrachtung der klimatischen Verhältnisse auf der Insel Sansibar. Sie sind durch die Arbeiten Dr. Seward's, die Otto Kersten [1] benutzte, und Dr. John Robb's [2] ziemlich genau und übereinstimmend sichergestellt. Da die Lage Sansi-

---

[1] C. C. von der Decken's Reisen in Ostafrika (Leipzig 1879), III, 3. Abtheilung.

[2] Proceedings of the R. G. S. (London) 1880, S. 183.

bars unter denſelben Himmelsſtrich fällt, wie der in Betracht zu ziehende Theil des Küſten= und Binnenlandes, ſo liefern uns die in Sanſibar gewonnenen Reſultate in großen, allge= meinen Zügen den klimatiſchen Charakter Deutſch=Oſtafrikas; Sanſibar gibt uns die Regel, auf dem Feſtland finden wir die Steigerungen und Minderungen.

Oſtafrika hat keinen Winter und keinen Sommer, ſondern zweimal eine Regenzeit und zweimal eine Trockenzeit. Die beſtimmenden Factoren ſind Monate andauernde Paſſatwinde (Monſuns), welche aus entgegengeſetzter Himmelsrichtung wehend halbjährig ſich ablöſen, und die mit dem zweimaligen Zenithſtand der Sonne zuſammenfallenden Windſtillen oder Calmen, welche nach dem Aufhören des einen Paſſatwindes und vor Beginn des andern eintreten.

Anfang März erliſcht der Nordoſt; Calmen folgen; am 4. März erreicht die Sonne den Zenithſtand. Mitte März beginnt die erſte, ſogenannte große Regenzeit (Masika) und dauert bis Ende Mai; darauf folgt die erſte Trockenzeit, welche bis Mitte October anhält. Von Ende März bis Ende September weht der Südweſt.

Anfang October erliſcht der Südweſt; Calmen folgen; am 9. October ſteht die Sonne im Zenith. Mitte October beginnt die zweite, ſogenannte kleine Regenzeit (Vuli) und dauert bis Mitte December; darauf folgt die zweite Trocken= zeit, welche bis Mitte März anhält. Von Ende November bis Ende Februar weht der Nordoſt.

Um die Ueberſicht und ſpäteres Vergleichen zu erleichtern, iſt das Geſagte in der umſtehenden Tabelle geordnet.

Die Witterungsregelmäßigkeit der Tabelle hält natürlich die Wirklichkeit mit ſolcher Exactheit nicht ein. Die Wind= ſtrömungen ſetzen nicht ein oder hören nicht auf genau an dem firirten Tag, ebenſo wenig die Regenzeiten; aber die Differenzen bewegen ſich in den Grenzen von ein bis zwei, in ſeltenen Fällen von drei Wochen.

Ueberstcht des Witterungswechsels in Sansibar.

Monat				
Januar	Trockenzeit	NO.	—	Die heißesten Monate.
Februar	„	„	—	
März 1. Hälfte	„	Calmen	Sonne im Zenith	
2. Hälfte	Regenzeit	„	—	
April	„	SW.	—	Feuchtester Monat
Mai	„	SW.	—	
Juni	Trockenzeit	SW.	—	Die kühlsten Monate.
Juli	„	„	—	Trockenster Monat.
August	„	„	—	
September	„	„	—	
Oct. 1. Hälfte	„	Calmen	Sonne im Zenith	
2. Hälfte	Regenzeit	„	—	
Nov. 1. Hälfte	„	„	—	
2. Hälfte	„	NO.	—	
Dec. 1. Hälfte	„	„	—	
2. Hälfte	Trockenzeit	„	—	

Sowenig es in der Regenzeit unausgesetzt regnet, son= dern überhaupt nur alle Tage und heftig, sowenig ist es in der Trockenzeit absolut trocken; es gibt auch hier einzelne Regenschauer.

Auch bei den Luftströmungen und Calmen treten gelegent= lich Modificationen ein; der Nordost schlägt in Nord oder Ost, der Südwest in Süd, West oder Südost um. In der Calmen= zeit tauchen oft leichte und variable Winde auf.

Ueber die Temperaturen gibt die nächste Tabelle Auf= schluß. Da die von Kersten mitgetheilten meteorologischen Beobachtungen Dr. Seward's wegen ihrer weitgehenden Aus= führlichkeit später zum Vergleich citirt werden, so sind sie neben jene, einen größern Zeitraum umfassenden, von Dr. J. Robb gesetzt. Die Resultate beider sind von unbedeutender Ver= schiedenheit; man kann aus beiden folgende Schlüsse ziehen:

Die Wärmedifferenz innerhalb des ganzen Jahres ist sehr gering; sie beträgt, Februar und März mit Juli und August verglichen, 2,5° R. Januar, Februar, März sind die heißesten,

Juni, Juli, Auguſt die kühlſten Monate. Der Unterſchied zwiſchen dem Jahresmittel der Maxima und dem der Minima macht bei Seward 4,9° R. und bei Robb ſogar nur 3,2° R. aus.

Den faſt gleich ſich bleibenden Monatstemperaturen ent= ſpricht die kaum ſich ſteigernde und kaum ſich abmindernde Temperatur des Tages. Die höchſte Steigerung der Wärme vom Morgen zum Mittag kommt im October vor, ebenſo die ſtärkſte Abkühlung während der Nacht; ſie beträgt im erſten Fall 3° R. und im zweiten 2,6° R.

Monatsmittel der Tagestemperatur von Sanſibar in Reaumur-Graden.

Monat	Während 1886, nach Dr. Seward.						Nach Dr. Robb, 1874—78.		
	6 Uhr V.	12 Uhr M.	6 Uhr N.	Im Durch- ſchnitt des Tags	Maxi- mum	Mini- mum	Im Durch- ſchnitt des Tags	Maxi- mum	Mini- mum
Jan.	21	21,9	21,8	21,6	23,7	20,3	22,4	23,9	20,6
Febr.	21	22,1	22,2	21,8	24,4	20,4	22,6	24	20,8
März	19,9	22	21,7	21,2	24	18,6	22,7	24	20,6
April	19,9	21,6	20,8	20,3	23,6	18,6	22	23,1	20,2
Mai	19,5	21,2	20,7	20,5	23,4	18,6	21,3	22,8	19,5
Juni	18,9	20,8	20	19,9	22,4	17,7	20,6	22,1	19,1
Juli	18	20,3	19,7	19,2	21,5	16,8	20	21,7	18,5
Aug.	17,8	20,6	19,5	19,2	21,8	16,6	20,1	21,9	18,5
Sept.	18,3	21,2	20,3	19,9	22,8	17,5	20,4	22,4	18,7
Oct.	18,3	21,3	20,9	20,2	23,2	16,7	21	22,8	19,1
Nov.	19,7	22	21,6	21,1	24,4	19	21,7	23,2	20
Dec.	20,3	21,9	21,7	21,3	24,1	19,7	22,3	23,4	20,4
Im Jahr				20,6	23,3	18,4	21,4	22,9	19,7

Betrachtet man die Temperaturentabelle Sanſibars genau, ſo gewahrt man in den Monatsmitteln eine ſehr minimale, faſt nur in den Decimalſtellen ſichtbare, allmähliche Abnahme und eine ebenſo geartete Zunahme. Auf dem Feſtland ver= größern ſich dieſe Differenzen und man kann in einzelnen

Gegenden das Jahr in eine kühle und in eine heiße Zeit ein-
theilen. Eine nach europäischen Begriffen gebräuchliche Annahme, in den Gebirgen eine frischere Luft anzutreffen, erweist
sich für Ostafrika als Regel unhaltbar. So ist das Gebirgsland Usagara heißer als Sansibar. Auch der Vorstellung muß
entsagt werden, daß mit der Zunahme der Bodenerhebung
die Salubrität einer Gegend verbunden sei. Kutu ist das
ungesundeste Land, ebenso ein großer Theil Usagaras. Die
feuchte Wärme aus üppig wuchernder Vegetation ist die Quelle
des Fiebers. Wo also hoch entwickelte Fruchtbarkeit existirt,
herrscht in minderm oder höherm Grad das Fieber. Absolut
gefährlich ist die Nähe von Sümpfen und morastigen Niederungen. Fieberfreie und zugleich fruchtbare Oertlichkeiten findet
man in einigen vereinzelten Fällen und zwar da, wo entweder
durch besonders günstige Lage oder durch die Cultur der noth-
wendige Grad von Trockenheit erreicht worden ist.

Die Monotonie des ziemlich hohen Temperaturzustandes
ist es nicht allein, welche die Energie des Europäers in Sansibar abschwächt, sondern der hohe Feuchtigkeitsgehalt der Luft:
am Morgen 89%, von Mittag bis Sonnenuntergang 73%,
das Jahresmittel 81,8%. Der April ist der feuchteste mit
88,7% und der August der trockenste Monat mit 76,2%.

Sansibar, namentlich die Stadt, gilt als gesund für jeden,
der sich in Diät und Kleidung tropischen Anforderungen zu
fügen weiß. Die Gefährlichkeit des Klimas beginnt auf dem
Festland, in der Region der Spaltpilze, welche die Sonnenglut aus den vegetationsreichen, durchnäßten Erdschichten,
aus Lagunen und Sümpfen zu fiebererzeugenden Miasmen
auskocht.

Die mit Dampf übersättigte Seeluft strömt nach dem
Continent, streicht über Küsten und Terrassen nach dem Gebirgs-
wall, verdichtet sich hier zu Wolken und Regen und kommt
trocken und klar in die Hochflächen Innerafrikas. Deutsch-
Ostafrika liegt also ganz in dem Bereich des dunstigen Him-

melſtrichs. Modificationen treten gemäß der Bodengeſtaltung
ein. An der Küſte fließen die kühleren Luftſchichten dem
erhitzten Binnenland zu und verurſachen auch während der
Trockenzeit unregelmäßige, häufige Niederſchläge. Sind die
anſtoßenden Plateaus von höherer Erhebung und erreichen ſie
bald den Fuß der Gebirge, ſo nähert ſich ihr Wettercharakter
dem des Strandes und der Berge, ſo in Bondei und Uſeguha.
Steigen ſie aber nur langſam empor und treffen ſie erſt in
weiter Entfernung von der See auf die Maſſe eines Gebirges,
ſo kommt die austrocknende Hitze der Sonne zur entſcheidenden
Herrſchaft und die Regenzeiten beginnen ſpäter und ſind von
geringerer Dauer: ſo im mittlern Uſaramo und wahrſcheinlich
in dem Land zwiſchen Nuſidſchi und Rovuma. In allen
Gebirgsgegenden, von Uſambara bis Kutu, werden die Luft=
ſtrömungen der See von kühleren Schichten aufgenommen, und
Regen fällt hier faſt in allen Monaten des Jahres, verſtärkt
und gedrängt zu früherm Ausbruch durch die eigentlichen
Regenzeiten und gemindert durch die Trockenzeiten.

Ein Theil Deutſch=Oſtafrikas fällt jenſeit des dunſtigen
Küſtenklimas in den Wetterbereich Centralafrikas: das ſind die
ebenen Strecken, welche zwiſchen den Uſambara=Bergen und
dem Kilimandſcharo=Gebirge gelagert ſind.

Die geologiſche Beſchaffenheit von Deutſch=Oſtafrika iſt
einfach: das Gebirge und die anſtoßenden Plateaus beſtehen
aus Gneis, die zum Meer ſich abſenkende ſchmale Flächenzone
aus Sand= und Kalkſtein, die Küſte aus Korallenkalk. Erup=
tive Geſteinsmaſſen findet man am Kilimandſcharo und an
einigen Stellen im oberen Kutu.

Der Gneis beſtimmt in dem Zuſtand der Verwitterung
den Vegetationscharakter des ganzen Landes. In vier ver=
ſchiedenen Stadien wird er zu rother, graurother, ſchwarzer
Erde und zu Humus.

Die rothe Erde iſt das Verwitterungsproduct des Gneiſes
auf horizontaler Fläche, der bekannte poröſe, eiſenhaltige

Lateritboden. Regengüsse zerklüften ihn und die Sonnenglut
backt ihn zusammen zu steinharten Klumpen. Hartes Büschel-
gras, Dorngebüsch, Mimosen, Akazien und Baobabs wachsen
auf ihm. Liegt er unter einem Himmel mit Regenfällen, auch
während der Trockenzeit, so ändert sich seine Beschaffenheit zu
Gunsten gesteigerter Fruchtbarkeit, sodaß er Getreide, Taback
und Gemüse erzeugen kann.

Wird die rothe Erde, auf geneigter Ebene liegend, vom
Regenwasser nach Abhängen und Bodensenkungen geschwemmt,
so wird sie zerrieben, mit verwesenden Pflanzenresten untermischt und zur graurothen Erde. Die Productionskraft ist
gesteigert: alle Cerealien gedeihen, ebenso Bananen, Bataten,
Taback, Wälder voll schattiger Bäume mit dichtem Unterholz,
Wiesen mit Futtergras.

Die graurothe Erde, zu dauerndem Rubelager in die Tiefe
gelangt, verwandelt sich in feinzertheilten, durch organische
Substanzen massenhaft bereicherten üppig fruchtbarsten Humus
unter den Bedingungen anhaltender Feuchtigkeit, starker Er-
wärmung und mäßiger Wasserversickerung. Diese Bedingungen
werden in seltenen Fällen in gleichmäßigem Grade erfüllt,
am meisten in den geschlossenen sogenannten Regenwäldern,
in den Thälern von Alluvium absetzenden Flüssen und auf
den sanft verlaufenden Abdachungen der Gebirge.

Findet das vom Humus eingesogene Wasser keinen Abfluß,
so formt sich der Boden zu schwarzer Erde um, die entweder
mit Savannen oder mit zähem Schlamm und mit Sümpfen
bedeckt wird.

Diese vier verschiedenen Qualitäten der Erdkruste kommen
selten rein, meistens in mannichfach abgestuften Uebergängen
vor. Welche Ausdehnung die eine oder andere Gattung besitzt,
läßt sich bei der Lückenhaftigkeit unserer gegenwärtigen topo-
graphischen Kenntnisse nicht annähernd genau weder behaupten,
noch viel weniger mit Zahlen angeben, aber ein allgemeiner
Ueberblick führt zu dem Schluß, daß der größere Theil des

zwiſchen Umba und Rovuma liegenden Landes mit der rothen
Lateriterde bedeckt iſt.

Vier Hauptſtröme fließen von den Bergen dem Meere
in weſtöſtlicher Richtung zu: der Pangani, Wami, Kingani
und Rufidſchi. Trotz ſtarken Gefälles und unausgeſetzter
Nährung durch zahlreiche Zuflüſſe, hat keiner ſein Bett ſo tief
gegraben, daß er auf größere Strecken von der Küſte aus für
Laſtſchiffe oder Dampfbarkaſſen ſchiffbar wäre. Der Waſſer-
überſchuß wird in periodiſchen Ueberſchwemmungen vergeudet.

Die Verzweigung des Flußſyſtems in eine Menge von
Thälern und Schluchten hat zwei Vortheile:

erſtens tragen die Bäche und Ströme im Gebirge reichlich
vorhandene Feuchtigkeitsmengen den ſonſt in der Sonnenhitze
vertrocknenden ebenen Niederungen zu; zweitens ſchlemmen ſie
die Verwitterungsproducte der höheren Regionen nach den Tief-
ländern ab und häufen hier ein fruchtbares Alluvium an.

Das allgemeine Vegetationsbild Deutſch-Oſtafrikas iſt
demnach folgendes:

In und auf den Bergen geſchloſſene Waldungen, an den
    Abhängen und in den Thalſohlen Bananenhaine und
    vereinzelte Wieſenflächen.

Auf den ebenen Niederplateaus und in den breiteren
Thalbetten:

Moräſte mit Complexen von Buſchwald.

Offene Savannen, entweder cultivirbare oder ſteinige, aus-
    gedörrte.

Savannen mit üppigem oder dornigem Dſchungel oder mit
    leichtem Gehölz (Savannenwald) und mit Buſchwald an
    den Rinnſalen der Gewäſſer (Galeriewälder).

Unmittelbar an der Küſte:

Kokospalmenhaine und Baumwollſtauden auf fruchtbarem
    Sandboden; Mangrove-Waldungen, überall mit ſumpfigen
    Lagunen. Kopalwälder im ſüdlichen Theil.

Ausgedehnte Culturflächen im europäischen Sinn existiren nirgends, nur Culturflecke inmitten der Wälder, an Gebirgs= abhängen, im bewässerten Savannenland und in der Nähe des Meeres.

Die Wälder bestehen hauptsächlich aus Wollbäumen, Syktomoren, Tamarinden, Bananen, Akazien, Dum= und Telebpalmen, Miombo= und Kopalbäumen. Die häufigsten Schlinggewächse, die sie durchziehen, sind die Gummiliane und die Sassaparilla. Baumartige Farrn, Bambusen und Kriech= pflanzen bilden das Unterholz, das fast überall die Räume zwi= schen den Stämmen ausfüllt. Verfaulende Vegetation erfüllt die Waldluft mit schwülen Miasmen; düsteres Dämmerlicht herrscht auch beim hellsten Sonnenschein. Die Wälder stehen auf dem fruchtbarsten, weil wasserhaltigsten Boden.

Die offene Savanne ist blumenloses Grasland mit ver= einzelt stehenden Affenbrotbäumen (Baobab). Das Gras schießt mit 2—4 m hohen, harten, kantigen Halmen, in getrennten, oben sich ausbreitenden Büscheln auf; am Boden ist freier Zwischenraum für niedriges und kleines Gethier. Das Wan= dern in demselben ist für den erwachsenen Menschen ermüdend und nach Thaufall sehr unbehaglich, da er mit dem Haupte das über ihm zusammenschlagende Gräsermeer immer von neuem zertheilen muß; bei der Nähe von Büffeln, Löwen, Leoparden oder feindlich gesinnten Eingeborenen wird das Durchschreiten solcher Strecken ziemlich gefährlich, da man weder über die Halme hinweg, noch zwischen diese auf nur geringe Entfernung sehen kann. Wird die Savanne niedergebrannt oder verdorrt sie unter der Glut der Sonne, so verwandelt sie sich in fuß= tiefe, lästig staubige Asche. In der wasserarmen, steinigen, auf nacktem Lateritboden stehenden Savanne härten und schär= fen sich die Halme; die Grasbüschel stehen weit auseinander. Erhält sie aber Befeuchtung, sei es von häufigen Regenschauern oder von durchfließendem Gewässer, so kann aus ihr ertrag= fähiges Ackerland geschaffen werden.

Die Monotonie der Savanne wird unterbrochen entweder durch lichtes Gehölz (Savannenwald) oder durch Buſchwald (Dſchungel).

Der Savannenwald ſetzt ſich weſentlich aus Akazien, Eriken und Mimoſen zuſammen. Je trockener der Boden, deſto zahlreicher tritt die ſtachelige Gummi=Akazie auf.

Das Dſchungel iſt der gefürchtete Geſtrüppwall. Es bildet eine compacte Maſſe ſtrauchartiger, eng in ſich und von Grund aus verzweigter, mit zähem Schlinggewächs netzartig verbundener Bäume und dornenbewehrter Blattpflanzen. Haben nicht Elefanten oder Rashörner einen Pfad durchgebrochen, ſo muß der Durchgang mit Beilen und Meſſern erkämpft werden. Die Luft darin iſt düſter und ſchwül, der Boden oftmals verſumpft; es iſt die Heimſtätte der Tſetſefliege. Bei der Zunahme nackten, trockenen Lateritbodens überwiegen ſtachelige Gewächſe die immergrünen, dornenloſen. Zu jenen gehören die Gummi=Akazie, Euphorbien, Opuntien und Aloën.

Die in Cultur genommenen Landſtriche bedecken Pflanzungen von Fruchtbäumen und Felder.

Von Fruchtbäumen gedeihen, ſei es in Hainen oder in Gruppen zwiſchen den Hütten der Dörfer:

Kokos= und Delebpalmen, Orangen=, Melonen= und Mango= bäume, die Banane.

Auf den Feldern wird angebaut:

Kaffernkorn, Negerhirſe, Maniok, Seſam, Bataten, Erdnüſſe, Reis, Zuckerrohr, Taback.

Um von den Bäumen und Pflanzen, die ſpäter vielfach mit Namen angeführt werden, eine annähernd deutliche Vorſtellung zu geben und um zugleich über den allgemeinen Culturwerth derſelben zu orientiren, laſſe ich hier eine möglichſt kurze und bündige Beſchreibung derſelben in einem Verzeichniß folgen. Bei einzelnen Arten iſt neben der lateiniſchen Benennung auch die landesübliche Bezeichnung beigefügt.

Waldbäume.

Affenbrotbaum (Adansonia digitata, „Baobab" [westafr.], „Mbuju" [ostafr.]). Höhe 12—22 m, Umfang bis zu 47 m. Stamm von weichem, schwammigem Holz. Wipfel, von 38—48 m im Durchmesser, von der Form einer Halbkugel. Gefingerte Blätter. Weiße Blüten an meterlangen Stielen. Gurkenähnliche, 30 cm lange Früchte mit weißem, trockenem Mark. Aus diesem wird ein kühlendes, säuerliches Getränk bereitet. Rinde als Mittel gegen Fieber, die Fasern zu Stricken. Wächst einzelstehend auf der Savanne in der Ebene und auf Höhen; am Fuße des Kilimandscharo bildet er einen Theil des Waldes.

Akazien (Acacia). Schirmförmige Krone. Dornig. Kleine gelbe Blüten.

Catechu-Akazie (Acacia catechu). Großer unregelmäßiger Baum. Braune, rissige Rinde. Kurz bedornte Aeste. Schmale, 30 cm lange Blätter. Aus dem gekochten Holz gewinnt man einen wässerigen Extract als Gerbstoff: das Katechu.

Gummi-Akazie (Acacia gummifera). Abstehende Aeste mit scharfen Dornen. Kurze gefiederte Blätter. Liefert schlechtes Gummi.

Bananen (Ficus indica; Banian-tree [englisch]). Sehr dicker Stamm. Große flache Krone. Von den horizontal verlaufenden Aesten senken sich Luftwurzeln in den Boden und bilden neue Stämme. Tiefgrüne, glänzende Blätter.

Kopalbäume (Hymenaea Courbaril; „Msandarusi"). Umfang 26 m. Hartes Holz, als Nutzholz verwendbar. Der angeschnittene Stamm liefert ein Harz, das zur Fälschung des halbfossilen Kopals benutzt wird. 1—1½ m unter dem Standort der Kopalbäume wird der halbfossile Kopal ausgegraben.

Mangrove (Rhizophora Mangle). 20—25 m hoch. Der hell-

graue oder röthlich braune Stamm ruht entweder auf einem
viertheiligen, freiſtehenden Wurzelgerüſt, 3—5 m über dem
Boden, oder er liegt bockartig horizontal auf einer Maſſe
von Wurzeln und aus ihm ſprießen ſenkrecht zahlreiche
Stämme empor. Alle Zweige und Wurzeln greifen dicht
ineinander hinein und bilden ein undurchdringliches Wirr-
ſal. Die Blätter ſind dunkelglänzend und lederartig. Die
Mangrove wächſt nur an der Küſte, in dem vom Salzwaſſer
durchtränkten Boden. Das ſehr ſchwere und ſehr dauerhafte
Holz findet als hochgeſchätztes Schiffsbauholz Verwendung.

Mimoſen (Mimosa). Dorniger Baum oder Strauch. Ab-
wechſelnde, doppeltgefiederte Blätter mit Nebenblättern.

Miombo. Die afrikaniſche Eiche. Höhe 15 m; Umfang des
Stammes 2½ m. Dunkelgrünes Laub. Grünliche Blüte,
wie Jasmin riechend. Frucht eine große Schote mit zwölf
harten, braunſchwarzen, inwendig rothen Kernen. Die
Rinde vielfach verwendet zum Bau von Hütten und Canoes.
Das Holz ein vorzügliches, andauerndes Feuermaterial.

Sykomore, Maulbeerfeigenbaum (Ficus Sycomorus; „Mkuju“).
Sehr dicker, ſäulenartiger Stamm, 12—15 m hoch. Breit
ſich ausdehnende Aeſte mit dichtem Laub überſchatten einen
Raum von 150 m im Durchmeſſer. Blätter lorbeerähnlich
von feſtem und ſtarrem Gewebe. Nutzholz.

Tamarinde. Die afrikaniſche Eiche. (Tamarindus indica;
„Subar“). Höhe 9—12 m. Weit ausgebreitete, ſchatten-
reiche Krone. Paarig gefiederte Blätter. Früchte: finger-
dicke, bis zu 20 cm lange Schoten mit ſüßſäuerlichem
Mark. Aus dieſen wird ein berauſchendes Getränk bereitet, das gut gegen Gallenfieber iſt, oder ſie werden
(namentlich von den Arabern) verkocht, getrocknet, mit
Oel und Salz verſetzt, in Kugeln geformt und als Würze
zu den Speiſen benutzt; jahrelang haltbar. Das Holz
des Stammes iſt Nutzholz.

Teakbaum. Die indiſche Eiche (Tectona). 40m hoch. Schlanker

Stamm. Eiförmige Blätter. Das Holz von angenehmem Geruch, braunschwarz, gut spaltbar, dreimal so dauerhaft als Eichenholz. Besonders zum Schiffsbau verwendet.

Wollbaum (Bombax Ceiba; „Mparamusi"). Der Riese des Waldes; 40—50 m hoch. Gelblich-grüner, buchenähnlicher Stamm, 4½ m im Durchmesser, mit tafelähnlichen Strebepfeilern umwachsen, 30—40 m astlos. Die Krone breitet sich oben mächtig aus. Immergrüne Blätter. Die im Samen enthaltene seidenartige kurze Wolle wird zum Füllen von Kissen benutzt. Das leichte, sehr weiche Holz dient zu Schnitzereien und auch zu Canoes.

Palmen.

Arecapalme, Betelnußpalme (Areca catechu). Schlanker Stamm, 12—19 m hoch, bis 60 cm im Umfang. Gefiederte, 4 m lange Blätter. Die ovalen Früchte, von der Größe und Form eines Hühnereies, wachsen büschelartig, enthalten der Muscatnuß ähnliche Kerne; werden getrocknet, zerschnitten, mit Gewürz bestreut und kommen so in den Handel. Man kaut die Stücke zur Reinigung des Mundes und als Reizmittel. Eine Palme liefert 200—800 Nüsse jährlich.

Bambusa („Viansi"). Der Stamm besteht aus einem mächtigen Bündel schaftartiger, hohler, 15—18 m langer Zweige, die dicht aus dem Boden herauswachsen. Die Bambusa gedeiht an feuchten Stellen in Wäldern und außerhalb derselben. Die Schäfte werden zu Bauzwecken und zu leichtem Zimmergeräth verwendet.

Delebpalme (Borassus aethiopum; „Mvumu"). 18—22 m hoch. Stamm 60 cm im Durchmesser; oberhalb der Mitte angeschwollen; rauh mit abgewelkten Zweigen; fächerartige Krone. Jeder Baum hat 10—15 Fruchtbüschel mit 8—10, 3—5 kg schweren Früchten. Gelblich-rothe, kinderkopfgroße Früchte, wie Ingwer schmeckend. Das

ſaftige, ananasartige Fleiſch umſchließt länglich runde,
eßbare Kerne. Die Früchte werden auf Kohlen geröſtet.
Aus den Blütenkolben wird Wein gewonnen. Die Blätter
dienen zu Umzäunungen und Dachdeckungen; das Holz
zu Bau= und Schreinerholz. Die Delebpalme bildet
Wälder.

Dumpalme (Hyphaene thebaica; „Mohama"). 9 m hoch.
Der Stamm gabelt ſich oben in einige Aeſte mit fächer=
artiger Krone. Die Früchte mit dicker, mehliger Rinde
ſind von angenehmem Geſchmack.

Kokospalme (Cocos nucifera; „Muasi"). 30 m hoch. Sehr
ſchlanker, elaſtiſcher Stamm von 30—60 cm Durchmeſſer.
10—12 gefiederte Blätter von 4—6 m Länge bilden die
nach allen Seiten ausgebreitete Krone. Die Früchte ſind
die Kokosnüſſe (bis zu 120 an einem Exemplar) von
melonenartiger, dreikantiger Form. Die unreife Kokos=
nuß enthält einen milchig flüſſigen Saft, die Kokosmilch.
Mit zunehmender Reife wird das Innere eine fleiſchige
Maſſe, die getrocknet als Kopra zur Bereitung von Kunſt=
butter in den Handel kommt. Die Kerne der vollaus=
gereiſten Kokosnuß ſchmecken wie Haſelnüſſe und ſind
ſehr nahrhaft; aus ihnen wird das Kokosöl gepreßt.
Aus der faſerigen Hülle der Kokosnuß werden Schnüre
und Seile gedreht.

Palmyrapalme, Weinpalme (Borassus flabelliformis).
19—22 m hoch. Der Stamm läuft kegelförmig zu. Große
Fächerblätter aus der breiten Krone. Die Frucht ähnlich
wie die Kokosnuß, mit ſchwammigem, ſaftigem Fleiſch,
werden roh oder geröſtet gegeſſen, bilden ein wichtiges
Nahrungsmittel. Die Blütenkolben liefern Wein. Das
ſchöne ſchwarze und ſteinharte Holz zu Tiſchlerarbeiten
verwendbar.

Phönixpalme, die wilde Dattelpalme (Phönix sylvestris;
„Mkindu"). 12 m hoch. Graziöſe, gebogene Stämme

mit lustiger, gefiederter Krone, bestehend aus blaugrünen
3 m langen Blättern. Die Früchte ungenießbar. Aus
dem zuckerreichen Saft des Stammes wird wohlschmecken=
der Wein bereitet.

Raphiapalme (Raphia vinifera). Es ist eine Fiederpalme
mit niedrigem, dickem Stamm, der am Ende eine Rosette
von mächtigen Wedeln trägt. Die gänseeigroßen Früchte
sind hochroth und goldbraun, mit Ananasgeschmack, aber
hart und fest geschlossen. Sie liefert Palmwein.

Fruchtbäume.

Banane.

1. Paradiesfeige (Musa paradisiaca; Plantains [engl.];
   „Ndisi"). 4—10 m hoch. Wächst in Gruppen von
   10—12 Stämmen. Ein staudenartiger Baum. Den
   Stamm krönen 3—4 m lange und 60 cm breite Blätter.
   Eine Fruchttraube, bis zu 75 kg schwer, besteht aus
   20—120 gurkenähnlichen 20—30 cm langen Früchten,
   die unreif von dunkelgrasgrüner, auch von goldgelber
   Farbe sind. Sie enthalten vierzigmal mehr Nahrungsstoff
   als die Kartoffel. Reif können sie roh als feines Birnen=
   obst (aber wahrscheinlich fieberanregend) genossen werden;
   gesünder ist es, sie reif oder unreif entweder zu kochen
   oder zu braten. Man röstet sie in glühender Asche; man
   bratet sie in Butter oder kocht sie wie Kartoffel zu Mus;
   man dämpft sie mit Mehl und Eiern dick ein und erhält
   dann ein haltbares, exportfähiges Nahrungsmittel.

2. Pisang (Musa sapientium). Gestreifter oder gefleckter
   Schaft, mit kürzeren, aber süßeren Früchten.

3. Die wilde Banane (Musa Ensete); mit goldgelben
   und rothen, aber ungenießbaren Früchten.

Kalebassenbaum, Kürbisbaum (Crescentia; „Bugu"). 6—
9 m hoch. Lanzettartige Blätter. Die flaschenförmige
Frucht von 30 cm Durchmesser wächst in Büscheln, hat

eine grüne, holzige Rinde und ſchwammiges, ſüßſäuer-
liches Fleiſch. Die Fruchtſchale verwenden die Eingeborenen zu Trinkgeſchirren.

Mangobaum (Mangifera indica). 12 m hoch. Der Stamm
4½ m im Umfang. Längliche, lederartige, immergrüne
Blätter. Die orangegelben, gänſeeigroßen Früchte (Pflau-
men) ſind vortreffliches Obſt; die darin enthaltenen haſel-
nußgroßen Samenkerne ſchmecken wie bittere Mandeln.
Die Rinde des Baumes dient zum Gerben.

Melonenbaum (Carica Papaya). Der Stamm ſendet wenige
Zweige in der Höhe aus; aſtlos bis zu 6 m. Handförmige Blätter. Die Früchte beſitzen ein wohlſchmeckendes,
zuckerreiches Fleiſch mit milchigem Saft. Sie werden
entweder roh mit Zucker oder Salz gegeſſen, oder unreif
zu Gemüſe verkocht.

Geſträuche und ſtrauchartige Bäume.

Agaven (Agave). Stammlos, bis zu 12½ m hoher Blüten-
ſchaft; fleiſchige, dornige Blätter, roſettenförmig geſtellt.
Glockenförmige, duftende Blüten.

Aloën (Aloë spicata). Bis zu 9 m hoch. Entweder ſtamm-
loſe oder palmenähnliche verholzte Gewächſe. Dicke,
fleiſchige Blätter, am Rande mit ſcharfen Dornen beſetzt. Traubenförmige, ſchön gefärbte Blüten.

Baumwollſtaude (Gossypium punctatum und arboreum;
„Msufi“ oder „Mesoti“). 2—3 m hoch. Beſteht aus
4—5 grünrindigen Stämmen, mit je 1 m im Umfang,
die aus einer Wurzel entſpringen. Die ſpitzig zu-
laufenden dornigen Zweige ſtehen ſteif vom Stamme
ab. Dürftige Blätter. Die Frucht iſt eine 3—5fächerige
Kapſel, welche bei der Reife in 3—5 Klappen aufſpringt,
wobei die langen weißen Haare — die Baumwolle —
elaſtiſch hervorquellen. Sie bedarf kalkreichen Boden.

Erica. Kommt als niedriges Gebüsch vor, erreicht als Ge=
sträuch eine Höhe bis zu 6 m. Die Blätter sind schmal
und geschuppt.

Euphorbie, Wolfsmilchbaum (Euphorbia). Kandelaber=
Euphorbie (E. canariensis). 5 m hoch. Säulenförmige,
fleischige, blattlose, mit Dornen besetzte Stämme. Der
Saft dient als Brech= und Purgirmittel.

Farrn (Filices, Alsophila armata); als Farrnkraut und
Farrnbaum bis zu 6 und 9 m Höhe. Säulenförmige
astlose Stämme mit Rosetten von Wedeln als Wipfel.

Hanf (Cannabis indica; „Bang" [arabisch]). 3 m hoch. Die
Blätter werden wie Taback zubereitet und geraucht.

Opuntien. Sträuche von blattlosen, dicken, fleischigen Stäm=
men von runder oder eckiger Gestalt, mit Astbildung und
geringer Holzentwickelung. Der Blätteransatz ist nur
angedeutet durch warzenförmige, mit kleinen Dornen be=
spickte Höcker.

Ricinusölpflanze (Ricinus communis; „Mbono"). Erreicht
die Höhe von 12 m. Große handförmige Blätter. Das
im Innern enthaltene Oel wird von den Eingeborenen
als Salbe benutzt.

Stechapfel (Datura stramonium; „Muranha"). Narkotischer
Strauch mit großen weißlichen Blüten und einer stache=
ligen, eiförmigen Kapsel (Stechapfel), welche scharfbitter
schmeckenden, giftigen, atropinhaltigen Samen umschließt.
Blätter, Blüten und Wurzelfasern werden in getrock=
netem Zustand geraucht als Mittel gegen Asthma und
Husten. Gedeiht nur auf nassen Wiesen.

Schlinggewächse.

„Kamboa"=Liane. Enthält süßes, wohlschmeckendes und reich=
liches Wasser. Kommt in Uboë vor.

Kautschuk=Liane (Landolphia florida). Immergrünes Laub.
Weiße Blüten mit betäubendem Duft. Orangenähnliche

Früchte. Die Liane wird in manchen Gegenden schenkel=
dick; angeschnitten fließt ein milchiger Saft heraus: er
trocknet in freier Luft sofort und kommt als Kautschuk
in den Handel.

Sassaparilla, Stechwinde (Smilax). Immergrüne kletternde
Halbsträucher mit stark verzweigten, kantigen, stacheligen
Stengeln und Luftwurzeln. Die Blätter dornig, zackig,
lederartige Trauben, ständige wohlriechende Blüten. Rothe
kugelförmige Früchte. Die Wurzeln Arzneimittel gegen
syphilitische Krankheiten.

Getreide und Gemüse.

Bataten, süße Kartoffeln (Convolvulus Batatas). Sträucher
von 1½—2 m Höhe. Langgestielte Blätter. Die walzen=
förmigen Wurzelknollen enthalten den Nährstoff; sie sind
1—6 kg schwer, mehlig; außen purpurroth, innen weiß.
Vortreffliches, leicht verdauliches Nahrungsmittel. Man
genießt sie entweder gekocht oder in Butter geröstet oder
gebacken als Brot.

Durra, Negerhirse, Kaffernkorn (Holcus sorghicus; „Mtama").
2—3 m hoch. Hauptnahrungsmittel. Aus dem schmack=
haften Mehl wird hauptsächlich eine breiartige Suppe
hergestellt. Außerdem dient Durra zur Herstellung eines
bierähnlichen berauschenden Getränkes (Pombe).

Erdnüsse (Arachis hypogaea). Bis zu 60 cm hohes Kraut.
Fiederblätter, mit gelben Schmetterlingsblüten. Samen=
kerne befinden sich in einer eiförmigen Hülse unter der
Erde; über Feuer geröstet dienen sie als Nahrungsmittel,
mit mandelartigem Geschmack. Zerstoßen und aufgekocht
gewinnt man das auf dem Wasser schwimmende farblose
Oel. Die Kerne enthalten an 50% Oel.

Sesam (Sesamum orientale). Ein krautartiges Gewächs.
Ovale, drüsig behaarte Blätter. Weiße und rosarothe
glockenförmige Blüten. Der Samen enthält an 70%

eines goldgelben, angenehm schmeckenden Oels, das nicht
leicht ranzig wird. Man verwendet es vielfach zur Zu=
bereitung der Speisen.

Maniok, Kassave (Manihot utilissima). Knollenstaude von
außerordentlich raschem Wachsthum. Vorzügliche Nähr=
pflanze. Die Wurzelknollen sind der genießbare Theil;
sie werden geschält, in Stücke geschnitten und in Wasser
ausgelaugt; dann in der Sonne getrocknet bekommen
sie eine schneeweiße Farbe. Man kocht oder röstet sie;
oder man zerstößt sie in Mörsern zu Mehl und bereitet
aus diesem Brei oder Brot.

Yams (Dioscorea). Kräuter oder Sträucher mit sich winden=
den Stengeln. Trauben= und ährenförmige, unansehn=
liche Blüten. Die dicken, fleischigen Wurzelknollen sind
genießbar.

_____

Der Reichthum an jagdbaren wilden Thieren ist in den
nördlichen Gebieten, wie besonders in der Nähe des Kilima=
ndscharo sehr bedeutend, dagegen südlich vom Kingani äußerst
dürftig.

Der Elefant ist nahezu ganz verschwunden, er hat sich
nach den Hochebenen im Osten und Nordosten zurückgezogen;
auch das Nashorn trifft man in größerer Zahl nur am obern
Pangani an. Der Löwe scheint seine Heimatstätte am Zipe=
See und nördlich von Usagara zu haben; doch nicht selten
dehnt er seine Streifzüge nach den Küsten von Bondei und
Usegnha aus. Leoparden und Hyänen finden sich überall. Un=
gemein zahlreich sind in den nördlichen und mittlern Savannen=
gegenden die Heerden von Büffeln, Antilopen und Zebras;
auch die Giraffe zeigt sich gelegentlich in Rudeln in den den
Masai benachbarten Gegenden.

Die Wälder sind stumm; man hört keinen Vogelgesang,
kein Vogelgezwitscher, selbst das Volk der Affen belebt sie
nicht überall. Dagegen wimmeln Sümpfe und Flüsse von

Flußpferden und Krokodilen und die Ufergelände von Wasser=
vögeln.

Von kleinerm Gethier, das den Reisenden und Colonisten
in peinlichster Weise belästigt, seien die Ameise und die Tsetse=
fliege erwähnt. Millionen von Ameisen verschiedener Gattung
zerstören auf ihren Wanderzügen nicht nur die Erntevor=
räthe, sondern sie vertreiben auch den gegen sie wehrlosen
Menschen aus seiner Behausung. Wo die Tsetsefliege heimisch
ist, da kann keine Rindviehzucht aufkommen; ihr Stich ver=
wundet tödlich. Sie macht auch die Verwendung von Zugvieh
zur Unmöglichkeit.

An Hausthieren werden überall gehalten: Hühner, Ziegen
und Schafe. Von der Gewinnung von Schafwolle hört man
nirgends. In einzelnen Gegenden, wie in Usambara, im
Kilimandscharo=Gebiet, im nördlichen Usagara, wird Rindvieh=
zucht in größerm Maßstab betrieben. Futtergras ist im Ver=
hältniß zu den ausgedehnten Flächen wenig vorhanden, und
oftmals tritt da, wo es reichlich existirt, die verderbenbringende
Tsetsefliege auf.

———————

Die Colonisationsfähigkeit Deutsch=Ostafrikas kann
nicht in Frage gestellt werden: Bodenverhältnisse, Klima, die
Culturen der Eingeborenen, die Pflanzungen der Araber, die
bereits angestellten deutschen Plantagenversuche enthalten die
Bedingungen und die Möglichkeit gesteigerter Fruchtbarkeit.
Aber zwei Factoren von schwerem Gewicht beeinträchtigen eine
zu günstige Beurtheilung und zu vertrauensvolle Zuversicht: die
Beschränkung colonialwirthschaftlicher Unternehmungen in Be=
zug auf den Raum und die Unsicherheit in Bezug auf rentable
Erzeugung werthvoller tropischer Producte.

Sehen wir ab von dem gewiß nicht unbedeutenden Nutzen,
den der deutsche Handel aus dem Export und Import später
unter geordneten Verhältnissen gewinnen wird, und betrachten
wir das ganze Gebiet als Arbeitsfeld des Ackerbauers, so

müssen wir uns nach Ländereien umsehen, die mit Rücksicht auf reiche Ertragsfähigkeit zur Anlegung von Plantagen sich eignen. Solche Ländereien sind in der beigegebenen Karte mit grüner Farbe bezeichnet. Im Vergleich zur Ausdehnung der ganzen Colonie über 5 Breite= und 2 Längegrade nehmen sie sich sehr vereinzelt und dürftig aus. Es wurde eben nur solches Land als besonders zur Cultur geeignet bezeichnet, dessen Fruchtbarkeit sich durch wirklich bestehenden Anbau bereits vollgültig erprobt hat. Um gerecht und günstiger zu urtheilen, muß man hierbei berücksichtigen, daß erstens aus Savannen= und Waldstrecken in künftigen Zeiten neues und reichliches Culturland gewonnen werden kann, und daß zweitens große Flächen noch unerforscht und unversucht vor uns liegen.

Die eingetragenen, also wirklich vorhandenen Culturflecke reduciren sich übrigens auf eine noch geringere Anzahl, wenn man ihre sofortige Verwerthung, also auch ihre Lage und ihre bequeme Verbindung mit dem Seeverkehr in Betracht zieht. Bei der Unschiffbarkeit der Flüsse, bei dem Mangel von Straßen und billigen Transportmitteln wird man nur in der Nähe der Küste mit der Anlage von Plantagen beginnen können.

Um Rentabilität dem Plantagenbau zu sichern, darf die Production nicht nur von den Transportkosten nicht aufgezehrt werden, sondern sie muß auch das in Tropengegenden nothwendig große Anlagekapital lohnenswerth verzinsen, und das vermag sie nur bei werthvoller Qualität. Gewiß kann man schon mit Zuckerrohr=, Kokospalmen= und Reispflanzungen bei geringem Aufwand erhebliche Gewinne erzielen; ausschlaggebend aber ist die Beantwortung der Frage: vermag der Boden Deutsch=Ostafrikas Kaffee, Cacao, Baumwolle und Tabak von solcher Güte und in solchen Massen hervorzubringen, um concurrenzfähig auf dem Weltmarkt zu erscheinen?

Eine stichhaltige Antwort darauf in bejahender Form möge die Zukunft geben; die bisherigen Versuche haben noch nicht genügt.

Usambara und Bondei.

Allgemeine Gestaltung.

Usambara besteht, geographisch genommen, aus dem Berg=
land, dem eigentlichen Uschamba der Eingeborenen, aus der
Nyika= und Bondei=Ebene und der Küstenniederung zwischen
den Flüssen Umba und Pangani.

Das Gebirge, mit einer durchschnittlichen Erhebung von
1400 m, ist von Granit und Gneis gebildet. Es dacht sich
von Norden nach Osten und Süden ab, von den Höhen von
Mlalo (1560 m) in breiter Linie nach den Kombola= und
Handei=Bergen (1200 und 1350 m), und entsendet als Aus=
läufer die Höhenkette von Magila (1050—624 m), den
Pambili und Tongwe (600 und 715 m) in die sanft nach
Osten geneigte, gewellte Ebene von Bondei, welche mit vom
Wanga bis Pangani ansteigender Uferhöhe den Indischen Ocean
begrenzt.

Die Gestalt der Berge ist größtentheils steile Kuppelform,
eng aneinander gedrängt und zahlreiche tiefe Schluchten um=
schließend; im Westen, von Wuga bis Mbaramu, lagern sich
kesselförmige Mulden zwischen die einzelnen Höhen; breite
Thäler findet man allein an den Ufern des Luengera und des
Sigi. In jähem Absturz fällt das Gebirge in das Thal des
Mkomasi und in die Ebenen im Norden und Osten hinab,
während es zum Pangani in sanfteren Böschungen sich senkt.

Die Hauptwasserscheide liegt an dem Nordoststrand; hier
fließt der Umba mit seinen Nebenflüssen und in entgegen=
gesetzter Richtung der Luengera mit dem Kumba.

Eine zweite Wasserscheide befindet sich in der südöstlichen
Ecke, in den Bergen von Handei; es ist das Quellgebiet
des Sigi.

Von den Vorbergen im Osten bei Magila entspringen der Udsu und Ukumbine.

In nahezu parallelem Laufe scheiden der Umba im Norden und der Pangani im Süden das Gebirge von den anstoßenden Ebenen. Im Westen bewirkt die weitausgedehnte Thalsenkung des Mkomasi die Trennung von der Berglandschaft Pare.

Klima.

Unsere Kenntniß von den Witterungs- und Temperatur-verhältnissen Usambaras beschränkt sich auf die lückenhaften Berichte einzelner Reisenden. Unser Wissen ist daher vorläufig noch Stückwerk.

Die große Regenzeit beginnt im Gebirge schon Mitte Februar und endet mit geringen Regenfällen im Laufe des Monats Mai. Die Trockenzeit wird durch vereinzelte Nieder-schläge im Juli und August unterbrochen. Die kleine Regen-zeit setzt im November für kurze Zeit ein; der December ist trocken, im Januar gibt es häufig Gewitter. Der trockenste Monat dürfte der September sein.

In Bondei scheinen sich Regen- und Trockenzeit auf die gleichen Monate wie in Sansibar zu vertheilen.

Ueber die Temperaturverhältnisse besitzen wir durch die sorgfältigen Aufschreibungen Burton's und des Lieutenant Kurt Weiß einige werthvolle und positive Anhaltspunkte zur Be-urtheilung der Wärmeschwankungen im Pangani- und Mko-masi-Thal und auf den Höhen von Wuga während der Monate Februar und Mai und Anfang Juli.

In der nebenstehenden Tabelle sind sie nach der Einheit des Orts und der Tageszeit zusammengestellt und ist das Monats-mittel der Temperatur von Sansibar um dieselbe Stunde zur Vergleichung vorangesetzt.

Temperaturen in Usambara

nach den Beobachtungen von Burton im Februar 1857 und von Lt. Kurt Weiß im Mai und Juli 1885.

Ort	Höhe über dem Meer in m	Tages=zeit	R.°		
			vom 4.—17. Febr.	vom 11.—31. Mai	Anfang Juli
Zanzibar . . .	—	6h Nm.	22,2	20,7	19,7
Pangani Thal Stadt Pangani	—	„	24,4	—	—
Tschegwe . .	88	„	28	20	16 [1]
Tengwe(Station	263	„	20,8	18,8	15,2 [2]
Westl. Tengwe [3]	368	„	29,7	18,4	16,8
Kebode [4] . . .	ca. 400	„	28,4	19,2	—
Maurui . . .	436	„	26,5	18,4	16,8
Mtonasi Thal Tarawande . .	?	„	21	19,2	—
Wuga . . .	ca. 1350	6h N. u. 11h V.	18	13,6	—
bei Membe . .	?	6h N. u. 3h N.	25,7	16,8	16,8
Masindi . . .	512	6h N.	—	18,4	16,4
Mkumbara . .	493	„	—	18,4	—
Die Mitteltemperatur in Usambara . . . (unter Ausschluß von Wuga)	—	6h N.	25,5	18,7	—

Aus diesen wenigen Zahlen lassen sich ein paar sichere Schlüsse ziehen:

Die Abnahme der Temperatur von Februar bis Juli, also der Wechsel zwischen einer heißen und kühlern Zeit, macht sich in Usambara um vieles bemerkbarer als in Zanzibar.

Die Erhebung über dem Meere bis zu 500 m bringt im Juli einige, im Mai sehr geringe Minderung der Temperatur, im Februar sogar eine Steigerung. Auf den Höhen von 1300 und mehr Metern aber weht eine frischere Luft als in den Thälern und in Zanzibar.

[1] Bei Kitiwu. — [2] Bei Junge. — [3] Südöstlich von Keregwe.

Ergänzende Auskunft gewährt die nächste Tabelle. Wenn sie auch nur einmaligen und auf kurzen Zeitraum beschränkten Beobachtungen entnommen ist, so bietet sie doch manche interessante Andeutungen über den wahrscheinlich herrschenden Temperaturcharakter.

Temperatur- und Wetterbeobachtungen in Usambara von Lt. Weiß im Mai und Juli 1885.

Bemerkung: Morgens zwischen 6 und 8 Uhr, mittags zwischen 12 und 4 Uhr, abends zwischen 6 und 8 Uhr.

Ort	Monat	R.°			Wetter
		morgens	mittags	abends	
Tschegwe . .	11. Mai	19,2	21,6	20	Regen.
„ . .	12. „	19,4	21	20	Trüb.
„ . .	13. „	17,2	—	—	Regen.
Kitiwu . .	13. „	—	23,4	21,6	Schön, dann trüb.
„ . .	14. „	18,4	—	—	Schön.
Lewa . . .	14. „	—	22,4	19,2	Schön, dann trüb.
„ . . .	15. „	19,2	25,6	18,8	Trüb, dann schön.
„ . . .	16. „	18,4	—	—	Schön.
Junge . .	16. „	—	24,4	18,4	Schön.
„ . . .	17. „	16,8	—	—	Schön.
Sangarawe .	17. „	—	24	18,4	Schön, dann trüb.
„ . .	18. „	16,4	—	—	Trüb.
Mgumi . .	18. „	—	22	19,2	Trüb.
„ . .	19. „	17	—	—	Trüb.
Maurui . .	19. „	—	20	18,4	Trüb.
„ . .	20. „	16,8	—	—	Schön.
Tarawate .	20. „	—	21,6	16,8	Schön.
„ . .	21. „	13,6	24,8	19,2	Schön.
„ . .	22. „	18	—	—	Schön.
Buga . .	23. „	—	13,6	—	Schön.
Tarawate .	25. „	—	16,8	—	Regen.
Masinti . .	29. „	—	—	17	Regen.
„ . .	30. „	16,2	22	18,4	Regen.
„ . .	31. „	17	—	—	Trüb.
Mkumbara .	31. „	—	21,6	18,4	Trüb, dann schön.

Ort	Monat	R.°			Wetter
		morgens	mittags	abends	
Masindi . .	2. Juli	—	—	16,4	Trüb.
" . .	3. „	15,6	—	—	Trüb.
Mombo . .	3. „	—	—	16,8	Trüb.
" . .	4. „	15,2	—	—	Regen.
Maurni . .	4. „	—	—	16,8	Trüb.
" . .	5. „	16	—	—	Regen.
Mgumi . .	6. „	16,4	—	—	Trüb.
Sangarawe .	6. „	—	—	16,8	Trüb.
" . .	7. „	16	—	—	Trüb.
Jungo . .	7. „	—	—	15,2	Trüb.
" . .	8. „	14,8	—	—	Trüb.
Kitiwu . .	8. „	—	—	16	Schön.
" . .	9. „	15,6	—	—	Schön.

Folgende Behauptungen lassen sich darauf gründen:

Die Minderung der Hitze vom Februar bis Juli offenbart sich vornehmlich in den Morgenstunden:

Morgens Mitteltemperatur im Februar (nach Burten): 24° R.
„ „ „ Mai (nach Weiß): 17,8°
„ „ „ Juli (nach Weiß): 15,6°

Im Vergleich mit Sansibar steigert sich die Wärme in Usambara von Morgen bis Mittag im Mai fühlbarer; am Abend ist es in beiden Gegenden im Mai und Juli um nicht ganz 1° R. gleichmäßig wärmer.

	Mai			Juli		
	morgens	mittags	abends	morgens	mittags	abends
Sansibar	19,5	21,2	20,7	18	20,3	19,7
Usambara	17,8	22	18,7	15,6	—	16,2

Das Wetter verändert die Temperaturen kaum merklich.

	morgens	mittags	abends
In Usambara bei schönem Wetter im Mittel . .	17,4	23,3	18,3
„ „ „ trübem „ „ . .	17,7	21,1	19,4

Der bedeckte Himmel schwächt etwas die Mittagshitze; die sporadischen Regen kühlen die Luft nicht ab.

Bodenbeschaffenheit und Vegetation.

Die Beschaffenheit des Bodens entspricht zum Theil den Bedingungen der Fruchtbarkeit. Der mit Feldspath durchsetzte Gneis verwittert auf den Gipfeln und Kämmen sehr leicht und überzieht sie in diesem ersten Stadium als poröse rothe Erde mit einer wenig fruchtbaren Decke. Abschwemmende Regen und zahlreiche Bäche zerreiben an den schroffen Abstürzen das grobkörnige Material und setzen es bei stufenweis zunehmender Fruchtbarkeit um in graurothe Erde an den Hängen, in Humus in den dichtgeschlossenen Wäldern und in schwarze Erde in den breitern Thalgründen. Wo die aufgelösten Thontheile zum Stillstand und zum Niederschlag als compacte, abflußlose Masse gezwungen werden, da bildet sich dunkelschlammiger Sumpf.

In großen Zügen betrachtet, zeichnen sich demnach durch Fruchtbarkeit aus die breiten Thäler und die sanfter geneigten Böschungen der Berge, in hohem Grade das unmittelbar dem Gebirge vorgelagerte Hügelland von Bondei und das hochgelegene, muldenförmige Plateau von Bnga. Unfruchtbar erscheinen alle Strecken, auf denen die verwitterte rothe Erde ungestört liegen bleibt, so auf den höchsten Kuppen und auf den weitausgedehnten Flächen der Umba-Ufer; endlich jene vereinzelten Streifen von Fluß- und Bachrändern, an denen die schwarze Erde zu moorigem Grunde sich verdichtet.

Die Vegetation ist eine tropisch gewaltige. Zu mächtiger Höhe empor schießen in den geschlossenen Regenwäldern die Areca-, Fächer-, Dum- und Raphia-Palmen, die Kopal- und Teakbäume, Gummi-Akazien, Tamarinden, Bambusen und baumartige Farrn. Ein eigenthümliches Gepräge verleiht der in massenhaften Beständen auftretende Wollbaum. Gummilianen und andere Schlinggewächse von mehr als doppelter Armesstärke schwingen sich von Stamm zu Stamm, von Ast zu Ast. Der Waldgrund bleibt oftmals ganz frei von Gestrüpp. Leichte Savannenwälder von Palmen und Akazien stehen auf dem graurothen Boden der Thäler und auf dem langgestreckten Bergrücken des Nordrandes, westlich vom Luengera.

Die Kokospalme gedeiht in reichlicher Menge in dem ganzen Küstengebiet, den Pangani aufwärts bis Maurni und im Thal des Mkomasi bis Masindi. Die bis in das höchste Gebirge verbreitetste Pflanze ist die Banane; sie liefert Erträgniß in ganz besonderer Fülle. An vereinzelten Stellen, aber in Massen, blühen der Mango= und der Melonenbaum und in Bondei wildwachsend die Baumwollstaude.

Wo Feuchtigkeit der lockern porösen Erde fehlt, da spreizen einsam in der Steppe oder auf den Bergrücken stehende Bao= babs ihre gigantischen Aeste zu einem Schutzdach aus, da drängen sich baumgroße Euphorbien und Aloën zu dornigem Tschungel zusammen oder es unterbrechen die fahlfarbigen Mimosen und Eriken gebüschweise das brennende Roth des Bodens.

Futtergras im Innern des Gebirgs und am mittlern Lauf des Pangani ermöglicht die Zucht großer Rinderheerden. Außer Korn, Hirse, Mais, Reis und Maniok, welche in der Tiefebene auch zum Exportproduct werden, baut der Msam= bara einen scharfen, doch angenehm riechenden Tabak, der selbst auf dem Markte von Sansibar als verkaufsfähig gilt, und er pflanzt, selbst in den hochgelegenen Gebirgsmulden, das Zuckerrohr. Dies liefert auch den großen arabischen Plantagen am untern Pangani ergiebige Ernten.

Die Thierwelt.

Kaum dürfte unter den Tropen ein Land sich finden, das in zoologischer Beziehung so armselig an Menge und Gat= tungen wäre als Usambara und Bondei. Lautlos sind die ewig schattigen Bergwälder am Handei, lautlos die Nyika= Ebene; nur hie und da durchstreifen Hyäne, Schakal und Leopard die ersteren und Löwen und Antilopen die letzteren. Schlangen und selbst die Mosquites fehlen. Ein reicheres

Leben entfaltet sich am Pangani und in den üppigen Fluren
im Vorland der Magila-Kette: da gibt es Webervögel, Lerchen,
Drosseln, Habichte und Elstern, Kukuke und Papagaien. Alle
Flüsse wimmeln von Krokodilen; weniger häufig trifft man
das Flußpferd. Zum Glück für die Rindviehzucht hat die
Tsetsefliege, hier Donderobe genannt, noch nicht den Weg aus
der Umba-Ebene in das Gebirge gefunden. Eine Lebensplage
dagegen sind die verheerenden Ameisenzüge.

Topographie und Flüsse.

Von der Küste leiten vier Flußläufe nach dem Innern
des Landes: der Pangani, der Ukumbine mit dem Udoju, der
Sigi und der Umba.

Das Flußgebiet des Pangani.

Der Pangani (auch Ruvu oder Rufu) entsteht aus der Vereinigung des Jipe-Flusses und des Weriweri, welche mit zahlreichen Bächen in dem Kilimandscharo-Gebirge entspringen.
Südlich von Klein-Arujcha (730 m ü. d. M.) durchströmt er eine
Strecke von mehr als 300 km in felsigem Bett, meist mit schlammigen Uferrändern, im Oberlauf durch das breite steinige Thal
zwischen den Pare- und Sogonoi-Bergen, im mittlern und
untern Theil durch eine wechselnd fruchtbare Ebene, welche
am linken Ufer rasch zum Usambara-Gebirge sich erhebt und
am rechten in die Hochfläche von Useguha übergeht. Bei
Kisunga (ca. 60 km von der Küste) bildet er einen weithin
dröhnenden Wasserfall. Seine Breite wird angegeben bei der
Furt südlich Arujcha mit 96 m, bei Kohode mit 72 m, bei
Tschogwe mit 150—200 m, an der Mündung mit 1500 m.
In der Regenzeit überschwemmt er die ganze Thalsohle. Er
ist im allgemeinen seicht und reißend und deshalb nur bei
steigender Flut bis Tschogwe (ca. 40 km) für flachgehende
Boote schiffbar.

An seiner Mündung liegt die Stadt Pangani. Sie liegt auf dem flachen, sumpfigen Strande an dem frühern Delta des Flusses und besteht aus etwa dreißig steinernen Häusern, darunter die Wohnung des Wali, das Zollgebäude, eine Moschee, und aus einigen hundert einfacher Strohhütten. Die winkeligen, unregelmäßigen und kotbigen Straßen sind unter einem Hain von Kokospalmen versteckt. Das Trinkwasser ist schlecht, der Aufenthalt überhaupt sehr ungesund. Gegen 5000 Einwohner (Araber, Inder und Suaheli mit ihren Sklaven) bewohnen den Ort, da er ein bedeutender Ausgangspunkt für die Karavanen nach Usambara und dem Masai=Land auf dem nördlichen und nach Useguha und Nguru auf dem südlichen Flußufer ist. Zu Burton's Zeit betrug die Ausfuhr an Elfenbein 1750 kg und an Rhinoceroshörnern 875 kg; auch Korn, Mais und Zuckerrohr wurde exportirt.

Pangani hat keinen Hafen und ist schwer zugänglich. Die Abede liegt $1^1/_2$ Stunde seewärts. Die Mündung des Flusses wird durch eine Barrière von Korallen und Sandbänken gesperrt; durch diese führt ein enger, $2^1/_2$ m tiefer Kanal, nur für geringere Fahrzeuge benutzbar.

Die Stadt wird unmittelbar im Westen von dem bewaldeten Terrassenrand überragt; am nördlichen Flußufer erhebt er sich zu 50 m mit Kokos= und Areca=Palmen; am südlichen, über steile, gelbe Sandsteinwände empor, bis zu 120 m. Hier oben steht die arabische Niederlassung Bueni zwischen Plantagen von Palmen, Melonenbäumen, Bananen und Zuckerrohr.

Bis Tschogwe reichen auf der rechten Höhe und in der Thalsohle die schön gehaltenen Pflanzungen der Araber.

Auf der entgegengesetzten Seite breitet sich ein schmales Band von Reis= und Bananenfeldern aus und daran grenzt ein weitausgedehntes trockenes Savannenland, das hier und da von Baobabs und Dumpalmen und in größerm Umfang von dichtem Akazien= und Euphorbiengestrüpp unterbrochen wird. Es ist dies die Landschaft Madanga; sie erstreckt sich etwa 20 km weit bis Makumba und gebt weiter nördlich in die Nyika-Steppe über.

Bei Tschogwe (88 m) trifft man auf den ersten Ansatz des Hauptgebirges, auf den Berg von Tongwe (715 m). Die Umgegend soll noch am Ende der vierziger Jahre gut angebaut gewesen sein, bis sie durch die vom südlichen Ufer heranstürmenden Waseguha veröbet wurde. Hang und Gipfel bedeckt ein fast undurchdringliches Dschungel, vermischt mit wilden Orangen und Kokospalmen, während saftiges Gras, genährt durch eine frisch sprudelnde Quelle, den welligen Fuß bekleidet.

Südöstlich vom Tongwe-Berg befindet sich Lewa (263 m) mit der ehemaligen Station der Ostafrikanischen Plantagengesellschaft. Es war eine vielversprechende Anlage. Zwischen drei flachen Hügelketten von braunrothem Boden waren 400 Morgen urbar gemacht worden, welche im September 1888 eine reiche Ernte von 700 000 Stück Tabackpflanzen erwarten ließen. Fließendes Grundwasser sicherte für das ganze Jahr die nöthige Feuchtigkeit.

Zwischen Lewa und Sangarawe führt der obere Weg durch eine ungefähr 25 km lange, theilweise dornige, theilweise von hohem, hartem Gras überwucherte Strecke. Nach dieser beginnt eine anbaufähige und stellenweis gut cultivirte Gegend, welche bis westlich von Korogwe reicht.

Die Kämme der flachen Hügel der Thalsohle sind mit unfruchtbarer röthlicher Erde bedeckt; an den Abdachungen und in den Senkungen gedeihen auf graurothem Boden Maispflanzungen und vortreffliches Wiesengras. Man begegnet stattlichen Rinderheerden.

Bei Mgumi (365 m), kurz vor Korogwe, mündet der im Norden auf dem Lutindi entspringende Luengera. Mit diesem vereinigt sich im obern Lauf der Kumba, welcher durch mehrfach sumpfige Gründe den Tropenwald der Kombola-Berge von dem steppenartigen Nordostrand des Hochlandes scharf abtrennt. Der Luengera fließt als ein ruhiges Wasser durch

ein breites, früher cultivirtes, jetzt durch Kriegszüge entvöl=
kertes Thal, dessen Sohle Savannenwald und hohes Gras
bedeckt. Von Mgumi zweigt ein steiler Pfad durch die Berge
nach Wuga ab.

Korogwe (früher Station) liegt auf einem Laterithügel,
der sich bis zum Fluß in einer 700 m breiten, gewellten Ebene
von braunrother Erde abflacht. Das Dorf gleichen Namens
befindet sich auf einer Insel. Am Südufer steigt aus der
schlammigen Ebene allmählich das vegetationsreiche Plateau
von Usegußa empor. Bei Lutyomo (Luchomo), 25 km auf=
wärts, befindet sich ein beide Ufer verbindender Uebergang.
Am nördlichen Ufer (15 km von Korogwe) verwandelt sich
nach und nach der Wiesen= und Ackerboden in unfruchtbare
Steppe. Ein schmächtiger Savannenwald mit niedrigem
Mimosengebüsch fristet ein kümmerliches Dasein dem Fuß der
Maßi=Hügel entlang. Der letzte Rest grüner Vegetation hat sich
an die Ränder des Flußbettes zurückgezogen.

Bei dem auf einer Insel gelegenen Maurui (436 m)
vereinigt der im Pare=Gebirge entspringende Mkomaßi sein
träges, grün=gelbliches Sumpfwasser mit dem des Pangani. Sein
linkes Ufer begleitet zuerst die isolirte Masse des Daßa=Berges
und dann die jähen Felsenabstürze des Hauptgebirgsstockes,
während sein rechtes Ufer die niedrigen, wahrscheinlich vul=
kanischen Höhenreihen von Maßi (Yermandia) begrenzen. Er
steht mit dem Manga=See, vermuthlich nur während der
Regenzeit, in Verbindung. Dieser, 7 km lang, 6 km breit
und 3—5 m tief, hat untrinkbares, brakisches Wasser; dürftiges
Grün umgibt ihn. Heerden von Antilopen beleben die von den
dolomitartigen Zacken der Usambara=Berge und von dem lang=
gestreckten Pare=Gebirge umrahmte Gegend. Culturfähig ist das
Thal des Mkomaßi am Fuß der Berge; bei Tarawande aber
versumpft es auf eine stundenlange Strecke.

Schmale Streifen reicherer Vegetation erwecken die rau=
schenden Gebirgsbäche bei Maßindi und Mombo.

Majindi (512 m), mit der etwas höher gelegenen Resi=
denz des Häuptlings Sembodja, war früher ein bedeutender
Handelsplatz, in dem die Wakuafi des Nordens sich mit den
Leuten von Pangani begegneten. An der nordöstlichen Ecke
des Gebirges, auf den Vorstufen der höchsten Erhebung, haben
sich viele Dörfer eingenistet, darunter das größte Mbaramu
(488 m) mit 56 Hütten, eine grünende, von Wald und von
den Zuflüssen des Umba, dem Mbaramu=Bach und Tkue,
umgebene Raststätte der Reisenden.

Von Tarawande, Mombo oder Majindi gelangt man auf
ungemein beschwerlichem, doch von erfrischenden Quellen be=
gleiteten Bergpfad zu dem Hauptort des westlichen Ufambara,
Wuga (1350 m nach Burton, 1410 m nach New, 1209 m
nach Lt. Weiß), in frühern Zeiten (unter Kimweri I.) der
Hauptort von ganz Ufambara.

Die Landschaft ist durchaus verändert. Eine kühlere Luft
weht selbst im heißen Februar über die gewellte Fläche; frei
ist der Umblick, den Pangani hinab, nach den Ebenen von
Useguha und hinüber zu den fernen Bergen von Pare; im
Norden schließen die nahen felsgekrönten Häupter von Mlalo,
der Watkue und Schegeserai (2000 m), den Horizont ab.
Röthlicher Boden mit sammtartigem Gras, mit Farrn und
Eriken überdeckt die kesselartigen Mulden; dazwischen lagern
sich, von rieselnden Bächen befeuchtet, Felder von Taback,
Bananen und Zuckerrohr. Der Boden enthält nach Dr. K. W.
Schmidt 48,3 % Sand und 50,7 % thonhaltigen Staub, Phos=
phorsäure 0,33 % und Humus 6,33 %; er wäre demnach auch
zur Kaffee= und Cacaokultur geeignet. Waldlos erstreckt sich
die hauptsächlich als Weideland benutzte Gegend: nach Osten
gegen den Luengera, im Norden nach Kwambugu und
Mlalo. Den Nordostrand des Gebirges begleitet ein weniger
fruchtbares, gering bevölkertes Steppenland bis zu den kahlen
Gomeni=Bergen und den Quellen des Kumba. Unmittelbar
südlich, in der Richtung des untern Laufes des Luengera,

öffnen sich in kurzer Entfernung schluchtartige Thäler mit hohen Felswänden.

Der Ukumbine mit dem Udofu.

Der Fluß Ukumbine, welcher in die Tangata-Bai bei Tongoni mündet, und der Udofu (Mkulumusi), welcher sich in die Bucht von Tanga ergießt, entspringen in den zwei Tagemärsche von der Küste entfernten Vorbergen. Beide Flüsse sind nicht schiffbar. Der Ukumbine trocknet in den heißen Monaten ein, der stürmische Udofu überschwemmt in der Regenzeit ringsum das Land. Der Boden, unmittelbar an der Küste schlammig, erhebt sich langsam zu einigen gutbebauten Gefilden; er wird, in die Nyika-Ebene eintretend (60 m ü. d. M.), zu einem unregelmäßig breiten Streifen von Savannenwald und dornigem Dschungel, der in gleicher Beschaffenheit sich südlich bis nach Madanga fortsetzt. In der Höhe von Umba (150 m) verwandelt er sich in ein kalkhaltiges, mit marinen Fossilien vermengtes, welliges und äußerst fruchtbares Terrain. Kokoswälder, Korn-, Reis-, Bananen- und Zuckerrohrpflanzungen überdecken das Land. Versteckt in vereinzelten Waldungen liegen die Dörfer. Das Gebirge steigt jählings empor: der isolirte Pambili (600 m) und die zusammenhängende, mit Gehöften übersäete Kette der bewaldeten Höhen von Magila, mit dem Felsendom Mlinga (1050 m), mit dem Kituli (930 m) und mit den südlichsten Spitzen, dem Manga (590 m) und Mgambo (660 m).

Am Fuße der letztern steht die englische Missionsstation Magila (180 m ü. d. M.) in quellenreicher Gegend mit ausgedehnten Reisfeldern in den tiefern Mulden. Hier ist auch der Herrschersitz Kibanga's, des Häuptlings von Süd-Usambara.

Das Gebiet, welches der Ukumbine und der Udofu durchströmen, ist die durch keine Grenzen bestimmte Landschaft Bondei. Nicht nur durch Wasserreichthum, sondern auch durch vortreffliche Bodenbeschaffenheit wird sie zu den üblichen Culturen und zum Plantagenbau begünstigt. Der Boden besteht nach Dr. K. W. Schmidt aus sehr feinkörnigem lehmigen Sand und reichlichem Humus (63,9 % Sand, 35,6 % thonhaltiger Staub, 0,17 % Phosphorsäure und 2,61 % Humus).

Der Ausfuhrhafen dieses gesegneten Landstrichs ist die Tangata-Bai. Sie wird durch die Insel Karangi, durch Riffe und Sandbänke vor Seestürmen geschützt. Der mündende Ukumbine hat einen tiefen, 90 m breiten Kanal in das seichte und sandige Bett ausgegraben und dieser ermöglicht eine gesicherte Einfahrt im Norden. Im Süden der 2900 m breiten Bucht liegt das durch eine Mauer von Korallenfels befestigte Dorf Morongo; im Norden Tongoni, das trotz seiner Dämme bei Hochwasser von den Fluten des Meeres im Rücken gefaßt wird.

Der Sigi.

Der Sigi und der Uboju münden in die Bai von Tanga. Diese besitzt keinen Hafen für größere Schiffe; die offene Rhede liegt 800 m seewärts. Korallenbänke erschweren und gefährden die Einfahrt in den 8 km langen und 6½ km breiten Meerbusen. Der Strand ist von dem herrlichsten Pflanzenwuchs überzogen. Der Ort Tanga zählt an 5000 Einwohner, besteht aber nur aus Strohhütten; er ist Handelsplatz für die nach dem Kilimandscharo und dem Masai-Land ziehenden Karavanen.

Der Sigi, ein frisches, reißendes, unschiffbares Gebirgswasser, hat nahe der Küste 12—15 m hohe, mit Maniok, Bananen und Palmen geschmückte Ufer. Verfolgt man ihn aufwärts, so kommt man zuerst nach dem vielbesuchten Marktplatz Amboni, dann nach Muscheja, wichtig als Uebergangspunkt für die von Magila nördlich nach Wanga Reisenden. Zwischen den zerstreuten Dschungelcomplexen wird hier besonders viel Tabak gebaut.

Dreißig bis vierzig Kilometer von der Küste entfernt umschließt das Gebirge den Fluß in einem breiten, von wild- und üppig wuchernder Vegetation erfüllten Thal. Eine mehrfache Kette steiler, mit Granitzacken gekrönter Bergrücken trennt ihn von dem Hügelland im Osten und vom Laufe des Pangani im Süden; die ebenso zerklüfteten Handei-Berge (1350 m) und der Kombola (1200 m) bilden die Wasserscheide zwischen ihm und dem Luengera. Geschlossener, ewig düsterer Urwald von riesigen Wollbäumen, Bananen und Tamarinden steigert den großartigen Charakter der Gebirgsgegend. Sie ist während der Regenzeit wegen der steilen, schlüpfrigen Pfade schwierig zu durchwandern, denn in erschöpfender Wiederholung muß man von Kamm zu Kamm über tiefeingesenkte Gründe hinauf- und hinabklettern. Bebaute Felder hat weder die Sohle des Sigi-Thales noch der andern Thäler; an den Abhängen allein haben die Eingeborenen sich in zerstreuten Gruppen angesiedelt.

Der Umba.

Der kürzeste Weg von der Küste Usambaras nach dem fernen Innern führt längs des Umba. Wanga, der Ausgangspunkt, hat sehr ungünstige Landungs- und Terrainverhältnisse; durch den 20 m breiten Zugang können nur bei Hochwasser kleine Boote sich nähern. Zwischen Mangrove-Wäldern setzt sich das Watt als Sumpfland 6—7 km landeinwärts fort. Auf einem Stückchen trockenen Bodens ist der Ort Wanga erbaut: etwa 2—300 Lehmhütten mit übrigens breiten und reinlichen Straßen und Plätzen verbergen sich unter einem Palmenhain und werden von einer Mauer umschlossen. Die Luft ist fieberhaft, das Trinkwasser schlecht.

Vor Gonja kommt man, bei einer Reise flußaufwärts, zuerst auf festen, gesunden Boden; da gibt es schöne Felder von Reis, Bohnen und Maniok. Aus der weiten Ebene im Süden erhebt sich der stark bewaldete Kilulu (255 m), am Fuß von Melonenbäumen und Baobabs dicht umgeben. Hier beginnt eine schmale Culturzone, die von Dorf zu Dorf bis an den Sigi sich fortsetzt.

Von Gonja westlich erhält sich die Fruchtbarkeit noch bis

Yesa Mkubwa; von da an nimmt eine bis Mbaramu
reichende, 80 km lange, trostlose, ausgedörrte Steppe ihren
Anfang. Hartes Savannengras wechselt mit fast undurchdring=
lichem, dornigem Gebüsch und mit nackter, steiniger Wüste ab.

Diese, Nyika genannte Steppenwildniß wird im Norden
von dem Umba=Fluß durchschnitten. Er entspringt auf den
Höhen von Mlalo und Mbaramu und nimmt eine Anzahl
größerer und kleinerer Gebirgswässer auf, welche von Galerie=
wäldern umsäumt werden. Der Umba mündet in einem
morastigen Delta bei Wanga.

Bevölkerung.

Das Thal des untern Pangani, bei Tongwe und Korogwe,
und der fruchtbare Landstrich von Bondei sind stark bevölkert,
weniger das Innere des Gebirges und das Mkomasi=Thal, am
geringsten der Nordostrand. Die Raubzüge der Masai den
Pangani und die Nyika=Ebene herab in das Thal des Luengera
und in die Küstengegenden, auch gegenseitige Befehdungen der
Häuptlinge im Hochlande, trieben die Bewohner entweder auf
die Kuppen der Berge oder in das Dickicht der Wälder oder
auf die Inseln des Flusses Pangani. Allen gemeinsam ist
Sinn und Geschick zum Ackerbau, zur Viehzucht und zum Handel.
Erhebliche Quantitäten von Getreide, Bohnen, Tabak, Melasse,
Butter und Honig, auch etwas Kautschuk werden zum Export
nach den Küstenplätzen gebracht. Zur Bekleidung dient leichter
Manchester=Baumwollstoff als Ueberwurf und Lendenschurz.
Speere, Pfeil und Bogen sind noch in Gebrauch neben den
Feuergewehren.

Nach Sprache, Abstammung und Lebensweise zerfallen sie
in drei Hauptgruppen: in die Bewohner von Bondei, des
Pangani=Thales und von Usambara.

Die Bevölkerung von Bondei, von der Küste bis zu den
Vorbergen, besteht, außer den Arabern, Indern und Suaheli
in der Stadt Pangani, aus den Waschinsi, Wasegeju und

Wadigo. Die Waschinsi bilden mehr einen social=religiösen als einen ethnographischen Gegensatz zu den Suaheli. Während diese als Mohammedaner das höchste Ansehen neben den Arabern sich zu verschaffen suchen und an Küsten= und Handelsplätzen mit Vorliebe sich niederlassen, sind jene die verachteten Heiden, die Bauern=Neger. Sie sind in Madanga und am Ukumbine seßhaft. Ihre Dörfer stecken tief in den Waldungen, mit Euphorbien und Cacteen sorgfältig verschanzt. Die Wasegeju, ein kriegslustiges Volk, wahrscheinlich aus den Galla=Ländern eingewandert und am Udofu angesiedelt, verlegen sich mit Vor= liebe auf Menschenraub und Sklavenhandel und ziehen des= halb gern als Träger mit den Karavanen. Die Wadigo in Tanga und Wanga leben in größern, ebenfalls befestigten Ortschaften. Sie gebrauchen als Waffen fast nur Pfeil und Bogen. Mit Leidenschaft sind sie dem Handel ergeben, sei es auf den Märkten von Amboni und Gondja, sei es als Theil= nehmer von Karavanen.

In das Thal des Pangani von Tongwe bis Maurni zogen vor einigen Jahrzehnten plündernd und mordend die Waseguha, vertrieben die schwächeren Wasambara und wur= den seitdem die herrschende Rasse an beiden Ufern. Sie sind übrigens tüchtige Ackerbauer und Viehzüchter geworden.

Das Gebirgsland Usambara bewohnen die Wakilindi, Wasambara und Wambugu.

Zu den Wakilindi rechnen sich, wie es scheint, allein die Angehörigen der Herrscherfamilie, die von Wuga bis Magila den Dorfschaften die Häuptlinge liefert. Kimweri I. soll 100 Söhne hinterlassen haben. Wenn diese Anzahl auch nur von ferne der Wahrheit entspricht, so ist es erklärlich, daß aus der fürstlichen Sippschaft allmählich ein Volksstamm geworden.

Die Heimat derselben wird von einigen nach Nguru, von den meisten nach dem Dschaggaland verlegt. Sie unter= scheiden sich auffallend von den Negern: lichtgelbe Hautfarbe, semitischer Typus im Gesichtsschnitt und Körperbau. Sie beugen sich willig dem Gebot und der Willkür der Araber und suchen durch die Nachahmung arabischer Sitten die eigene Autorität zu steigern. Zur Zeit tragen sie die feindseligste Abneigung gegen alle Europäer mit Vorliebe zur Schau.

Die Masse des Gebirgsvolkes, die Wasambara, zeichnen sich vor den Küstennegern durch hohe Stirn, durch ebenmäßig angesetzte Unterkiefer, durch untersetzte und kräftige Statur aus. Die Männer rasiren sich das Haupt bis auf einen kurzen Schopf; die Weiber ganz. Als Stammesmarke gilt das markstückgroße Brandmal auf der Stirn; die vordersten Schneidezähne werden spitz zugefeilt. Die Farbe der Haut wechselt von lichtbraun zu dunkelschwarz. Sie schmücken sich mit Glasperlen und Eisenkettchen. Sie besitzen wenige Feuergewehre und noch weniger Pulver; ihre Hauptwaffen sind Pfeile, Speere und Schwerter. In den kreisrund aus Lehm gebauten und in drei bis vier Räume eingetheilten Hütten befindet sich der dürftigste Hausrath, ein paar dreibeinige Holzstühle und Töpfe. Die Dörfer werden entweder im Wald durch ein doppeltes, mit Dornhecken ausgefülltes Pfostengitter abgeschlossen und geschützt, oder auf steilabfallenden Bergkuppen angelegt und für die Feinde unzugänglich gemacht.

Sowol Männer wie Frauen bebauen das Feld und hüten Rinder, Schafe und Ziegen. Auch Bienenzucht treiben sie und gewinnen dunkelbraunen, sehr süßen Honig in Menge. Die Wasambara sind klug und verständig, gastfreundlich und gewürfelt. Ja, sie besitzen die unter Negern seltene Tugend der Dankbarkeit. Sie kennen den Werth der Silbermünze und sind bereit, für Geld alle möglichen Arbeiten zu übernehmen.

Ein eigenthümlicher Stamm lebt auf dem Hochplateau zwischen Wuga und Mlalo: die Wambugu. Das sind hohe, schlankgewachsene Leute mit scharfgeschnittenen Gesichtern, ähnlich den Wakuafi und Masai, dabei ruhig, freundlich und tapfer

von Charakter. Sie tragen kein Baumwollzeug, sondern Ueber=
würfe von feingegerbtem Leder. Erkenntlich macht sie ein
Ohrschmuck von 1—7 cm breiten Holzscheiben; die Weiber
behängen sich mit schweren Schnüren von blauen Glasperlen.
Es ist ein Hirtenvolk, das sich den Wakilindi als Viehknechte
verdingt.

Politische Verhältnisse.

Mkande, ein Häuptling der Wakilindi, soll vor vielen
Jahrzehnten von Dschagga gekommen und sich Usambara und
Bondei unterworfen haben. Ihm folgte später als fünfter
Herrscher Kimweri I., der 1868 im angeblichen Alter von
hundert Jahren gestorben ist. Von seinen hundert Söhnen
herrschte der älteste, Kimweri II., nur ein Jahr mit Hinter=
lassung eines Minderjährigen, Kingassi. Sembodja, Ki=
banga und Mkande, die Brüder Kimweri's II. geriethen in
blutigen Streit und gewannen schließlich nur in einzelnen
Theilen des Landes die Oberherrschaft.

Demnach zerfällt jetzt Usambara in folgende Gebiete:

Das Mkomasi=Thal mit dem den Ort Wuga umgebenden
Gebirge unter Sembodja. Er selbst residirt in Masindi;
seinem ältesten Sohn, Kimweri II., der nach Unabhängigkeit
trachtet, hat er Wuga überlassen.

Der nördliche Theil, von Kwambugu über Mbaramu bis
zum Ursprung des Luengera, nominell unter Kingassi, factisch
unter Mkande, mit der Residenz in Hundu.

Der südliche Theil, vom Kombola bis Handei und zum
Quellgebiet des Ukumbine und Udoju, unter Kibanga; mit
Magila als Wohnsitz.

Bondei und das Thal des Pangani gehören politisch nicht
zu Usambara.

Die Bevölkerung steht, außerhalb der schmalen, am Meere
gelegenen Gebietssphäre des Sultans von Sansibar, nirgends
unter einem gemeinschaftlichen Oberhaupt, sondern überall

unter unabhängigen Dorfhäuptlingen, welche in einzelnen Fällen benachbarte Ortschaften unter ihrer Herrschaft vereinigt haben.

Schlußbetrachtung.

An Naturproducten erzeugen Usambara und Bondei:
auf den Feldern: alle Getreidearten; Maniok und Bataten; Bohnen und Reis, Tabak und Zuckerrohr; Bananen und Kokosnüsse; die Baumwollstaude (wild);
auf den Weidegründen: schönes starkes Rindvieh und Schafe;
in den Wäldern: Honig, Kautschuk und Kopal; Nutzholz von den Tamarinden und Teakbäumen.

Die Production kann bei der Ergiebigkeit des Bodens durch Vermehrung der Bevölkerung und durch geregelte intensive Arbeit gesteigert werden, und zwar namentlich in Bezug auf Reis, Tabak, Zucker, Baumwolle und Kautschuk.

Zur Zeit werden von den Eingebornen exportirt: Bohnen, Tabak, Zucker, Butter, Honig und Kautschuk.

Die wichtigsten Importartikel sind Manchester-Baumwollstoff, blaue und milchweiße Perlen; außerdem geringere europäische Krämerwaare.

Zur Anlegung von Plantagen eignet sich in erster Linie die der Küste nahegelegene, ungemein fruchtbare Landschaft Bondei; selbst Kaffee- und Cacaopflanzungen würden hier Erfolg versprechen.

Auch das südliche Pangani-Ufer, nahe der Mündung des Flusses, bietet Aussicht auf lohnenden Ertrag.

Die Umgebung von Wuga, trotz vorzüglicher Verhältnisse in Bezug auf Klima und Bodenbeschaffenheit, kann erst in zweiter Linie in Betracht kommen; denn die Entfernung von der Küste ist sehr groß und die Verkehrswege dahin sind sehr ungünstig.

Die Urbarmachung des Sigi- und Luengera-Thales muß einer spätern Zeit vorbehalten bleiben.

Da der Eingeborene über den häuslichen Bedarf zu säen und zu ernten gewohnt, auf Gewinn und Verdienst erpicht ist, so stehen auch die nöthigen Arbeitskräfte bei mäßigem Lohn zur Verfügung.

Pare und Ugono.

Das Pare- und Ugono-Gebirge zieht sich in einer Länge von etwas mehr als 100 km oder von 8—10 Tagemärschen mit geringer Breitenausdehnung an der östlichen Seite des Pangani vom Norden Usambaras bis in die Ebene von Aru-scha und des Jipe-Sees hin. Das Innere der waldigen Berge ist noch nicht erforscht; Dr. Fischer schätzt die Höhen auf 600—900 m. Die Ostseite fällt ziemlich steil ab; die Westseite ebnet sich sanft gegen den Pangani hinunter. Das Gestein ist Gneis, in Ugono reich an Eisenglimmer. Aus der Mitte der Bergkette schiebt sich von West nach Ost eine niedrige Hügelreihe, die Kisungu, in die Nyika-Ebene vor. Wenn auch die Naturproducte, welche die Bewohner auf die Markt-plätze am Rande des Gebirges bringen, auf Fruchtbarkeit und deshalb auf Feuchtigkeit im Innern schließen lassen, so treten doch nur ein paar Flußläufe in Pare nach außen: der Mfo-maji bei Gondja, der bei Maurni in den Pangani mündet, der Kiswani, der östlich in der Steppe verrinnt, und auf der Westseite allein die Bäche Wudere und Makujuni, letzterer mit tiefem Thaleinschnitt, dem Uebergang vom Pangani-Thal nach Gondja.

Angebaut werden: Bohnen, Erbsen, Mais, Bananen, Zuckerrohr, auch Tabak, und in West-Ugono Ricinusstauden von erstaunlicher Höhe. Rindviehzucht wird überall betrieben und man erhält im Gegensatz zu Usambara eine ganz vor-treffliche Butter.

Ugono ist berühmt durch das Vorkommen von Eisen. Man gewinnt es aus dem Sand der Bäche; leicht abgeschwemmt enthält er kleine glänzendschwarze Krystalle. Man schüttet sie in tiefe Gruben, schichtet Holz dazwischen und zündet es an. Nachdem das Feuer fünf Tage unterhalten worden, läßt man die Masse erkalten und verarbeitet die Schlacken in der Schmiede zu kleinen Haken; als solches kommt das Ugono= Eisen in den Handel.

Eine trostlose, dürre Steppe umgibt den Süden, Osten und Westen des Gebirges.

Die begangenste Karavanenstraße führt von Masindi oder von Mbaramu in Usambara längs des Ostrandes der Berge gegen den Zipe=See in langsamer Steigung von 493—727 m. Der Charakter der Ebene bleibt sich fast völlig gleich: eine bräunlich=violettschimmernde Erde, bedeckt von dorniger Savanne oder überzogen von kleinen blauen Disteln und von unzer= reißbaren, kriechenden Schlinggewächsen. Ist das Gras von der Sonne verdorrt oder vom Feuer verbrannt, so marschirt man — wie in der Gegend von Ugono — stunden=, ja tage= lang in einem fußtiefen, erstickenden Staub. Die wenigen Ort= schaften, die man berührt, sind Oasen in der Wildniß. In ihnen versorgt man sich mit Lebensmitteln und namentlich mit Wasser. Denn wasserlos ist die Wüste von Mbaramu bis zum Zipe=See.

Gondja (563 m), die Residenz eines Sohnes des Usam= bara=Fürsten Sembodja, liegt dreiviertel Stunde von den mit felsigen Zacken gekrönten Bergen entfernt, getrennt durch einen Schilfsumpf. Der Mkomasi stürzt in einer Reihe von Wasser= fällen vom Rande des Gebirges herab.

In Kiswani (722 m, 674 m nach von der Decken), an dem Fluß gleichen Namens, der aus enger Thalschlucht hervor= bricht, doch in der heißen Zeit gänzlich vertrocknet, erquickt den Reisenden eine schöne Landschaft mit Felspartien, rauschen= den Bächen und grünenden Bäumen und der Genuß von Ochsenfleisch, Milch, Butter und Honig.

Von Kiswani bis zum Zipe=See (727 m) herrscht völlige

Unwirthlichkeit. Wasser erhält man ein einziges mal aus den tiefen, oft mit verwestem Gethier angefüllten Erdlöchern von Ngurungani (810 m). Erst nach Ueberschreitung der Kisungu-Hügel belebt sich die Gegend wieder mit welligen Erhebungen und mit dem Grün von frischem Gras und belaubten Bäumen.

Seitwärts, in den Ugono-Bergen eingebettet, liegt zwischen Reis-, Bananen- und Zuckerrohrfeldern der Hauptort der Eisengewinnung, Usanga. Steigt man die nächsten Höhen hinan, so erblickt man die rauchenden Eisengruben und zahl-reiche Hütten in fruchtbarer Umgebung.

Die Westseite des Gebirges, den hier seichten und felsigen Pangani aufwärts von Mkoramo (520 m) bis in die Gegend von Klein-Aruscha (730 m), gewährt den Eindruck der Sterilität in noch höherm Grade wie die Ostseite. Die anfäng-liche Fülle von Mimosen und Akazien weicht in rascher Ab-nahme dem Dorngestrüpp von Euphorbien und Aloën und geht schließlich in wildzerklüftetes Terrain und steinige Wild-niß über. Selbst die Abhänge der Berge sind unbewohnt, nur im südlichen Theil trifft man auf eine Ortschaft, wie das von hohen Gipfeln umschlossene Membe, das einen besonders starken Viehstand unterhält.

Die einzige erfreuliche Abwechselung in diesen Steppen-regionen verschafft der Anblick großer Heerden von Antilopen, Zebras und Giraffen. Die Reisenden berichten von Ele-fanten- und Rhinoceros-Fährten, doch haben sie weder selbst ein Stück erlegt noch gesehen.

Das Klima von Pare und Ugono scheint etwas kühler zu sein, als jenes von Usambara. Von der Decken erzählt, wie im Juli und October morgens seine schwarzen Begleiter vor Frost gezittert hätten. Die meteorologischen Tabellen von K. Weiß liefern hierfür eine annähernd sichere Bestätigung.

Er notirte:

in Usambara während 6 Tagen Ende Mai   17,8° R. Mitteltemp. Vm.
„ Pare u. Ugono „ 19 „   Anf. u. Ende Juni 13,2° R.   „   „
„ Usambara   „   7 „   Anfang Juli   15,6 R.   „   „

Die höchste und die niedrigste Temperatur betrug morgens:
in Usambara   im Mai 18,4° R. und 16,2° R.
„ Pare und Ugene   „ Juni 17,6° R. „ 10,4° R.

Wie in Usambara, so nimmt auf dem höher gelegenen
Plateauland östlich und westlich des Gebirges die Wärme
während des Monat Juni ganz allmählich um 2—3° R. ab.

Die Luft zeichnet sich durch ungemeine Trockenheit aus.
Keiner der Reisenden erwähnt während der Monate Juni bis
December jemals einen Regenfall.

Die Bevölkerung von Pare, die wohlgebauten Wapare, gilt im allgemeinen als freundlich und umgänglich,
wenn sie auch die seltene Gelegenheit nicht unbenutzt läßt,
Reisende zu überlisten; so wird z. B. Blutsbrüderschaft ange-
boten, nur um das bei der Ceremonie zum Sitzen nöthige Stück
Merikani zu erbeuten. Die Hautfarbe ist ziemlich hell; die
Schneidezähne werden spitz zugefeilt, die Haare mit Fettsalbe
von röthlicher Erde eingeschmiert. Die Männer tragen als
Schmuck Drahtarmbänder, Messingringe und Perlenkettchen;
als Ohrgehänge Holzstücke oder kleine Kürbisfläschchen. Als
leidenschaftliche Raucher führen sie immer kleine Thonpfeifchen
bei sich. Als Waffen besaßen sie zu den Zeiten von der Decken's
nur Bogen, Pfeile mit Widerhaken und Schwerter. Im Tausch-
verkehr ziehen sie weiße Baumwollenstoffe den Perlen, und
rothe und blaue Perlen den weißen vor, die als die geringste
Münzsorte cursiren. Die Weiber scheren das Haupthaar zu
Verzierungen aus, tätowiren die Brust, umhüllen die Lenden
mit großen Fellen und halten diese mit perlengeschmückten
Leibgürteln zusammen.

Die spärlichen Gebirgsbewohner von West- und Süd-
Ugono (der nördliche Theil ist gänzlich unbewohnt) sind ein
sehr großer, schöngeformter und robuster Menschenschlag, ähnlich den Wapare; bei den Weibern fällt die üppige Bildung
der Büste auf. Das einzige Kleidungsstück der Männer ist

ein kurzes Fell auf dem Rücken, das des weiblichen Geschlechts ein Lendenschurz, der hinten länger herabhängt als vorn. Durch röthliches Fett wird eine künstliche Haarfrisur geschaffen; dicke Elfenbeinspangen schmücken die Arme, Messingringe die Beine und ein Drahtkragen den Hals.

Die Dörfer sind fortwährend den Raubzügen der Masai ausgesetzt, sodaß das Vieh nicht auf die Weide getrieben, sondern in den Ställen gefüttert wird.

Es gibt keine Häuptlinge über weitere Gebiete als die einer Gemeinde; nur Gondja und Kihungui stehen unter dem Einfluß Sembodja's, des Herrschers von Masindi.

Pare und Ugono können vom Gesichtspunkte des Colonisten nur als D u r c h z u g s g e b i e t e in Betracht gezogen werden. Stationen, wenn sie jemals angelegt werden sollten, würden als Verpflegungsstationen einige Bedeutung gewinnen. Ob man mit dem so hoch als schwedisches geschätzten Eisen von Ugono etwas Erhebliches anfangen wird, ist bei dem Nichtvorhandensein compacten Eisenerzes und bei der Schwierigkeit und Länge des Transports eine leicht zu verneinende Frage. Der Einfall von Krapf, hier läge das Material zum Bau von Eisenbahnen dicht am Wege, gehört für eine Reihe von Jahren, wenn nicht für immer, in das Bereich einer kindlich naiven Phantasie.

Das Kilimandscharo-Gebiet.

Allgemeine Gestaltung und Flußsystem.

Das Kilimandscharo-Gebirge bildet mit den unmittelbar vorliegenden Landschaften ein abgeschlossenes geographisches Gebiet, im Süden begrenzt von den Sogonoi- und Ugono-Bergen und der Steinebene des Pangani-Thales (südlich von

Klein-Aruscha), im Westen und Norden von dem allmählich in Steppe übergehenden Weideland der Masai und im Osten von der wasserlosen Wüste jenseit des Lumi.

Das ganze Gebiet ist demnach eine Oase, 250 km vom Meere entfernt, ungefähr 100 km lang in nord-südlicher, 80 km breit in west-östlicher Richtung.

Die Fläche, aus der das Gebirge sich erhebt, ist eine von Norden nach Süden, von 1180 m auf 730 m sich senkende und von West nach Ost, von 1000 m auf 716 m geneigte Hochebene.

Das Massiv des Gebirgsstockes ist noch ungenügend erforscht, an der Süd- und Ostseite einigermaßen, im Westen und Norden gar nicht. Wir besitzen deshalb nur eine lückenhafte Kenntniß von der Orographie desselben. Für die charakteristische Allgemeingestaltung stehen aber folgende Thatsachen fest. Ein über 5 km breites Plateau (4800 m über dem Meere), auf welchem die zwei höchsten, schneebedeckten Gipfel ruhen, theilt gleich einer gigantischen Mauer mit zwei Eckthürmen das Gebirge in eine größere südliche Hälfte, die in Terrassen von zunehmender Breite langsam sich abstuft, und in eine kürzere nördliche, welche, nicht durch Vorberge gegliedert, in einem Zuge nach abwärts strebt. Einschneidende Thäler, ausgenommen an der Südseite und an deren nach Norden gerichteten Ecken, führen nicht in das Innere.

Die Feuchtigkeitsmengen, welche die tropische Sonne den östlichen und nordöstlichen Luftströmungen entzieht und als Schleier von Wolken, Schnee und Regen auf die höchsten Erhebungen herabfallen läßt, fließen zum weitaus größten Theil an der Südseite herab; im Nordosten liefern sie die Quellbäche für den Tsavo, der mit dem Adi vereint als Sabaki bei Malindi in den Indischen Ocean sich ergießt; im Westen nähren sie allein den kleinen und eiskalten Bach Ngare M'Erobi.

Der Kilimandscharo schließt die beiden Reihen vulkanischer Erhebungen ab, welche vom Baringo-See nach Süden sich erstrecken und die große Masai-Ebene umgeben. Er ist selbst ein ausgestorbener Vulkan. Als er noch thätig war, wurden seine Lavaströme vermuthlich von dem obersten Plateau aufgenommen und von dem Erguß nach Norden zurückgehalten, am Südabhang aber durch breite Terrassenstufen in der Vorwärtsbewegung derart geschwächt, daß sie nur an wenigen Stellen den Fuß des Gebirges erreichten.

Aus diesem Grunde ist die Fruchtbarkeit des südlichen und namentlich des ebenen Kilimandscharo-Gebiets nicht sowol durch verwitterte vulkanische Erde, sondern vielmehr durch unausgesetzte und reichliche Bewässerung verursacht.

Alle nach Süden abfließenden Gewässer sammeln sich im Flußbett des Pangani bei Klein-Aruscha. Ihr Lauf und ihre Benennungen wechseln nach den jeweiligen Aufzeichnungen der Reisenden. Das Uebereinstimmende dürfte die folgende Zusammenstellung sein.

Der Pangani oder vielmehr Ruvu, wie er hier genannt wird, entsteht aus zwei Hauptzuflüssen, aus dem von Osten kommenden Jipe und dem von Nordwest herabfließenden Weriweri.

Der Jipe fließt aus dem Jipe-See, dessen Einfluß der am Kimawenfi entspringende Lumi ist.

In den Jipe-Fluß münden, von Ost nach West gezählt:
1) Der Nabali mit dem Mamba.
2) Der Kilema. Der Kilema wird gebildet aus dem Goni, Kirua, Dschora, Mnanga und Rau.

In den Weriweri (Kikavo) münden:
1) Der Naruma.
2) Der Sonja-Ndalata.

Alle Flüsse haben eine starke Strömung und noch im mittlern Laufe eine erfrischende niedrige Temperatur. Ihre Thäler im Gebirge und am Fuße desselben sind bis zu 75 m tief und steil eingeschnitten und 9—21 m breit. Das Bett der Flüsse ist meist felsig, doch sind die Uferränder schlammig und mit dichtem Schilf oder Busch bewachsen.

Das Vorland und die Niederung.

Das Vorland an der Ost= und Nordseite (1180 m über dem Meere) ist unbewohnte Steppenwildniß. Jenes im Westen, von 1000—1200 m südnördlich ansteigend, zieht sich hinüber zum Berg Meru als gutes Weideland, Sigirari genannt, wird aber gegen den Longido allmählich unfruchtbare Savanne.

Die südliche Niederung im Netz der Gebirgswässer bis zum Zusammenfluß im Bett des Pangani bei Klein=Aruscha besteht zonenweise aus Culturland, Savanne und Sumpf= wald.

Die Culturzone.

Sie beginnt im Westen in der Umgebung von Klein= Aruscha und reicht zusammenhängend bis in die Landschaft Kahe, jenseit der Mündung des Kilema in den Jipe=Fluß. Nach einer Unterbrechung durch eine etwa 30 km lange Strecke einförmiger Steppe tritt sie mit üppigster Entfaltung wieder in der Bodensenkung von Taveta am untern Lumi auf.

Klein=Aruscha (730 m über dem Meere) am Weriweri (hier Ronga genannt) im Westen von den 1500 m hohen Litaema=Bergen begrenzt, die gegen das rechte Ufer des Pangani als Sogonoi=Gebirge sich abflachen, liegt mit seinen Hütten= gruppen versteckt in den über die äußerst fruchtbare Ebene zer= streuten Waldgebüschen. Die hier angesiedelten Wakuafi bauen Bananen, Mais, Bohnen, Erbsen, auch Zuckerrohr; Rinder halten sie wenige, aus Furcht vor den Masai. Die vom Pangani kommenden Karavanen lagern in Klein=Aruscha wochen=, ja monatelang, um entweder Handel mit den Masai zu treiben oder Streifzüge nach Norden zu unternehmen. Die Deutsch= Ostafrikanische Gesellschaft hatte hier eine Station eingerichtet, mit Rücksicht auf den lebhaften Handelsverkehr und auf den ungeheuern Wildreichthum der nächsten Umgebung.

Die Landschaft Kahe, von größerm Umfang als Taveta, schmücken hochstämmige Waldungen, Palmengruppen, An=

pflanzungen von Bananen und Wiesengründe von weichem Gras. Eine Besonderheit ist der Salzgehalt des Bodens. Die Einheimischen füllen die Erde in große, unten mit Löchern versehene Gefäße; die nach einem Wasseraufguß abrinnende Flüssigkeit wird über Feuer abgedampft und das so gewonnene Salz in den Handel gebracht.

Taveta (730 m über dem Meere), ist keine Ortschaft, sondern eine Landschaft von 11 km Länge und 1½ km Breite, welche der Lumi in einem Netz von Kanälen und stellenweise unterirdisch mit auffallend kühlem Wasser durchströmt. Sie wird von einem dichten Dschungelzaun umgeben, durch welchen nur wenige Thorgänge wie Tunnels führen, und welcher Waldparcellen von Bananen, Bambusa und Phönixpalmen, dann Bananenhaine und Getreidefelder und die gruppenweise zerstreuten Hütten der Eingeborenen schützend umschließt. Taveta ist das Paradies der Karavanen; hier können sie sich verpflegen mit Bananen, Zuckerrohr, Maniok, Bataten, Erbsen und Bohnen, mit Milch und Honig, mit Schafen, Hühnern und Fischen.

Südlich von Taveta breitet sich in geringer Entfernung in einem mächtigen Schilfkranz der seichte Zipe-See aus (716 m über dem Meere; 16 km lang und 5 km breit). Sein Wasser ist wohlschmeckend und von ockergelber Färbung. Am Ostufer erheben sich einige Hügelreihen; die daranstoßende weite Gras-ebene geht in der Richtung auf Teita in eine wasserlose Wüste über. Die Westseite bedeckt kahler, rother Lehmboden, auf welchen der See eine Unzahl von weißen Muscheln gespült hat. Das Nordende biegt gegen Westen in einen breiten Sumpf von außergewöhnlich, bis zu 4½ m hohen Papyrusstauden um.

Nördlich von Taveta liegt in einem isolirten Bergring ein-gebettet der Dschalla-See, 10 km im Umfang; Steilwände umschließen ihn. Er wird als das jüngste Product der frühern vulkanischen Thätigkeit des Kilimandscharo betrachtet. Die Eingeborenen haben eine heilige Scheu vor ihm und begleiten

den Europäer ungern, der zu ihm hinabklettert. Eine blühende
Landschaft soll da begraben sein mit Menschen und Vieh, deren
Stimmen man nachts zu vernehmen glaubt. Sein Wasser ist
süß und wohlschmeckend, ähnlich wie Regenwasser.

Die Savannen- und Sumpfwaldzone.

Die Savannenzone dehnt sich als 10—30 km breiter
Gürtel von Komboko im Westen, oberhalb des fruchtbaren
Landstriches von Klein-Aruscha und Kahe, dann den Kilema,
Jipe und Rabali aufwärts, bis dicht nach Taveta und dem
Flusse Lumi aus. Sie ist eine Steppe hohen, harten Grases,
deren Monotonie von Baobabs, durch Gebüsche von Fett-
pflanzen, Armleuchter-Euphorbien und Wolfsmilchbäumen, und
durch die Galeriewälder an den Ufern der zahlreichen Flüsse
unterbrochen wird. Sie ist der Tummelplatz für Antilopen,
Gazellen, Giraffen, Strauße, Büffel und Rashörner.

Die Sumpfwaldzone drängt sich nördlich der Steppe
theilweise bis hart an den Aufstieg des Gebirges heran. Es ist ein
düsterer, hochstämmiger Wald, stellenweise ganz aus Baobabs
bestehend, die 25—30 m voneinander entfernt emporstreben, voll
von Schilfmorästen, deren größter südlich von Moschi bis an
die Savanne reicht. Das Unterholz wird von so dichtem und
zähem Gestrüpp gebildet, daß man nur mit der Axt sich Bahn
brechen kann. Als Wege dienen die von Rhinocerossen, Elefanten
oder Büffeln getretenen Pfade, ein Wirrsal, aus dem allein Eingeborene sich herausfinden können. Eine Menge von 4 m tiefen,
wohlverdeckten Wildgruben steigert die Unwegsamkeit. Die
Gebirgsbäche und Flüsse stürzen in bis 4 m tiefen schilf-
bewachsenen oder felsigen Schluchten dahin, einige mit einer
Breite von 6—8 m.

Da der Wald die Ufer des Sonja und des obern Rabali
nicht überschreitet, so kann man, ohne ihn durchkreuzen zu
müssen, das Dschaggaland erreichen, entweder von Aruscha
über Komboko nach Madschama oder von Taveta nach Marangu.

Das Kilimandscharo-Gebirge[1] mit dem Dschaggaland.

Das über 6000 m hohe Gebirge steigt an der Südseite aus der Hochebene, die im Westen 1230 m und im Osten 780 m über dem Meere liegt, ganz allmählich in drei großen Terrassen empor; die unterste, breiteste Terrasse ist zwischen 1000 und 1800 m Höhe, die zweite in der Höhe von 4300 m und die letzte in der Höhe von 4800 m gelagert.

Zwischen der Sumpfwaldzone der Niederung und der untersten Erhebung zieht sich stückweise ein Savannenstreifen hin, bedeckt theils mit scharfkantigem Gras, Dornengebüsch und leichtem Gehölz, theils mit Lavaasche und trachitischem Gestein, durchfurcht von den steilen, schwierig überschreitbaren Rinnsalen der Bäche und Flüsse, unterbrochen von vulkanischen Kegeln und Höhenzügen. Dadurch ist die Gangbarkeit längs des Fußes des Gebirges ungemein erschwert; die Eingeborenen benutzen deshalb die hoch am Berg gelegenen Verbindungs= wege, die von Ost nach West in die einzelnen Gebiete führen.

Die erste, unterste Terrasse (1000—1800 m über dem Meere), welche sich durch mächtige Laubbäume, zierliche Palmen und blumengeschmückte Wiesen ankündigt, bildet den bewohnten Theil des Gebirges und ist das vielgepriesene Dschagga= land. Als ein bis zu 16 km breiter Gürtel umfaßt es die Bezirke von Madschama, Uru, Moschi und Marangu; es setzt sich im Osten oberhalb Rombo zu einem nicht cultivirten, aber culturfähigen, 2500 m hochgelegenen Plateau fort.

Die von Norden nach Süden herabfließenden Gewässer zer= theilen die Terrasse in tiefe, enge Thäler. Die Wohnstätten und Felder der Bewohner liegen auf scharfgetrennten Berg= rippen. Die Unzugänglichkeit des Geländes haben die Ein-

---

[1] Die Suaheli nennen es: Kilima (Berg)=ndjaro (des bösen Geistes); die Wadschagga: Kibo und Kimawensi, zuweilen auch: Mangi = Herr; die Masai: Oldoinjo ebor = den sehr hohen weißen Berg (dönjo = Berg, ebor = weiß).

geborenen zum Schutz gegen feindliche Ueberfälle ausgenutzt
und künstlich verstärkt, indem sie die Schluchten, welche ihre
Staaten begrenzen, mit dreifachen Palissadenreihen krönten
und die Breitseiten mit Schanzgräben überquerten.

Der Zugang wird im friedlichen Verkehr durch breter=
schmale Brücken ermöglicht; Lastthiere müssen an einzelnen
weniger abschüssigen Stellen hinabgeschleift und hinaufgezogen
werden. Innerhalb der Befestigungen wohnt die Bevölkerung
in Hüttengruppen. Die Fruchtbarkeit ist allenthalben die üp=
pigste; zwischen Wiesen von zartem Gras und buntfarbigem
Blumenflor und zwischen Hainen der vorzüglichsten Bananen
erstrecken sich die Felder mit Bohnen, Hirse, Mais, Bataten
und Yams. Rinder, langhaarige Schafe und Ziegen werden
in Menge gehalten. Kleine Kanäle, welche aus den höherge=
legenen niedrigen Bachbetten den Bergrücken hinabgeleitet
oder durch Röhren von Abschnitt zu Abschnitt geführt werden,
bewässern die Culturen.

Vom Dschaggaland steigt in der weiten Entfernung eines
Tagemarsches die mit Urwald bekleidete zweite Terrasse empor.

Das ist das Landschaftsbild der, sozusagen, inneren
Dschaggastaaten, von Uru, Moschi[1] und Marangu. Einen
veränderten Anblick bieten Madschama im Westen, sowie Rombo
und Kimangelia im Osten.

Der Bezirk Madschama mit dem Lagerplatz Komboko
(1230 m über dem Meere) liegt dicht am Fuße des hier jäh
emporsteigenden Gebirges. Kibo und Kimawensi, wie der die
Westflanke bildende Schira[2], sind in ihrer ganzen Gestaltung
sichtbar. Der Urwald tritt im Süden unmittelbar heran; das
45 m tiefe Thal des Weriweri bildet die östliche, das seichte
Bett des Sonja die westliche Grenze. Die Fruchtbarkeit der

---

[1] In Moschi hat die Deutsch-Ostafrikanische Gesellschaft eine Station
gegründet.

[2] Nach Dr. G. A. Fischer bezeichnen die Bewohner von Kombeko
das ganze Kilimandscharo-Gebirge als Schira.

leicht gewellten Ebene ist dieselbe wie im übrigen Dschaggaland; zu allen Jahreszeiten können die Karavanen sich reichlich
mit Vegetabilien verproviantiren. In Komboko werden aus
Furcht vor den Masai nur wenige Rinder und gar keine Hühner
gehalten.

Rombo, an der Südostecke, zieht sich von der Ebene an
den Ufern des krystallklaren und fischreichen Lumi als freund-
liches Wiesenthal in die Berge hinein und mit seinen Feldern
die Hänge hinauf. Lebensmittel aller Art sind im Ueberfluß
und billig zu haben: Bananen, Getreide, Yams, Schafe, Milch
und Butter. Oberhalb Rombo, 2500 m über dem Meere, befindet sich ein von den Eingeborenen unangetastetes, drei Stunden
langes Plateau (die östliche Erhebung und Fortsetzung der
Dschaggalandterrasse), ein mit Hügelreihen durchzogenes, von
frischem Wasser durchfeuchtetes, mit Blumen übersäetes Wiesen-
land, geschaffen zu paradiesischer Wohnstätte, wie der Engländer
Johnston behauptet.

Bei Kimangelia (1200 m über dem Meere), nordwestlich
von Rombo, kommt man in die letzte von Menschen bewohnte
Gegend der östlichen Abdachung des Kilimandscharo. Hier ist
die Bebauung gering, da Wasser spärlich fließt; nur zur Weide
dienen die mageren Triften.

Das Gebirge oberhalb Dschagga.

Da der Kilimandscharo nur an der Südseite, von der verhältnißmäßig kurzen Basis Moschi-Rombo aus, von Forschern
durchwandert worden ist, so kann unser Wissen von seiner
Bewachsung und Bodengestaltung im ganzen nur ein bedingt
richtiges und wenig vollständiges sein.

Den klimatischen Gesetzen folgend müssen sich die einzelnen
Vegetationszonen bis zur Stein- und Schneegrenze hinauf
gürtelartig um den ganzen Gebirgsstock legen. Die mehr der
Sonne und den feuchten Luftströmungen ausgesetzten Ost- und
Nordseiten sind die wärmern, die Süd- und Westseiten die

kühlern. Es läßt sich daher annehmen, daß die Vegetations=
zone, wo es die Gebirgsformation erlaubt, im Osten und
Norden weiter hinaufrückt als im Süden und Westen. Für
die Höhen oberhalb Rombo ist dies wenigstens festgestellt.

Aus den Bananenhainen und Wiesengründen des Dschagga=
landes tritt man in einer Höhe von 1800 m in eine park=
artige, langsam ansteigende Landschaft, deren oberer Rand von
dichtem, niedrigem Buschwald und Brombeergestrüpp begrenzt
wird. Von 2000 m an beginnt im allgemeinen (von 1500 m
oberhalb Moschi und von 2500 m oberhalb Rombo) die
Urwaldregion und endet bei 3000 und 3500 m. Der
Böschungswinkel wird steiler (25—30°). Auf dem weichen,
theilweis morastigen und schlüpfrigen Boden ragen ungeheuere
Wollbäume und Banianen empor; Massen von Moos und
Flechten überziehen die Aeste und Stämme und machen sie
morsch durch ihre erstickende Last; Schmarotzer= und Schling=
pflanzen bilden mit riesigen Farrnkräutern ein fast undurch=
bringliches Unterholz. Die hier hausenden Elefanten haben
die Bahn für den Menschen gebrochen; doch gerade auf ihr
liegen gutverdeckt die dem Fremden gefährlichen Wildgruben.

Nördlich des Urwaldes breitet sich in gelinder Steigung
eine Wiesenzone mit Busch von 3000—4000 m aus. Die
Pflanzendecke ist auf das mannichfaltigste zusammengesetzt:
aus Papyrus ähnlichen Riedgräsern, Ginstergebüsch, kraut=
artigen Stauden, violetten Glockenblumen und Orchideen, aus
rosarothem Gladiolus und stiellosen, 1½ m im Umfang betragen=
den Disteln, sowie aus einem 6—9 m hohen Staudengewächs
(Senecio Johnstoni), mit einem schwärzlichen, sehr weichen
Stamm und einer mächtigen Krone von breiten Blättern und
gelben Blütenbündeln.

Mit 4000 m ist der letzte Vegetationsstreifen, ein busch=
loses Mattenland, erreicht; es geht bei 4500 m in ein
quellenloses, graufarbiges Lava= und Steintrümmerfeld über.

Die beiden letztgenannten Zonen bedecken die zweite, 4300 m,
und die dritte, 4800 m hochgelegene Terrassenstufe. Auf der
letztern, einem 5 km nach Norden und 7 km von West nach
Ost ausgedehnten Plateau ruhen der Eisdom des Kibo und
die niedrigere, zerklüftete Felsenspitze des Kimawensi, beide
Gipfel getrennt durch einen Sattel von sechs vulkanischen
Kegeln.

Die untere Schneegrenze ist verschieden bestimmt worden,
zwischen 4600 und 4900 m. An der Ostseite liegt sie höher
als im Westen und im Norden schneidet sie nach Dr. Hans
Meyer schon bei 5500 m ab.

Die höchste Kuppe des Kibo ist vergletschert und von einer
50 m hohen überhängenden Eiswand gekrönt, welche eine leicht
gewellte Schneefläche ringförmig umschließt. Von der Decken
berechnete ihre Höhe auf 5694 m, Dr. Hans Meyer auf
ca. 5700 m und Otto Ehlers, der letzte Besteiger auf mehr
als 6000 m.

Klima.

Alle Reiseberichte sprechen von den günstigen Gesundheits=
verhältnissen nicht nur auf der Culturzone des Kilimandscharo,
sondern auch in den Wohnbezirken der Ebene. Selbst Taveta
wird trotz der Nähe des großen Sumpfes am Nordende des Jipe=
Sees als fieberfrei gerühmt. Es gibt keine andauernden Perioden
von Trocken= und Regenzeit; die Höhe des Gebirges bewirkt
Regen in allen Monaten. Nach allgemeiner Schätzung regnet
es im April und Mai am stärksten, im Januar fast nie. Nach v. d.
Decken, welcher Aufzeichnungen vom Juli bis September 1861
und vom October bis December 1862 niedergeschrieben hat,
erscheint der December als der trockenste und der August als
der feuchteste Monat.

Temperaturbeobachtungen von längerer Dauer und gleich=
zeitig an verschiedenen Orten wurden noch nicht gemacht. Die
umstehende Tabelle gibt nur eine allgemeine Vorstellung von
den Wärmeverhältnissen.

Temperaturen im Kilimandscharo-Gebiet verglichen mit den Temperaturen von Sansibar.

Ort.	Dauer der Beob-achtung.	Höhe in Me-tern.	Monat.	Mittel-Temp. in R.°			R.°	
				mor-gens	mit-tags	nachts	Maxi-mum	Mini-mum
Taveta . . .	—	730	Juni	16	—	—	25	12
Moschi (durch Johnston) .	Längere	1300	„	11,5	17	12	21	10
Moschi (durch Lt. Weiß) .	Mehr-malige	„	„	12,8	18	14,7	18,4	13
Aruscha . .	Einmalige	730	Juli	—	—	—	23	15,2
Useri . . .	„	?	„	—	—	—	16,8	12,8
Maraugu .	„	1300	„	—	—	—	—	10
Kimangelia .	„	?	August	—	—	—	14,4	8
Moschi . . .	Mehrmal.	1300	„	—	—	—	23	12
Zipe-See .	„	737	Oct.	16,5	24,2	16,4	24,2	14
Kl.-Aruscha .	„	730	Nov.	16,3	24	17	24,1	14,6
Moschi . . .	„	1300	„	13	22	16,9	22,5	13,2
Im hohen Gebirge	Einmalige	2100	Oct.	—	—	—	16,5	5
	„	3300	Sept.	—	—	—	14,6	—1,3
	„	4900	„	—	—	—	1,2	—8
Sansibar . .	Während eines Jahres	—	Juni	18,9	20,8	19,4	22,4	17,7
			Juli	18,0	20,3	18,6	21,5	16,8
			August	17,5	20,6	18,4	21,8	16,8
			Sept.	18,3	21,2	19,1	22,8	17,5
			Oct.	18,3	21,3	18,9	23,2	16,7
			Nov.	19,7	22	20,5	24,4	19

Unverkennbar weht am Kilimandscharo und auf der daran anstoßenden Ebene selbst in den heißern Monaten eine frischere Luft als in Sansibar. Aber das Gefühl der Erfrischung wird wesentlich durch die stärkere Abkühlung während der Nacht hervorgerufen; denn die Mittagstemperaturen bleiben sich nicht nur fast gleich, sondern sind sogar im October und November um einige Grade gesteigert. An deutsches Klima ist nicht zu denken; das verbietet schon an und für sich die Existenz einer

tropischen Pflanzenwelt und die doch sonst unmögliche Gewohn=
heit der Eingeborenen, beinahe nackt zu gehen.

Thierwelt.

Die südlich und westlich vor dem Kilimandscharo liegende
Ebene bis an den Zipe und den Pangani unterhalb von Aruscha
ist das herrlichste jungfräuliche Jagdgebiet. Nicht einzeln oder
in kleinen Trupps, nein, in Scharen von Hunderten galopirt
das Hochwild über die weiten Flächen.

Hier begegnet man Antilopen, Gazellen, Zebras, Giraffen,
Büffeln und in geringerer Menge auch Straußen; dann paar=
weise überall dem Nashorn und dem Panther und am Ostufer
des Zipe=Sees dem Löwen. Das Warzenschwein ist in größerer
Menge am obern Sonja zu Hause; Flußpferde und einige
Krokodile sieht man im Zipe=See.

Der Elefant treibt sich im Sumpfwald und besonders in
der Urwaldzone in 2—3000 m Höhe herum. Er klettert
weit aufwärts; Johnston sah ihn bei 4000 m und Ehlers ent=
deckte seine Spuren sogar noch bei 5000 m.

Die Wälder in der Niederung werden von Affen, im
Norden und Nordosten von dem weißschwänzigen Stummel=
affen (Colobus), von Hornvögeln, Trappen und Kiebitzen belebt.

Die gefürchtete Tsetsefliege zeigt sich nirgends.

Eine besondere Erwähnung und Beachtung verdienen die
zahllosen Bienenschwärme, denn sie überfallen unversehens die
Karavanen zum größten Schrecken der Neger. Wehrt man
sich mit Hand und Stock gegen sie, so wird man auf das
entsetzlichste zerstochen. Gegen sie gibt es nur zwei Mittel:
entweder ruhiges Verhalten oder Anzünden von Feuern, um
durch Rauch sie zu vertreiben.

Bevölkerung.

Zu den Bewohnern des Kilimandscharo=Gebietes gehören:
die Wadschagga, Wataveta, Wakuafi und Wandorobbo. Auch

Förster.   8

von den Majai muß eingehend gesprochen werden, da sie als
nächster und wichtigster Nachbarstamm bestimmend in das
Leben und den Verkehr der übrigen Bevölkerung eingreifen.

Die Wadschagga haben ihre Wohnsitze auf der ersten
Terrasse des Südabfalls des Gebirges; am Fuße, im Westen
und Osten, treten sie in Komboko und Rombo mit wenigen
Ansiedelungen in die Ebene hinaus.

Die politisch abgeschlossenen größern Bezirke, welche die
im Verhältniß zu der außerordentlichen Fruchtbarkeit geringe
Bevölkerung umfassen, heißen von West nach Ost gezählt:
Madschama, Uru, Moschi, Marangu, Rombo. Früher
wurden noch Kindi, Lambungu, Kirua, Mamba genannt und
mit Kilema als Sammelname der südöstliche Theil von Moschi
bis Rombo bezeichnet. Wir haben keine Kenntniß, ob diese
kleinern Landschaften noch selbständig existiren; wir wissen nur,
daß Lambungu durch Raubzüge der Nachbarn ganz entvölkert
worden ist und entvölkert blieb.

Die Wadschagga treiben Ackerbau und Viehzucht; sie ge=
winnen Honig in großen Quantitäten, indem sie Bienenkörbe
aus ausgehöhlten Holzstücken herstellen und deren funfzehn bis
zwanzig an den Waldbäumen aufhängen. Die Männer über=
lassen den Weibern hauptsächlich die schweren Arbeiten und ver=
legen sich selbst mit Vorliebe auf Jagd, Krieg und Raub, wozu
sie schon als Knaben, abgesondert von der Familie, erzogen
werden. Sie werden sich in keiner europäischen Ansiedelung
als Feldarbeiter verdingen; nur um hohen Lohn schlossen sie
sich bisjetzt den Gebirgsexcursionen der Weißen als Führer an.

Eine besondere Stellung nehmen die Wadschame ein;
sie sind Schmiede und verfertigen mit ungewöhnlicher Geschick=
lichkeit feine Eisenkettchen (Mikusu von den Händlern genannt
und Elbissa von den Majai); dieselben dienen als Schmuck
und hauptsächlich als Tauschwaare in den westlichen und nörd=
lichen Ländern.

Die Wadschagga sind ein kräftiger, hochgewachsener Menschenschlag, von etwas hellerer Hautfarbe als die Küsten= neger, vom schönsten bis zum häßlichsten Typus. Häufig gewahrt man scharfmarkirte Gesichtszüge, schmale Lippen und stark hervortretende Backenknochen. Von der Anmuth des Wuchses und den vollen Formen der bronzefarbenen jungen Mädchen entwerfen alle Reisenden begeisterte Schilderungen. Die Sprache ist dem Kisuaheli verwandt; einzelne Herrscher, wie Mandara, der Häuptling von Moschi, sprechen es geläufig.

Die Tracht der in zerstreuten Hütten wohnenden Bevöl= kerung ist sehr dürftig; die jungen Männer gehen ganz nackt, die Mädchen begnügen sich mit einem Bananenblatt um die Lenden oder mit einer handgroßen Schürze von Drahtkettchen. Die ältern Männer tragen ein Fell, das mit der größern Hälfte auf den Rücken herabfällt, oder Stücke von Baumwoll= zeug, das mit fußlangen Franzen verziert und mit röthlicher Erde beschmiert ist. Ihre Waffen sind fast ausschließlich Schild und Speer; Feuergewehre besitzen sie in sehr geringer Anzahl. Die Frauen schmücken sich einfach mit Gehängen von kleinen rothen Perlen und bedecken ihre untern Blößen mit einem Lederschurz; vornehmere verschleiern mit grünen und rothen Perlenschnüren das Gesicht.

Die beliebtesten Tauschwaaren sind: Baumwollstoffe, Glas= perlen und Metallwaaren. Von Kahe wird in großer Menge eine als Salz verwendbare Erde, Emballa, eingeführt.

Bei der Begrüßung von Fremden wird zum Zeichen des Friedens ein Büschel Gras in die Hand genommen und unter dem Ruf „Jambo" emporgehoben. Thut der Fremdling das= selbe, so beginnt die Berathung, das Schauri. Dazu dient ein bestimmter geheiligter Platz, Maschingo genannt, mit Steinen im Kreisrund abgegrenzt, in dessen Mitte eine Hütte und zwischen drei Bäumchen ein Felsblock steht.

Ein Volk, das sich fast ausschließlich dem Krieg und der Jagd ergeben, müßte auch wild und rauh in seinem Benehmen

sein. Allein die Kriegs= und Jagdzüge der Wadschagga be=
stehen häufiger in schlau vorbereiteten Ueberfällen der Wehr=
losen und im Fangen des Wildes in Fallgruben, als im offenen
Angriff; und so hat sich in ihrem Charakter mehr List und
Feigheit ausgebildet, als wirklich mannhafter Sinn. Sich selbst
gegen plötzlichen Einbruch von Feinden zu schützen, verstehen
sie vortrefflich. Vorposten sind an den die Wohnbezirke um=
laufenden Schanzgräben aufgestellt; bei ausgezeichneter Wach=
samkeit entgeht ihnen nicht das leiseste Geräusch. Schleicht
sich ein Feind heran, so rufen sie sofort die gesammte kriegs=
fähige Mannschaft zu den Waffen.

Die Wataveta, die nur den Bezirk Taveta bewohnen,
scheinen von demselben Stamm zu sein, wie die Wadschagga.
Ihr äußerer Typus ist nahezu derselbe, auch ihre Wohnweise.
Dagegen haben das üppige Leben in der paradiesischen Ebene
und der unausgesetzte Verkehr mit den Karavanen, die hier
monatelang lagern, ihren Sitten und Gemüthern den Aus=
druck der Friedfertigkeit verliehen, der Bekleidung und dem
Schmuck den Stempel der Wohlhabenheit aufgedrückt.

Sie sind Ackerbauer, Fischer, Hirten von Rindern und
Schafen und eifrige Bienenzüchter. Trotz des Wildreichthums
in der Gegend des nahegelegenen Zipe=Sees ziehen sie selten
zur Jagd aus. Zur Vertheidigung ihres von Dschungeln ein=
gefesteten Gebietes gegen die stets verheerenden Masai=Horden
sind sie auf sich selbst angewiesen und nur mit Rücksicht auf
diese üben sie sich im Handwerke des Kriegers. Niemals treten
sie aus ihrem Heim heraus, um Beute aus andern Ansiede=
lungen zu holen.

Männer und Weiber schmieren den Körper mit gefetteter
rother Erde ein. Die Kleidung der Männer besteht entweder
aus einem Stück röthlich gefärbten Baumwollzeugs, das um
den Hals gebunden wird, oder aus einem über die rechte Schulter
hängenden Fell. Zum Schmuck werden verwendet: ein Hals=
band von Eisen= und Messingdrahtkettchen, darüber eines von

Perlen; Holzstäbchen und Scheibchen oder kleine Flaschenkürbisse in den durchlöcherten und unförmlich erweiterten Ohrläppchen; Spangen von Holz, von Eisen- und Messingdraht um Arme und Beine; metallene Schellen um die Knöchel. Meterhohe Schilde von Büffelhaut, Keulen, Schwerter und Speere, auch Messer sind ihre Waffen; selten Bogen und Pfeil.

Der Schmuck der jungen Mädchen zeigt sich in etwas Perlengehäng an den Ohren; sie begnügen sich, allein durch den Reiz ihrer ebenmäßigen Gestalt und vollendet schöner Büsten zu wirken. Die verheiratheten Frauen belasten das Ende ihrer Ohrmuscheln wie die Männer; zur Abwechselung stecken sie eine Schnecke von Eisendraht durch die Läppchen. Mit schweren Messingringen umschließen sie Hals und Beine.

Die Wataveta gelten als friedlich, gastfrei und ehrlich.

Die Art, wie sie Blutsbrüderschaft schließen, schreckt die Europäer vor der persönlichen Ausführung zurück: man spuckt auf ein Stück gebratenen Fleisches und steckt es sich gegenseitig in den Mund.

Die Masai gehören zum Stamme der Galla; ihr Verbreitungsbezirk läßt sich bei ihrem fortwährenden Wanderleben von Land zu Land nur annähernd bestimmt angeben; doch kann man als Grenzen, die sie bisjetzt dauernd nicht überschritten, bezeichnen: den Naiwascha-See, Ukamba, den Lauf des Sabaki, die Gebirge von Pare, Nguru, Usagara, Uhehe, das Hochplateau von Unjamwesi und der östlichen Ufer des Victoria-Nyanza.

Sie sind ein Krieger- und Hirtenvolk, ohne feste Wohnsitze, immer bereit zum Kampf. Die jungen Leute (Elmuran) bilden die Kriegerkaste; sie nähren sich ausschließlich von Fleisch und Milch. Die verheiratheten ältern und wohlhabendern Männer (Elmorua) und die Weiber nehmen nicht theil an den Kriegszügen, sondern bleiben im Kreise ihrer ungeheuern, oft bis zu 10000 Stück zählenden Heerden, von einem Lagerplatz zum andern ziehend; ihr Wandertrieb drängt und treibt

nach Veränderung, wenn auch Futter und Wasser reichlich
vorhanden sind. Da nur der Besitzende heirathen kann und
nur Rinder als werthvoller Besitz gelten, so ist die Veranlassung
zu Raubzügen immer gegeben; im großen Stile werden diese
meistens im August, September und October unternommen;
sie führen die friegslustigen Horden bis an die Küste zwischen
Mombas und Tanga. Stets wird die Jugend von einigen
Männern, reich an Erfahrung und älter an Jahren, begleitet.

Die Männer sind groß, kräftig und schlank, die Gesichtszüge sehr verschieden, vom Angenehmen bis herab zum Thieri-
schen; die jungen tragen wie Stutzer alle möglichen Haar-
frisuren, die verheiratheten rasiren den Schädel. Für gewöhnlich
werden als Bekleidung benutzt größere oder kleinere Felle, die
über die Schulter geworfen werden, oder förmliche Leder-
mäntel. Zum Kriegsanzug gehört vor allem ein lang herab-
wallender Mantel (Reiwera) von 2 m Baumwollenstoff, mit
einem 2 cm breiten bunten Streifen besetzt (er wird um den
Hals gebunden) und ein Ziegenfell um die Hüften; als Schmuck
Ohrringe von Perlenschnüren, Eisenkettchen und Messingdraht,
Armbänder von Elfenbein, langhaarige Affenfelle um die Knie
und Schellen um die Knöchel. Das Gesicht wird durch einen
mächtigen Kranz von schwarzen und weißen Straußenfedern
eingerahmt. Als Waffen verachten sie Bogen und Pfeile wie
auch Feuergewehre; sie tragen nur enorm lange Speere mit
breitem Blatt, ein kurzes Schwert, Keule und Schild.

Das weibliche Geschlecht ist nichts weniger als anmuthig;
hagere Körper, etwas schwulstige Lippen mit vorstehenden
oberen Schneidezähnen, glattrasirte Köpfe. Diese Gestalten
hüllen sich in einen weiten, rothbeschmierten Ledermantel und
beschweren panzerartig den Hals mit Ringen von dickem Eisendraht und Arme und Beine mit dichten Metallspiralen, die
Ohren mit Gehängen von Perlen und Messingschnecken.

Die Masai scheinen einen wirklichen Nationalstolz zu besitzen; sie verachten die sie umgebenden ackerbautreibenden

Völker. Sie haben weder Sklaven noch Sklavinnen. Das Rind ist ihnen alles; sie hegen und pflegen dasselbe fast mit Zärtlichkeit, dafür kämpfen und sterben sie.

Das ganze Masai=Volk besitzt eine Art von gemeinschaft= lichem Oberhaupt, einen Hohenpriester, Mbatian genannt, der sich meistens im Gebiet Kisongo bei dem Berge Meru aufhält. Er bezeichnet Richtung und Zeitpunkt der großen kriegerischen Unternehmungen und verleiht durch besondere Zaubermittel die sichere Aussicht auf Erfolg; sein Rath wird von allen ge= sucht und ist entscheidend.

Sonst leben die Masai in patriarchalischer Verfassung sippenweise beisammen. Jede Sippe hat ihren eigenen Zauberer oder Priester, Leibon, der die bösen Geister beschwört und Regen erwirkt. Hat er Misserfolg, so wird er abgesetzt oder in schwerern Fällen sogar ermordet.

Von Bedeutung für den auswärtigen Verkehr ist, daß jede der drei Klassen der Elmorua einen Sprecher, Leigwenan, besitzt.

Er leitet mit großer Beredsamkeit die Unterhandlungen und hält auf parlamentarische Ordnung. Nur wer es versteht, ihm richtig zu antworten und kluge Gegenvorstellungen zu machen, ist ein brauchbarer Dolmetscher im Masai=Lande. Man begrüßt sich durch Händeschütteln. Der ausgespuckte Speichel gilt als Zeichen der Weihe. Der Leibon spuckt dem ihn Be= suchenden auf die Hand; ebenso verlangen die Masai, daß der Europäer, wenn er als Zauberer geachtet wird, allen, soviel sie auch sein mögen, in die Hand spucke. Ein verkaufter oder verschenkter Gegenstand muß angespuckt werden, zum Zeichen, daß man endgültig auf seinen Besitz verzichtet.

Die Sprache ist ganz verschieden von dem Bantu=Dialekt; gezählt wird nur bis funfzig entweder mit Worten oder mit einer eigenthümlichen Fingersprache.

Da das unausgesetzte Wanderleben das Anlegen von Dorfschaften unmöglich macht, so erbauen die Masai ihre

Hütten auf die einfachste und flüchtigste Weise: über einige in den Boden gesteckte und zusammengebogene Stangen werden Häute gelegt und diese mit Kuhmist eingedeckt. In dem durch Dornhecken geschützten Kreis von Hütten lagert nachts die Heerde. Das Weib verrichtet alle häuslichen Arbeiten, erhält zur Nahrung Eingeweide und Gehirn der geschlachteten Rinder, Ziegenfleisch und Ziegenmilch und darf sich Pflanzenkost bei benachbarten Ackerbauern erhandeln. Es genießt im Verkehr außerhalb des Stammes große Freiheiten. Die Frauen können unbelästigt selbst diejenigen besuchen, die mit ihren Männern und Brüdern in Fehde stehen; sie bringen den Karavanen Nahrungsmittel und oftmals heimlich Botschaft von drohenden Ueberfällen. Bei den Wanderungen haben sie einen Theil der Lasten zu tragen; das schwere Gepäck wird auf Ochsen und Eseln verladen. Letztere sind wahrscheinlich von Norden eingeführt und gelten als das charakteristische Lastthier der Masai.

Die Wakuafi gehören auch zum Stamm der Galla; ob zu dem der Masai, erscheint sehr fraglich. Denn sie werden von den letztern verachtet oder auf das feindseligste verfolgt. Der Hang zur Seßhaftigkeit ist ihnen, im directen Gegensatz zu den Masai, eigenthümlich und damit die Neigung zu mildern Sitten. Es dürfte demnach die Annahme richtig sein, daß sie, ein gesonderter Stamm, aus den frühern Wohnsitzen zwischen Kilimandscharo und Naiwascha-See von den Masai theilweise versprengt wurden und ihre Niederlassungen da gegründet haben, wo ihre Feinde sie duldeten oder wo sie vor denselben Schutz fanden. Derartige selbständige Wakuafi-Ansiedelungen befinden sich im Kilimandscharo-Gebiet in Klein-Arufcha und Kahe, wahrscheinlich auch in Komboko. In Taveta leben sie vermischt unter den Einheimischen.

Im äußern Habitus und in vielerlei Sitten gleichen sie den Masai. Statt der Viehzucht, welche die räuberischen Horden anlocken würde, treiben sie Ackerbau. Ihr Benehmen ist friedliebend, treu und zuverlässig. Die Pangani-Karavanen lassen

sich bei ihnen in Arujcha nieder, deponiren hier vertrauens=
voll einen Theil ihrer Waaren, während sie ihre Streifhandels=
züge in das eigentliche Masai=Land unternehmen.

Die Wandorobbo zählen zur Gruppe der Völkersplitter.
Niemand weiß, woher sie kamen und zu welchem Stamm sie
gehören. Sie sind ausschließlich nomadisirende Jäger; in drin=
gender Noth vermiethen sie sich als Rinderknechte an die
Masai, die sie verächtlich behandeln. Man trifft ihre im Dickicht
versteckten Hütten in größerer Anzahl bei Useri an der Ostseite
des Gebirges. Ihre Sprache wird nur von den Stammes=
angehörigen verstanden. So furchtsam und mistrauisch ihr
Benehmen gegen die Nachbarstämme ist, so tapfer und schlau
zeigen sie sich bei der Jagd auf Elefanten. An sie wenden
sich gelegentlich die Karavanen beim Einkauf von Elfenbein.

Politische Verhältnisse.

Muini Mkoma soll vor 150 Jahren aus dem Pangani=
Thal gekommen sein und am Fuß des Kilimandscharo das
Fürstenthum Kilema gegründet haben. Sein Urenkel Masaki
war noch 1848 der mächtigste Herrscher in Dschagga; nach
dieser Zeit galt als solcher Mamkinga von Madschama und
blieb es mindestens bis zu Anfang der sechziger Jahre.

Gegenwärtig genießt Makindara oder (auf Kisuaheli)
Mandara in Moschi den Ruf, die umfangreichste Gewalt
zu besitzen, aber doch nur insofern mit Recht, als er die
größten Raubzüge im Verein mit den Masai gegen Useri oder
Ugono unternimmt; denn unterthan sind ihm keine andern
Häuptlinge.

Mandara war zu den Zeiten Rebmann's ein Knabe, zur
Zeit von der Decken's ein Jüngling, bei Thomson, Johnston und
Dr. Hans Meyer ein Mann. Er hat immer Nutzen aus dem
Besuch von europäischen Gästen gezogen und ist so klug, ihren
dauernden Aufenthalt zu wünschen, denn sie müssen sich seinen

freundschaftlichen Erpressungen fügen und vermehren auf diese
Weise ständig seine Einkünfte. Von ähnlich zuvorkommender
Gesinnung ist Mareale, der Beherrscher von Marangu.

Wieviele selbständige Fürstenthümer am Kilimandscharo
andauernd existirt haben oder noch existiren, läßt sich aus den
verschiedenen Reiseberichten nicht sicher entnehmen. Mit einiger
Bestimmtheit kann man gegenwärtig vier unabhängige Staaten
nennen: Madschama, Moschi, Marangu und Rombo. Jeder
Staat hat seinen König, Mangi; er ist unumschränkter Herr
des Landes und des Volkes; selbst über die Ehen verfügt er.
Er ruft alle Jünglinge und Männer, die waffenfähig sind,
zusammen und überfällt bei günstiger Gelegenheit die Nach=
barn. Doch ist er durch die Sitte gezwungen, bei kriegerischen
Unternehmungen den Rath der Aeltesten anzuhören, die Sieges=
beute und auch den Tribut der Karavanen mit seinem Volke
zu theilen.

Die Gemeinden von Taveta, Kahe und Klein=Aruscha be=
sitzen eigene Häuptlinge und sind voneinander und von den
Nachbarstämmen politisch unabhängig.

Schlußbetrachtung.

Das Kilimandscharo=Gebiet liefert alle Nahrungsbedürfnisse
in reichlichster Fülle: Getreide, Gemüse und Bananen von
ganz besonderer Güte; Milch, Honig; Rinder, Schafe, Fische;
in geringerer Menge Zuckerrohr und Tabak.

Da das Land schwach bevölkert ist, so kann durch ver=
mehrten Ackerbau die Production gesteigert werden.

Exportirt werden hauptsächlich Elfenbein, auch Straußen=
federn. Der Wildreichthum bietet in Bezug auf Erwerb werth=
voller Häute die lohnendsten Aussichten.

Als Importwaaren werden gesucht: Baumwollzeuge,
Messing= und Eisendraht; weiße, rothe und blaue Perlen.

Zu europäischen Niederlassungen mit Negerarbeit eignen sich Klein=Aruscha, Kahe, Taveta, Rombo und die von der offenen Ebene direct erreichbaren Dschagga=Landschaften Marangu, Moschi und Madschama. Der Verkehr längs oder am Fuße der Gebirgsterrasse ist wegen der tiefeingerissenen Flußthäler und des Sumpfwaldes sehr erschwert.

Die Production über den Localbedarf und zum Zwecke des Exports findet zur Zeit zwei wesentliche Hindernisse: die Entfernung von der Küste und den Mangel an Arbeitern. Der Weg von Taveta nach Mombas, durch eine wasserlose Steppe führend, beträgt 250 km oder 14—18 Tagemärsche der Karavanen; die mit Wasser und Lebensmitteln besser versorgte Route von Taveta längs der Berge von Pare und Usambara nach Pangani beträgt über 300 km oder 21—24 Tagemärsche; zur Regenzeit ist sie streckenweise wegen der Ueberschwemmungen ungangbar. Den Fluß Pangani als Wasserstraße zu benutzen, ist wegen der Stromschnellen unmöglich.

Der Mangel an Arbeitern beruht auf der Unlust der Wadschagga, auch nur kurze Zeit ihrem kriegerischen Faulenzerleben zu entsagen. Daß die zum Ackerbau geneigteren Wakuafi bei der Aussicht auf Erwerb und bei zunehmender Sicherheit von Person und Eigenthum zur Einwanderung in größerer Menge sich bewegen ließen, ist nicht unwahrscheinlich, doch eine bisjetzt noch nicht praktisch erprobte Lösung der Arbeiterfrage.

Jedenfalls, das dürfte unbedingt feststehen, erheischt die Colonisirung des Kilimandscharo=Gebietes im großen Stil in erster Linie den Bau einer Eisenbahn zur Verbindung mit dem Meere. Die kürzeste und billigste Verbindung wäre die von Taveta nach Mombas in der englischen Interessensphäre. Die Wahrscheinlichkeit eines solchen Eisenbahnbaues hängt ab von kaufmännischen und colonisatorischen Unternehmungen der Engländer in der Richtung gegen den Victoria=Nyanza und in dem Aufblühen deutscher Niederlassungen am Kilimandscharo. Beides dürfte noch in ferner Zukunft liegen.

Zur Zeit können in dem fraglichen Gebiete mit der Aus=
sicht auf baldigen Ertrag nur Stationen errichtet werden,
welche bezwecken, das Wild zu erlegen und die gewonnenen
Häute als Handelsartikel zu verwerthen. Der Transport nach
der Küste ließe sich durch Verwendung der Masai=Esel und
Ochsen erleichtern. Den Elfenbeinhandel hier an der Quelle
auf eigene Kosten zu betreiben, erscheint verlockend; die Er=
fahrung in andern ebenso günstig gelegenen Plätzen hat aber
gelehrt, daß kein Europäer im stande ist, so billig und geschickt
Elefantenzähne zu kaufen, wie der mit den Verhältnissen auf
das genaueste vertraute Araber und Suaheli.

Das Wami-Gebiet mit Aseguha, Nguru und Usagara.

Allgemeine Gestaltung.

Das Land vom Pangani bis zum Kingani hebt sich von
dem durchschnittlich 10 km breiten, niedrigen Küstenstreifen von
Ost nach West mit einer Zunge zwischen Wami und Gerengere
in zwei Terrassen zu einer durchschnittlichen Höhe von 500 m
empor. Auf der zweiten Terrasse fußt die Gebirgsmasse von
Nguru und Usagara.

Die erste Terrasse ist im Norden vom Thale des Pangani
und im Süden von jenem des Gerengere und des Kingani
begrenzt. Ihre westliche Grenze zieht sich von dem Pangani=
Ufer, gegenüber der Mündung des Luengera, in fast direct
südlicher Richtung über Konde nach Mbusine und wendet sich
von hier, dem Wami=Makata stromaufwärts bis zur Mündung
des Miombo folgend, mit einer Schleife nach Süden, rückwärts
über Kisukara nach dem Oberlauf des Gerengere. Sie steigt
von der Küstenniederung rasch zu 250 m, dann ganz allmählich

bis zu 333 m bei Kidudwe und bis zu 360 m in der Makata=
Ebene empor. Ihre Breite beträgt zwischen Ndumi und Mbuñïne
75 km.

Die zweite Terrasse liegt als ein 15—20 km schmaler
Streifen vor dem Ostabhang der Nguru= und Kidete=Berge in
einer zwischen 330 und 700 m wechselnden Höhe. Ihre west=
liche Grenzlinie beginnt nach den bisjetzt angestellten Höhen=
berechnungen im Norden bei Lutyomo (508 m) am Pangani,
geht nach Süden bei Muango (734 m) über ihre höchste Er=
hebung nach Kurimba (638 m), dann westsüdwestlich nach
Kidudwe in Nguru und bildet in Usagara die obere Thalstuse
des Wami, von 397 m bei Mvomero bis zu 481 m bei Farhani
ansteigend, und schließt den südlichen Theil der Makata=Ebene
von Muhanda (492 m) bis Kikoboga (513 m) ab.

Die auf der zweiten Terrasse sich erhebende Bergmasse ist
eine zusammenhängende Gebirgskette, die mauerartig von Nord
nach Süd und Südwest, von der Masai=Ebene bis zum Quellgebiet
des Ulanga und zum Nordende des Nyassa=Sees sich ausdehnt.
Das nördliche Massiv, im Süden vom Wami begrenzt, wird als
Nguru=Gebirge bezeichnet. Wir besitzen noch keine sichere karto=
graphische Aufnahme von demselben; wir sind auf die wenig
exacten Aufzeichnungen des englischen Missionars Last beschränkt.
Wir kennen weder die Ausdehnung nach Westen, noch die nach
Norden oder Osten; wir kennen nur die Begrenzung im Süden.
Für die Größe und für den Verlauf der Erhebung dienen allein
zwei sichergestellte Punkte: im Norden das Hochthal von Mgära
1170 m und im Süden (nahe der Mündung des Luseru)
Mkunga 365 m. Ferner mag die Annahme richtig sein, daß
das Nguru=Gebirge aus einer (noch nicht bestimmten) Anzahl
von Hügelreihen besteht, die parallel nach Süden verlaufen
und in welche kleinere Querthäler eingebuchtet sind.

Das Nguru=Gebirge setzt sich in einem südwestlichen Bogen
unter dem Namen der Kidete=Berge in die Landschaft Usa=
gara fort. Diese nehmen die linke Thalseite des Wami=

Makata bis Kondoa ein. Von hier steigen sie (unter keinem bekannten besondern Namen) zur höchsten Erhebung (1800 und 2100 m) in Usagara empor, über deren Paß (1876 m) der Weg vom Mukondogwa= nach dem Ruaha=Thal führt. Nach Nordwesten zweigt sich das Rubeho=Gebirge ab, welches zwischen der Kleinen und Großen Marenga=Mkali eine viel= begangene Einsattelung, den Windi=Paß (1737 m), besitzt und nach Norden in die Ebene von Mbambwa (986 m) abfällt. Im Halbkreis umschließt es zwischen dem Rumuma und Mata= mombo die Hochfläche der Kleinen Marenga=Mkali (852 m über dem Meere), welche der Oberlauf des Wami als Ugombe durch= strömt.

Der dreieckförmige Theil des nördlichen Usagara zwischen Makubika, Mbambwa und Kondoa ist in seinem Innern noch so wenig erforscht, daß ein sicheres orographisches Bild von ihm nicht gegeben werden kann. Doch haben die bisherigen Reiseberichte folgende Anhaltspunkte geliefert. Die Basis des Dreiecks Makubika=Mbambwa steigt in sich von 815 m zu 986 m an und liegt um 334 m, bezw. 505 m höher als das Flußthal des Mukondogwa bei Farhani, der Spitze des Drei= ecks. Fünf Wasserläufe, der Loonga, Sima, Mtate, Mlali (?) und Matamombo durchkreuzen die Basis oder beginnen nahe südlich derselben; ihre Richtung muß im allgemeinen eine südliche sein. Nördlich geht die Basis theils in die ansteigende Ebene zum Fuße des Nguru=Gebirges, theils in die große Masai= Ebene über. Zwischen den parallelen Wasserläufen ziehen in verschiedener Erhebung gegen das Mukondogwa=Thal herab:

Die Niangara=Berge,

die Ruembe=Berge,

die Kleinen Rubeho=Berge mit einem Paß von 1368 m,

die Höhen von Mlali, 1127 m,

die Kiboriani=Berge, 1800 m.

Mit Ausnahme der letztern verflachen die Höhenzüge rasch an ihren nördlichen Ausläufern.

Das Gestein der Gebirge in Nguru und Usagara ist durchgehends Gneis und Hornblende mit Einlagerungen von Grünstein, Schiefer und Sandstein; die Färbung der Erde vorherrschend roth und grauroth. Die Umrisse der Berge wechseln auf das mannichfaltigste; oftmals erscheinen sie in wildgezackten Felsengraten, oftmals thürmen sich waldbedeckte Gipfel dicht hintereinander auf oder sie liegen, wenn von Süden betrachtet, als breite Kuppelmassen da: immer aber gewähren sie einen malerischen Anblick.

Flußsystem.

Der Wami fließt von der Hochfläche bei Ndiabi in allgemein westlicher Richtung nach der Küste und mündet in zwei Armen südlich von Saadani in den Indischen Ocean. In Useguha nur als Wami bekannt, führt er in Usagara von West nach Ost folgende Namen: Ugombe, Mukondogwa und Makata.

Nimmt man den längsten und stärksten Flußlauf als den Hauptstrom an, so muß der Beginn des Wami in dem Ugombe gesucht und deshalb sein Ursprung in das Rubeho-Gebirge, in die Umgebung des Großen Rubeho-Passes (1737 m) verlegt werden. Als ein reißendes Gebirgswasser tritt er in die Wüste der Kleinen Marenga-Mkali (852 m) und erscheint in einem breiten Bett mit niedrigen Ufern vor dem Bergthor von Ndiabi (738 m). Sein Lauf durch diesen Theil des Usagara-Gebirges ist als das Mukondogwa-Thal bekannt. Bei Sima (Muinin-Sagara) hat der Fluß in der Trockenzeit eine Breite von 45 m und nach dem Ausgang bei Kiora eine solche von 90 m. Die Uferränder sind, wo sie nicht dicht an die Abhänge sich anschließen, schilfig und morastig. Die ihn umgebenden Höhen sind theils dicht bewaldet, theils auf felsigem Grund mit Dorngebüsch besetzt; an vereinzelten Stellen bieten sie Raum für den Anbau von Feldern und zum Einnisten von Dorfschaften.

Das Entzücken über die Schönheiten des Mukondogwa-Thales, das namentlich Stanley ausgesprochen, hat seinen Grund mehr in der Wirkung der malerischen Reize, als in der Existenz ausgiebiger Culturfähigkeit.

Bei Mbumi tritt der Wami in die 110 km lange, 30 km breite Makata-Ebene ein. Sie ist unfruchtbare Savannenwildniß, bei Regenzeit vollständig überschwemmt. Oestlich von den Bergen von Ukami und westlich von den Kibete-Bergen eingerahmt fließt der Wami in nördlicher Richtung bis Kwadibago, wo er an den Fuß der Nguru-Berge anstoßend nach Osten sich wendet. Hart am Ufer mit Dschungel, Wald und Schilf umgeben, ist die weitere Umgebung von Mbumi in Usagara bis westlich Mandera in Useguha uncultivirbare Savannenfläche, am rechten Ufer nur durch die nahegelegenen, ungefähr 5—600 m hohen Pongwe-Berge unterbrochen. Von Mandera bis Mlonga durchbricht er in einem engen, steilen Thal und mit vielfach gewundenem Lauf die Hügel von Udoë, um in zwei schmale Arme getheilt und durch Sumpfwaldungen hindurch bei Saadani kaum bemerkbar in das Meer sich mehr zu verlaufen als zu ergießen. Seine Tiefe beträgt bei Kakongo in der Makata-Ebene 2 m, bei Udoë nur noch 1 m, in der Trockenheit 0,3 m, an der Mündung selbst 2,4 m. Der Wami ist demnach kein schiffbarer Fluß, auch nicht für geringere Strecken.

Der Wami nimmt von Norden 13 und von Süden 4 größere Nebenflüsse auf.

Vor dem Eintritt in das Mukondogwa-Thal bei Mdiabi vereinigen sich mit ihm, von Nordwesten und Norden strömend:

Der Matamombo. Er entspringt auf den Kiboriani-Hügeln nordöstlich von Mbambwa, zwischen Tubugwe und Sagala und erhält von dem Salzlager bei Mlali einen bittern, unerträglichen Geschmack. Nach einem Lauf durch die vertrocknete Ebene von Kodikodi und über kahlen Granitboden bildet er den Ugombe-See, 5 km lang und 3 km breit, welchen dunkelbraune Bergwände umgeben.

Der Mtate. Er entquillt den Kleinen Rubeho-Bergen, fließt bei Kitangi durch ein 16 km breites, volk- und heerden-reiches Thal, das den Charakter der Fruchtbarkeit im weitern Verlauf nach Süden beibehält.

Von Süden mündet bei Ndiabi:

Der Rumuma. Er ist ein frisches, reißendes Gewässer, das aus der höchsten Erhebung des Rubeho-Gebirges herab-strömt in einem felsigen und von Busch und Wald dicht um-schlossenen Bett.

In das Mukondogwa-Thal im engern Sinn, von Ndiabi bis Mbumi, münden von Süden:

Der Tschogwe mit dem Mdunwi, in einem tief einge-schnittenen Thal.

Von Norden:

Der Sima. Er hat seinen Ursprung südlich von Mam-boia und fließt durch eine fruchtbare, mit Miombo-Bäumen und Bambusen erfüllte Landschaft.

Beim Eintritt in die Makata-Ebene nimmt der Wami von Süden auf:

Den Miombo. Er ist in seinem Oberlauf 15 m breit, brusttief, an seinen Ufern mit den laubreichen Miombo-Bäumen geschmückt und von bebauten Feldern begrenzt.

Den Makata. Er hat seine Quellen im Rufutu-Gebirge und entsteht aus der Vereinigung des Zonwe mit dem Kiko-boga, welche am Goma-Paß (670 m) und Mabruki-Paß (513 m) entspringen. Er ist in der moorartigen Ebene ein raschfließen-des, schlammiges, wenn auch trinkbares Wasser. Bei Kafongo, dem Uebergang der Karavanen von Ukami nach Usagara, hat er eine Breite von 36 m und eine Tiefe von 2 m.

Von Norden und Nordwesten fließen von den Kidete-Bergen, von Mbumi bis Kwadibago, eine große Anzahl von Bächen und Flüssen in den Wami; sie durchschneiden den nördlichen

Theil der Makata-Ebene, ohne die Unfruchtbarkeit derselben wesentlich zu mindern. Die größern Zuflüsse, deren Breite und Tiefe nur während der Regenzeit angegeben werden können, sind:

der Loonga, 12 m breit, $\frac{1}{2}$ m tief; der obere Lauf in fruchtbarer Gegend;

der Komberina (auch Wami oder Rudewa genannt), 28 m breit und 1,30 m tief, mit gutcultivirten Feldern bei Rudewa;

der Tami, 30 m breit und 0,80 m tief;

der Munikunde, 60 m breit und 0,30 m tief;

der Mvomero, 6 m breit und 0,60 m tief; er wird als der Grenzfluß zwischen Usagara und Nguru bezeichnet.

Mit der Wendung nach Osten bei Kwadibago tritt der Wami an die Ausläufer des Nguru-Gebirges heran und nimmt auf dieser Strecke, von Kwadibago bis Mfute, den Luseru und Rukigura auf, welche dem Nguru-Gebirge die Gliederung der von Nord nach Süd verlaufenden Thäler geben.

Der Luseru (Mvue), im Oberlauf der Richtung der Bergzüge folgend, durchbricht im Mittellauf dieselben nach Südosten und mündet aus dem engen Thal von Mkunga in die Niederung des Wami. Er hat sein westliches Quellgebiet in der Masai-Ebene, nimmt von der linken Seite den Luvumo und bei Sagasa den Luidschi auf, der (nach Last) ein über 60 km langes Thal durchströmen soll. Bei Kisera (südöstlich von Sagasa) ist der Luseru in der trockenen Zeit 9 m breit und 0,3 m tief; hier mündet von Osten der die Gegend von Kibanti bewässernde Boromo.

Der Buvuma soll nahe östlich von Kisera, von Süd nach Nord strömend, in den Luseru sich ergießen. Rev. Last's kartographische Darstellung hat die Unwahrscheinlichkeit dieses Flußlaufes zu verantworten. Im Thal von Mondo (Kiniumbi) entfaltet sich die schönste Vegetation des Luseru; seine Wasserfülle steigt bei Mkunga (nach dem Austritt aus dem Gebirge) zu einer Breite von 23 m und einer Tiefe von 2 m (zur Regenzeit). Er nimmt kurz vor seiner Mündung in den Wami noch den krystallklaren Singwe (20 m breit und 1 m tief) und den Lukindo (20 m breit und 1,20 m tief) auf.

Der Rukigura (Mbusine oder Kikula) mündet bei Mfute in den Wami. Er ist ein reißendes, klares und fischreiches Wasser. Bei Mbusine beträgt seine Breite 20 m, seine Tiefe 1,80 m. Der Mittel- und Oberlauf wurde noch nicht erforscht. Last's Angaben darüber können nicht auf zweifellose Geltung Anspruch machen.

Die Karavanenstraße, welche über die erste Terrasse von Mrere nach Ndumi führt, wird von einer Anzahl nordsüdlich fließender Bäche durchschnitten, deren stärkster der Pakurehe bei Msisi zu sein scheint. Wo diese Gewässer entspringen, durch was für ein Land sie fließen und wo sie münden, ist gänzlich unbekannt.

Klima.

Die Küste hat ähnlichen Wechsel zwischen Trockenzeit und Regenzeit wie Sansibar. Je weiter man nach dem Innern vordringt, desto höher steigert sich die Menge der Feuchtigkeit; denn der vom Meere her wehende Ostwind wird am Ostrand der Gebirge abgekühlt und verdichtet sich zu Thau- und Regenfall. Was in der Mitte zwischen Gebirge und Küste liegt, also die erste Terrasse, erhält weniger, aber wegen der geringen Breite nicht viel weniger Feuchtigkeit.

Im westlichen Theil von Useguha dauert die große Regenzeit von Januar bis Ende März oder Anfang April; die kleine Regenzeit nur ein paar Wochen, von Mitte September bis Anfang October. Dagegen fällt in Usagara und Nguru der Regen in allen Monaten. Die trockensten Monate sind August und September.

9*

Mehr und mit Bestimmtheit läßt sich bei dem Mangel andauernder Beobachtungen über diesen Theil der Witterung im Wami-Gebiet nicht sagen.

Gesund ist das Klima nur in den höchstgelegenen Gegenden, wie in der Kleinen Marenga-Mkali und in den Landstrichen von Mamboia und Mbambwa. In den Thalgründen verpesten die in Massen verfaulende Vegetation und die Ausdünstungen sumpfiger Tümpel die Luft.

Ueber die Temperaturverhältnisse einiger Monate geben uns die täglichen Aufzeichnungen Burton's [1] und Marno's [2] ziemlich sichern Aufschluß, wenn sie auch auf der Wanderung von Ort zu Ort niedergeschrieben worden sind.

Aus der nebenstehenden Tabelle können folgende Schlußfolgerungen gezogen werden:

Die Tagestemperaturen von Sansibar sind gleichmäßiger und nicht so hoch wie diejenigen des Festlandes.

Die größere Differenz zwischen Maximum und Minimum in Useguha und Usagara im Vergleich mit Sansibar ist durch die höhere Temperatur zu Mittag, nicht durch eine kühlere am Abend veranlaßt.

Mit der Erhebung des Landes von der ersten zur zweiten Terrasse, von der Fläche zum Gebirge, nimmt die Wärme in fühlbarer Weise nicht ab, nur etwas in der freien Hochebene der Kleinen Marenga-Mkali.

Ein wesentlicher Unterschied tritt am Südfuße des Rubeho-Gebirges auf: die erhöhte Hitze des Tages kühlt sich rasch von 4 Uhr Nachmittag bis zum Sonnenuntergang um 4—8° R. ab und die Temperatur sinkt während der Nacht noch um 3—5° R.

In einigen Fällen wird auch aus andern Gegenden Usagaras von rapidem Witterungsumschlag berichtet, so bei

---

[1] Rich. F. Burton, Zanzibar (London 1872), II, 438 fg.

[2] Ernst Marno, Bericht über eine Excursion von Zanzibar nach Koa-Kiora. Mittheil. der K. K. Geogr. Gesellschaft in Wien, 1878, S. 353.

Mitteltemperaturen für Useguha und Usagara im Vergleich mit Sansibar.

Gegend.	Meereshöhe in Metern.	Anzahl der Beobachtungstage.	Monat.	R.°			R.°		
				B. 6 U.	M. 12 U.	N. 6 U.	Maximum	Minimum	Differenz
Sansibar	—	29	Jan.	21	21,9	21,8	23,7	20,3	3,4
Useguha, erste Terrasse, ö. von Nguru	253—333	12		21	25,2	24,2	27	19,8	7,2
Sansibar	—	26	Febr.	21	22,1	22,2	24,4	20,4	4
Usagara, zweite Terrasse	416—576	22		21,1	24,6	23,8	27,4	19,2	8,2
				B. 10 U.	N. 4 U.				
Sansibar	—	28	Sept.	20,4	21,4	—	22,8	17,5	5,3
Kl. Marenga-Mkali und Ugogi	852 830	8		21,2	20,5	—	24	19	5
				B. 6 U.	N. 4 U.	N. 6 U.			
Sansibar	—	27	Dec.	20,3	22,7	21,7	24,1	19,7	4,4
Am Südfuße des Rubeho-Gebirges von Ugogi bis Kilebega	830 513	20		17,1	26,7	21	30	15,5	14,5

Anmerkung. Wenn auch kein nennenswerther Temperaturunterschied sich zeigen dürfte, ob nun die Beobachtung eine halbe oder eine ganze Stunde früher oder später angestellt wird, so muß doch der Wahrheit gemäß angeführt werden, daß Marno seine meteorologischen Instrumente in Useguha und Usagara zwischen 5½ und 6½ Uhr vormittags und zwischen 6 und 7 Uhr nachmittags ablas und daß Burton während des Marsches am Fuße des Rubeho-Gebirges „bei Sonnenaufgang und Sonnenuntergang" notirte. .

Rumuma (738 m, am Ostrande der Kleinen Marenga-Mkali):
25° R. mittags und 7° R. nachts im August, oder bei Kitangi
(1050 m, am obern Mtate): 5,₇° R. morgens im Juni.

Im Sima-Thal (Usagara) betrug im November 1885 die
Durchschnittstemperatur mittags 28° R.; es war dies der
heißeste Monat im Jahr.

In Kondoa wurden von Bloyet folgende Thermometer-
beobachtungen im Jahre 1880 gemacht:

Juli, August und September: Maxim. 20,₆° R., Minim. 12° R.
October und November: „   24°   „   „ 16,₆° „

Vegetation und Thierwelt.

Das Vegetationskleid, das die Natur über das Wami-
Gebiet geworfen, ist im allgemeinen ein monotones: Savannen
mit Dorngebüsch und lichtem Gehölz über die Ebenen, geschlos-
sene Wälder über die Berge, streifenweise dazwischen Wiesen-
flächen und fruchttragende Felder. Die Aecker liefern Mais,
Hirse, Maniok, ein weniges an Bananen und Tabak. Von
Bäumen sind zu nennen: die Deleb- und Dumpalme, die Bambusen in Fülle, die Sykomore, der Wollbaum und als besondere Eigenthümlichkeit der Miombo. Ferner gibt es in großer
Menge Kalebassen (Bugu) und einen Baum, genannt Mkoma,
der einen Stammumfang von 3½ m, angenehm schmeckende
Steinfrüchte, und ein Holz, ähnlich dem Rosenholz besitzt, aus
welchem Bogen und Pfeile geschnitzt werden. Die Kokospalme
kommt nur in der Küstenniederung vor.

Trotz des vorhandenen großen Wasserreichthums ist die
Culturfähigkeit eine beschränkte; sie zeigt sich nur an jenen
Stellen an und in dem Gebirge, wo dichter Waldbestand die
Feuchtigkeit langsam absickern läßt und mäßig geneigte Hänge
den verwitterten Gneis als feinkörnigen Schwemmboden am
Thalrand absetzen, wie dies am günstigsten in Nguru der Fall
zu sein scheint. An den beiden Ufern des Wami auf der ersten

Terrasse wird der Laterit von einer sehr dürftigen Humusschicht bedeckt. Die große Makata=Ebene ist ein zäher, uncultivirbarer Thonboden. Das Hochland der Kleinen Marenga=Mkali und das breite Matamombo=Thal tragen den ausgesprochenen Charakter borniger, steiniger Steppe.

Ueberall, wo es hier Savannenland gibt, gibt es auch Heerden von Antilopen, Zebra und Giraffen; dazu gesellen sich in der Makata=Ebene Büffel und Wildschweine; in der Umgegend von Mbambwa das Nashorn und südwestlich des Nguru=Gebirges noch der Elefant, Löwe und Leopard. Hervorragend wildreich ist die Ebene am Westrande der Kleinen Rubeho=Berge bei Tubugwe gefunden worden. Der untere Wami wimmelt derart von Flußpferden, daß die Fahrt in den allein verwendbaren flachen Booten sehr gefährlich ist.

Als Hausthiere werden überall Ziegen, Hühner, auch Schafe gehalten; in selteneren Fällen Rindvieh. Man trifft nur in einigen Thälern Ngurus, in Usagara nur bei Kitangi, Mbambwa, Manjovi und Murundusi (bei Ugogi) auf größere Rinderheerden.

Von kleinem Gethier, das dem Menschen das Dasein erschwert und den Aufenthalt verleidet, sind hervorzuheben:

Die Tsetsefliege; sie zeigt sich auf der ganzen Karavanenstraße von Saadani bis tief nach Usagara hinein; ihrem Stich erliegen Ochsen, Maulthiere und Esel; sie soll übrigens nur in den Wäldern und Dschungeln hausen und das offene Feld vermeiden.

Die weiße Ameise; sie bevorzugt den rothen Thonboden und wandert in breiten Massen meilenweit; alles was nicht von Stein oder Eisen ist, zernagt und zerstört sie; sie läßt sich nur durch Feuer oder kochendes Wasser vertreiben; um doch etwas zu nützen, dient sie den Eingeborenen als Gewürz in den sonst geschmacklosen Mehlsuppen.

Endlich die Ohrwürmer von Mbambwa; an und für sich unschädlich wie bei uns, treten sie aber dort in solchen Massen auf und überkriechen derart die verborgensten Kleidungsstücke des Reisenden, daß Nacktheit und Flucht als die einzige Rettung erscheinen.

Die einzelnen Landschaften und ihre Bevölkerung.

Useguha mit Udoë und Ukwere.

Die Grenzen der auf der Karte eingetragenen Landschaften können absolut keinen Anspruch auf Exactheit machen, denn sie sind nicht durch politische Verhältnisse geschaffen, sondern von den jeweiligen Reisenden als der Umfang einer annähernd einheitlichen Bevölkerung bezeichnet worden, und zwar entweder nach eigener Erfahrung oder auf Grund von Erkundigungen. Die Bevölkerung selbst aber ist, namentlich an den Grenz= gebieten, stark fluctuirend, und was vor zehn Jahren voll= kommen correct angegeben wurde, kann heutzutage in demselben Maße ungültig sein.

Useguha, also das Land, in welchem die Wajeguha wohnen, greift mit seiner Nordgrenze über den Pangani hinüber bis zum Fuß des Usambara=Gebirges; die Westgrenze liegt vor dem Ostrand der Nguru=Berge, dessen ungefähre Lage wol in der Nähe des 38. Längengrades gesucht werden muß, aber keineswegs sichergestellt ist.

Von Kidudwe, dem südöstlichen Eckpunkt von Nguru, ver= läuft vermuthlich die Grenze in einem kurzen westlichen Bogen zum Fluß Gerengere, auf dessen südlicher Seite die Bergland= schaft Ukami sich erhebt. Die Gegend von Mfuwa und die Bezirke von Ukwere und Udoë, an das Thal des Kingani herantretend, trennen im Süden und Südosten Useguha von Usaramo.

Die Küste Useguhas vom Pangani bis zum Kingani bildet ein Stück jener flachen Niederung, welche von Mombas bis zum Rufidschi gleichmäßig mit dem Namen Mrima bezeichnet

wird. Dicht an der See besteht sie aus Sand, weiter land=
einwärts aus braunrothem Lehmboden, welchen Savanne oder
strichweise Mais=, Hirse= und Maniokculturen bedecken und
besonders Baumwollstauden mit für den Hausbedarf reichlichem
Erträgniß, und schließt mit einem Buschwald von Akazien,
Kandelaber=Euphorbien, Dumpalmen und Kopalbäumen ab.

Der Hauptort an der Küste ist Saadani, ein Dorf auf
einem grünen, schlammigen, mit Mangrovegebüsch bewachsenen
Grund, unter Palmen versteckt, von einem aus Baumstämmen
und Aesten hergestellten Palissadenzaun und von hohen Sand=
bänken und Dämmen umgeben. Saadani scheint ehemals von
größerer Bedeutung gewesen zu sein; Burton sah 1858 noch
die Ruinen von zwei Moscheen. Es ist jetzt der Ausgangs=
punkt der Karavanen nach Useguha und Nguru. Der Hafen
ist ganz offen, durch keine Bänke geschützt. Die Seeschiffe
müssen 5 km entfernt auf offener Rhede verankern; nur bei
Flut können Barken bis zu einer nördlich gelegenen Sandbank
gelangen; die letzte Strecke (1—1½ km) muß durchwatet
werden. Am Nachmittag wird das Landen durch die herrschende
Brandung erschwert, in den frühen Morgenstunden aber bei
ruhigem Wasser leichter bewerkstelligt.

Die Karavanenstraße führt von Saadani nach Kidudwe
in Nguru (140 km) in westlicher Richtung. Nach 8 km wird
bei Ndumi (94 m ü. d. M.) die erste Terrasse erstiegen,
deren höchster Punkt bei Magubika 339 m über dem Meere
liegt. In Ndumi (25—30 Hütten) trifft man die letzten
Kokospalmen an. Man hat früher geglaubt, auf dieser Strecke,
von Saadani über Kidudwe nach Farhani, einen besser gang=
baren Weg nach Usagara gefunden zu haben, als ihn die
Ukami=Route Bagamoyo—Simbamweni—Farhani bietet, weil
auf jenem die sehr schwierige und lästige Durchquerung der
Makata=Ebene vermieden werden konnte. Ja, die Engländer
unter Rev. Price machten sich im Jahre 1876 sogar ans Werk,
die Straße für Ochsenfuhrwerk benutzbar herzurichten. Allein

dies Unternehmen scheiterte vollständig, nicht nur wegen der hier vorkommenden Tsetsefliege, sondern auch wegen der vielen schwer passirbaren Dschungeln und der tief eingerissenen Bach- und Flußrinnsale, die bei Regenwetter mit tosenden Gewässern sich anfüllen.

Von Ndumi bis Kidudwe wechselt die Gegend zwischen Savanne und dichtem Wald; westlich von Magubika erschwert stundenlang ein stacheliges Gestrüpp auf morastigem Boden das Vorwärtskommen, und zwischen Matungu und Kidudwe liegt eine unbewohnte, dornige Savannenwildniß von 30 km Ausdehnung. Hier und da zeigt sich bebautes Land, so bei Mkange und Msisi; am günstigsten erschien die Lage von Mbusine am Rufigura, weshalb denn auch hier eine deutsche Station, Petershof, gegründet wurde. Allein trotz der Schilderung üppigster Vegetation an den mit Dörfern reichbesetzten Gehängen des Rufigura-Thales muß die Rentabilität der Plantage stark bezweifelt werden, weil der Lateritboden von einer viel zu dünnen Humusschicht bedeckt wird.

Schlägt man von Mbusine eine direct nördliche Richtung ein, so gelangt man nach Durchschreitung einer Waldzone in die offene und fruchtbarere Gegend von Konde und an den von West nach Ost fließenden Mligasi, der nördlich von Saadani das Meer erreichen soll. Bei Kurimba (638 m) gewinnt man die zweite Terrasse von Usegucha, die bei Muango (734 m) mit dem Berg Kiwa ihre höchste Erhebung erreicht und dann langsam zum Thal des Pangani bei Lutyomo (508 m) abfällt. Graf Pfeil, der als erster Reisender dieses Stück Land 1887 durchwanderte, schildert die Umgebung des Kiwa bis Kiambo als besonders fruchtbar, den graurothen Boden lehmhaltig. Quellen und Bäche sind nicht zu sehen; die Eingeborenen holen das Wasser aus nur ihnen bekannten Vertiefungen. Wasserlose Steppe und lichtes Gehölz bedecken den nördlichsten Theil von Kiambo bis zum Pangani, dessen rechtes Ufer bis zur Küste den gleichen Landschaftscharakter trägt und auf dem nur zuweilen ein dichter Niederwald, ausgezeichnet durch die mächtigen Ranken der Landolphia, erscheint.

Südlich von Mbusine bis zum Gerengere erstreckt sich mit einer Erhebung bis zu 432 m eine wasserlose, mit Dorngebüsch und stacheligem Gras bedeckte und durch nackte Kiesflächen unterbrochene, unbewohnte Gegend.

Udoë und Ukwere liegen am rechten Ufer des Wami. Udoë bietet, sowie man den südöstlichen, ausgetrockneten Grenzstrich überschritten, ein ziemlich erfreuliches Bild dar: Hügelreihen, waldbedeckte Abhänge, in den thonhaltigen Thalgründen gutbebaute Felder und auf den kurzgrasigen Wiesen ein Blumenmeer von Lilien und Narcissen. Aber das Wasser ist brakisch und kaum trinkbar. Von Simbambili führt der Weg über Mlonga zu dem durch Berge eingeengten Wami und am nördlichen Ufer auf steilem Fußpfad zu der französischen Missionsstation Mandera, die in einem durch viele Arbeit gewonnenen Gartenland ein ziemlich angenehmes Dasein fristet.

Ukwere ist armseliges Savannenland mit Buschwald. Der Weg von Rosako nach Msute am Wami (bei der Mündung des Rukigura), von den von Bagamoyo nach Nguru und Usagara ziehenden Karavanen benutzt, bietet keine wesentlichen Hindernisse, er trifft sogar bei den Pongwe=Hügeln, die, 5—600 m hoch, die Ausläufer des Bergzuges bei Mandera sein dürften, trotz des rothen, zähen Lehmbodens auf eine mit zahlreichen Fächerpalmen und Ricinusbäumen geschmückte Gegend; aber der südliche Theil, den die Straße von Rosako zum Gerengere und nach Ukami durchzieht, birgt westlich von Mbiki ein 16 km breites, mühselig zu durchschreitendes Dschungeldickicht. Bei Msuwa und Kisimo beginnt der Boden an Fruchtbarkeit zuzunehmen. In dem welligen, zum Gerengere führenden Gelände liegen zahlreiche Ortschaften, und Musondi zeichnet sich durch schöne Wiesengründe, ja durch Bananenpflanzungen aus. Die Tsetsefliege soll nach Cameron's Bericht hier nicht existiren.

Bevölkerung.

Die Waseguha sind von mittlerer, etwas schmächtiger Statur, braun oder schwarzbraun, mit krausem Kopf und Barthaar; die mittlern Schneidezähne werden ausgefeilt. Sie tragen einen Lendenschurz von Zeug oder Leder, begnügen sich aber gelegentlich mit Palmblättern. Wenn auch noch Schwerter, Pfeil und Bogen bei ihnen gesehen werden, so haben sie doch längst das Feuergewehr als Hauptwaffe sich erkoren. Dieses verschaffte ihnen auch einst die Möglichkeit, die schlechter bewaffneten Wasambara von dem nördlichen Ufer des Pangani in die Berge zu vertreiben und in dem Thale selbst sich dauernd niederzulassen. Sie erscheinen überall im Norden und Süden, wie auch die Wakwere, ihre Stammesgenossen, als fleißige Ackerbauer.

Derjenige Theil der Bevölkerung, welcher die Mrima oder die Küstenniederung bewohnt, hat sich ganz und gar dem Einfluß und der Nachäffung arabischer Sitten ergeben: es sind das die Wamrima. Sie tragen Fes, Hüften= und Schultertuch; die Weiber ein Sackkleid, das unter den Armen über die Brust gebunden bis zum Fußgelenk hinabreicht. Sie gelten als ein faules, heruntergekommenes, unzuverlässiges Volk, dessen Intelligenz in der Erfindung der glaubwürdigsten Lügen gipfelt.

Zu den übrigen Bewohnern der Mrima gehören die Suaheli, das sind Eingewanderte aus der Umgegend von Mombas und von der Insel Sansibar. Suaheli heißt allgemein und eigentlich jeder Neger, der entweder auf der Insel Sansibar oder auf dem Küstengebiet zwischen Lamu und Mombas geboren, also in den ersten Niederlassungen der Vollblutaraber seßhaft geworden ist. Der Suaheli ist Mulatte, das Product der Verbindung eines Arabers mit einer Negerin. Doch auch die Kinder von Mulattenältern rühmen sich Suaheli zu sein. Vom Araberthum haben sie die gekrümmte Nase, vom Neger=

stamm die wulstigen Lippen und den Prognathismus erhalten. Sie sind kurzköpfig. Ihre sie auszeichnende Tracht ist der Turban und ein langes, gelbes Oberkleid. Sie betrachten sich allein als die berechtigten Herren des Festlandes, den Araber von Oman aber als Eindringling. Mit dem größten Mißtrauen begegnen sie den Beamten des Sultans von Sansibar.

Die Wadoë bilden durch ihre Sitten und ihr abgeschlossenes Stammesleben eine merkwürdige Enclave unter den Waseguha. Von jeher dem Glauben ergeben, daß die Einsetzung oder die Bestattung eines Häuptlings nur durch ein Festmahl von Menschenfleisch richtig und würdig gefeiert werden könne, waren sie, da das Verzehren der Stammesgenossen gegen die Sitte ging, auf Menschenraub in den benachbarten Bezirken angewiesen. Da sie auch an Karavanen sich vergriffen und die Sicherheit des Handelsverkehrs bedrohten, unternahmen die Araber einen Vernichtungskrieg gegen sie, aber nur mit halbem Erfolg. Sie wurden nur in engeren Raum zusammengedrängt. Man behauptet, sie seien stamm- und sprachverwandt mit der Bevölkerung von Manyema, westlich vom Tanganika=See. Sie besitzen ein einheitliches souveränes Oberhaupt; 1884 war es der steinalte Simbambili, dessen vierzig Kinder seine Herrschaft im ganzen Lande befestigten. Eine Art staatlicher Organisation besteht, indem Udoë in vier Districte eingetheilt ist. Die Wadoë sind fleißige Ackerbauer, schön und kräftig gebaut. Den französischen Missionaren, die von der Küste nach Mandera reisen, kommen sie stets mit Freundlichkeit entgegen.

Mit Ausnahme von Udoë und der Mrima, in welch letzterer der Sultan von Sansibar seinem einheitlichen Wirken durch die Walis wenigstens dem Namen nach Geltung verschafft, existirt in ganz Useguha keine größere politische Gemeinschaft als die der einzelnen Dorfschaften unter ihren voneinander unabhängigen Häuptlingen.

Nguru.

Das Gebirgsland, in dem der Luseru und der Rukigura
entspringen und das diese mit vielen Nebenflüssen durchströmen,
heißt Nguru. Eine schärfere Begrenzung läßt sich nur für die
südliche Abdachung angeben. Das Stück des Wami, südlich von
Kidudwe bis zur Mündung des Mvomero, ist die Südgrenze
von Nguru.

Diese Abdachung bildet die zweite Terrasse des Wami-
Gebietes; sie erhebt sich von 333 m bei Kidudwe bis zu 397 m
bei Mvomero und setzt sich nach Usagara fort. Sie ist un-
wirthbares Savannenland mit Busch, mit morastigen Strecken
östlich und mit dichtem Waldgestrüpp westlich von Mkindo.
Nur in dem 10 km breiten Thal von Kidudwe und an den
Ufern des Luseru bei Mkunga genießt man den Anblick einer
fruchtbaren Landschaft.

Da das Gebirge zum größten Theil mit geschlossenen
Wäldern bedeckt ist, bietet das Innere günstigern Boden zum
Anbau. Eine ausführliche Schilderung des ganzen Umfanges
verdanken wir einem einzigen Reisenden, dem englischen Missio-
nar Last. Wenn sie auch möglicherweise etwas zu optimistisch
gefärbt ist, so erhält sie doch im Gegensatz zu der erwiesenen
Unfruchtbarkeit der andern bereisten Strecken einen gewissen
Grad von Glaubwürdigkeit.

An dem Nordwestrande des Gebirges aus der Masai-Ebene
fließt der Luseru herab; hier mündet das Thal des Luvumo,
in welchem große Rinderheerden weiden und das Zuckerrohr
gedeiht. Bei Sagaja fließt der Luidschi in den Luseru; an
seinen Ufern wohnt bis Mgära eine dichte Bevölkerung; Zuckerrohr und selbst Bananen wachsen hier in üppigster Fülle. Bei
Kisera, durch welches die Handelsstraße vom untern Wami
nach dem elfenbeinreichen Masai-Land führt und das selbst in
weniger fruchtbarer Gegend liegt, nimmt der Luseru von Südwesten den Boroma auf. Er entspringt auf rauhen Höhen

und durchſtrömt bis Kibanti ein dürres, von Büffeln, Rashör=
nern und Elefanten durchſtreiftes Savannenland; bei Kibanti
entfaltet der von klarem Waſſer getränkte Boden eine derartige
Fruchtbarkeit, daß trotz ſtarker localer Bevölkerung die weitere
Umgebung mit Nahrungsmitteln verſorgt werden kann. Ein
zweites Kibanti befindet ſich weiter ſüdlich auf den Bergen,
welche das rechte Ufer des Luſeru begleiten, in einem Wald
von gigantiſchen Wollbäumen, Farrnbäumen und Himbeer=
ſträuchern. Die franzöſiſche Miſſionsſtation Mondo (Kin=
jumbi), 450 m über dem Meere, liegt auf dem anſteigenden
Gelände des weſtlichen Luſeru=Ufers in einer reich bewohnten
Gegend von ſo vortrefflicher Güte, daß nach Kapitän Foot's
Meinung Kaffee=, Cacao= und Zuckerplantagen lohnenden Er=
trag liefern würden. Bis nach Mkunga hinab ſetzt ſich die
Fruchtbarkeit des Luſeru=Thales fort.

Bevölkerung.

Von den Wanguru wiſſen wir nicht viel mehr, als daß
ſie Ackerbauer ſind, im Wami=Thal nicht in bienenkorbartigen
Hütten, ſondern in viereckigen, einen Hofraum umſchließenden
Tembes wohnen. Während ſie durch Vertreibung der Waſchamba
ſich zu Herren des Luidſchi=Thales gemacht, benehmen ſie
ſich am Luvumo gegen die eindringenden Maſai ſo furchtſam,
daß ſie alles ihnen geben und leiſten, was verlangt wird.
Im obern Luſeru=Thal legen ſie die Felder inmitten der
Waldungen an, umzäunen dieſe mit Euphorbia=Hecken und
laſſen nur einen ſchmalen, über 200 m langen Pfad, der noch
durch mehrere verbarrikadirte Thore überquert wird, bis zur
Eingangspforte des Dorfes frei. So ſuchen ſie ſich gegen die
Wahumba zu ſchützen, ein tapferes, kriegsluſtiges Räuber=
und Jägervolk.

Die Wahumba wohnen dieſſeit und jenſeit der Höhen
von Sabundila und an den ſüdweſtlichen Grenzen gegen Uſa=
gara; ſie werden ihrerſeits wieder von den Maſai verfolgt.

Außerdem lebt noch ein anderer abgesplitterter Völker=
stamm innerhalb der Berge: die Wakamba. Sie sind haupt=
sächlich Jäger mit Pfeil und Bogen und streifen bis zum
Tanganika=See; sie verkaufen entweder die erbeuteten Elefan=
tenzähne für Rinder an die Masai oder sie bringen sie selbst
auf den Markt nach Mombas.

Die Bewohner von Nguru räumen keinem andern als
dem eigenen Dorfhäuptling irgendwelche Hoheitsrechte ein,
und kein Häuptling hat sich, soviel wir bisjetzt wissen, jemals
zu einer hervorragenden Stellung über die andern empor=
geschwungen.

Usagara.

Die Grenzlinie im Osten läuft von der Mündung des
Mvomero den Wami aufwärts bis zu dem Mindu= und Ru=
futu=Gebirge; im Süden durchschneidet es in dem Bezirk Kiri=
gawana's das Quellgebiet des Ruhembe=Jowa, im Westen zieht
sie sich dem Fuße des Rubeho=Gebirges entlang von Maroro
über Ugogi bis Tschunjo (westlich von Mbambwa). Im Norden
kann man im allgemeinen die Masai=Ebene als Grenze bezeich=
nen; Nsogi scheint die erste größere Masai=Niederlassung zu
sein. Läßt man, vielleicht mit Recht, Gedscha (das Land der
Wakaguru) als wesentlich gesonderte Landschaft nicht gelten,
so trennen die Berge von Sabundila und Kißwa im Anschluß
an das Kidete=Gebirge Usagara von Nguru.

Vier Karavanenwege führen von Osten in das Herz von
Usagara, nach dem Mukondogwa=Thal im engern Sinn: der
erste von Nguru, der zweite von Ukami über die Makata=
Ebene, der dritte von Kutu über den Goma=Paß und eben=
falls über den Makata, der vierte von Kutu über den Ma=
brufi=Paß durch das Hochthal des Makata und am Ostrand
des Rubeho=Gebirges entlang.

Der erste Karavanenweg tritt aus Nguru bei Mvomero
in das Land von Usagara; er steigt auf der zweiten Terrasse

bis Farhani von 397 m bis zu 481 m über dem Meere an.
Dieses zur Trockenzeit ausgedörrte Savannenland mit
Dschungelcomplexen und lichtem Gehölz von Akazien und Deleb=
palmen von ungefähr 80 km Ausdehnung wird in der Regen=
zeit auf weite Strecken hin zum Morast, namentlich südlich
von Mjuero und Rudewa. Als eine kleine fruchtbare erquickende
Oase erscheint Mjuero. Bei Farhani, Rehenneko und
Kondoa (der französischen Missionsstation) ändert sich das
Landschaftsbild noch mehr: schönbewaldete Berge treten nahe
heran, eine zahlreiche Bevölkerung bestellt die von klarem
Wasser durchrieselten Felder von Negerkorn, Mais und Bana=
nen.[1] Die Ausdehnung des culturfähigen Bodens beträgt
nicht viel mehr als 12 km; bei dem Eintritt in die Enge des
Mukondogwa=Thales beginnt wieder die Wildniß.

Der zweite Karavanenweg überschreitet, von Simbamweni
in Ukami ausgehend, eine niedrige Einsattelung der Mindu=
Berge auf felsigem Grund und gelangt in die Makata=
Ebene, welche aus zähem grauem Lehm besteht, in der
Trockenzeit hart wie Stein wird und in tiefe Risse zerspringt,
in der Regenzeit in schlüpfrigen Schlamm mit brusttiefen Rinn=
salen sich verwandelt: eine breitwellige Fläche voll Riedgras
mit vereinzeltem Bambusengebüsch und mit dichtem Baumwuchs
an den Ufern des Makata=Flusses. Stanley brauchte zur Ueber=
schreitung der 30 km breiten Ebene, freilich in der Regenzeit,
fünf Tagemärsche.

Der dritte Karavanenweg nimmt seinen Ausgang von
Sungomero (150 m) in Kutu. Zwischen Blöcken von Schiefer,
über Glimmer, Kies und Sandstein geht es im Rufutu=
Gebirge steil aufwärts bis zum plateauartigen Goma=Paß
(670 m). Man steht in einem Meer von Berggipfeln. Auf erst

---

[1] Nach Dr. K. W. Schmidt ergab die mechanische Analyse des
Schwemmbodens von Farhani 43% feinkörnigen Sand und 57% thon=
haltigen Staub, also eine für Culturen günstige physikalische Zusammensetzung.

Förster. 10

abschüssigem, dann auf sanftem Abstieg durch hohes Gras,
Cacteen und Aloën kommt man nach Muhama, in eine
freundliche Gegend mit Fächerpalmen, Melonenbäumen und
reichen Mais- und Durra-Feldern, dann in den von niedrigen
Hügeln eingeschlossenen und stellenweise von tiefen Schluchten
durchschnittenen Thalgrund des Makata. Am jenseitigen Ufer
dehnt sich bis zum Miombo eine Savannenfläche aus, die mit
Gehölz von Delebpalmen und immergrünen Laubbäumen geschmückt ist. Am mittlern Miombo wird viel Taback gebaut.
Von hier bis hinab zum Eingang in das Mukondogwa-
Thal tritt ein mächtiger Urwald voll erstickender Miasmen
auf, den im Nordwesten eine unfruchtbare Steppe begrenzt.
Durch diese geht es zu den morastigen Ufern des Mukondogwa
bei Mbumi hinab.

Der vierte Karavanenweg hat seinen Ausgangspunkt ebenfalls in Sungomero in Kutu und übersteigt das Rufutu-Gebirge in direct westlicher Richtung über den Mabruki-Paß
und gelangt steil hinab in die Mulde von Kikoboga (513 m).
Der südliche Abschluß der Makata-Ebene behält den Charakter
der ganzen bei; nur herrscht nicht mehr grauer Lehmboden
vor, sondern schwarze torfartige Erde mit zahlreichen Wasser-
tümpeln. An den Ostabhängen des Rubeho-Gebirges, denen
entlang am linken Makata-Ufer der Pfad von Muhanda
(492 m) nach abwärts führt, wechseln Hügel und Schluchten
ab. Zwischen Bananen und Delebpalmen und gutbebauten
Feldern liegt das obere Mbumi (444 m).

Das Mukondogwa-Thal von Kondoa bis Ndiabi ist
in der Sohle derart mit Schilf und Buschwald überwachsen
und so leicht Ueberschwemmungen ausgesetzt, daß auf beiden
Seiten nur über die Berge die Wege führen und mit Ausnahme von Kilosa, Sima und Kiora alle Hütten der Eingeborenen hoch auf den Abhängen liegen. Geht man von
Kondoa am nördlichen Ufer thalaufwärts, so muß man auf
steilem, felsigem Grund durch hohes Riedgras mühsam hinauf-

klettern; durch Dorngebüsch, Mimosen und Akazien gelangt man wieder hinab zu der Niederlassung von Kilosa (Misongi, Kadetamare), zuerst zu Reis- und Maisfeldern auf versumpftem Boden, dann zu günstiger gelegenem Land, auf welchem sogar Taback cultivirt wird. Zwischen Kilosa und Sima drängt sich das Gebirge mit vielen Dorfschaften dicht an das Flußufer heran. Sima (Muinin-Sagara), ehemals deutsche Station, der Endpunkt des sehr fruchtbaren Thales gleichen Namens, macht einen erfreulichen Eindruck durch seine Wälder von Palmen und hohen Laubbäumen und gutgepflegten Culturen. Von Sima bis zum Ende der Thalenge beim Absturz der Ruembe-Berge zieht ein breiter Streifen kräftigen Pflanzenwuchses, aber unbesiedelt in den untern Lagen hin, in den obern behält die Landschaft den dürren Savannencharakter bei.

Am rechten, südlichen Ufer, etwas oberhalb der Furt von Mbumi mündet das pittoreske enge Thal des Tschogwe. Kiora (ehemals deutsche Station), im Osten und Westen von dornigem Gestrüpp umgeben, ist zwar ein malerischer Platz, besitzt auch einige Felder, ernährt aber nur eine dürftige Bevölkerung und gilt als ungesund. Viel besser ist die Manjovi genannte Gegend auf den Höhen oberhalb von Kiora: zahlreiche Rinderheerden weiden auf prächtigen Wiesenfluren. Flußaufwärts von Kiora bis Ndiabi durchwandert man ein wüstes, welliges Tafelland mit dichtem Gebüsch von Aloën und Cacteen zwischen Sandhügeln und Steingeröll. Bei Ndiabi (738 m) am klaren und frischen Rumuma erreicht man eine anmuthige, fruchtbare und bewohnte Gegend; Tamarinden und Kalebassen stehen zwischen Feldern von Korn, Mais, Bohnen, Erdnüssen und Taback.

Nach der schwülen, durch verfaulende Vegetation mit Miasmen erfüllten Atmosphäre des Mukondogwa-Thales erfrischt in den ersten Stunden des Marsches die reine trockene Luft der Kleinen Marenga-Mkali (852 m über dem Meere) zwischen Ndiabi und dem Großen Rubeho-Paß. Bald aber

10*

lähmt die Monotonie der Landschaft die Freude des Wanderns:
trostlose, wasserlose Savanne, unterbrochen nur von rauhen
Hügeln mit Dschungeldickicht. Jnenge (1089 m) am Fuß
des Rubeho-Gebirges, in rothbrauner Ebene gelegen, bietet
endlich Erholung und als Ueberraschung die lang entbehrten
Nahrungsmittel: Butter, Milch und Honig. Steil und steinig
aufwärts geht es durch das Gebirge voll aromatischer Kräuter
in zwei Anstiegen zum Großen (1542 m) und dann zum Kleinen
Rubeho- oder Windi-Paß (1710 m), an tiefen Abgründen
und hohen Felskegeln vorbei. Auf ähnlich rauhem Wege, der
zuletzt in eine Via mala sich umgestaltet, kommt man hinab
nach Ugogi (830 m), dem letzten Ruheplatz vor der Großen
Marenga-Mkali.

Die breite Hochebene, welche von Ndiabi am Ugombe-See
vorbei und längs des Matamombo bis Mbambwa sich erstreckt,
erscheint als ein von steilen, dunkelbraunen Berghängen um-
faßtes früheres Seebecken. Das Wasser ist brakisch. Auf dem
von der Sonne gebleichten staubigen Granitboden wächst
dünnes, hartes Gras und stehen in weiter Zerstreuung einzelne
Baobabs.

In Mbambwa (Mpwapwa) (986 m) betritt man wieder
lachende Gefilde, mit frischem Grün bekleidete Hügel. Riesige
Sykomoren, Tamarinden und Wollbäume gewähren den er-
sehnten Schatten und die dichte Bevölkerung versorgt aus
ihren großen Rinderheerden die Karavanen mit Fleisch.

Mbambwa ist der Vereinigungspunkt der südlichen Karavanenstraßen, von Mvomero über Farhani durch das Mukondogwa-Thal, und der nördlichen, kürzeren von Mvomero über
Mkundi und Mamboia. Letztere geht in einer Meereshöhe
von 800—1000 m durch einen der besten Landstriche Ujagaras.
Westlich der felsigen Kidete-Berge breitet sich eine wildreiche
unbewohnte Ebene aus. Bei Makubika wird sie zu einer
gesegneten, reichlich bewässerten und gut bevölkerten Gegend,
in welcher Rindviehzucht getrieben wird. Mamboia (1216 m),

eine englische Missionsstation, liegt auf einem Hügel am Nord=
ende des schönen Sima=Thales; die gute Qualität des Bodens
erhält sich bis Nguru und Berega in der Richtung von Sabun=
bila und Kisiwa am Westrand des Nguru=Gebirges, verwandelt
sich aber von dort nordöstlich in steinige, dornige Steppen.

Das herrlichste Land findet man im 16 km breiten Becken
von Kitangi (1050 m) an den Quellen des Mtate.

Die starke Bevölkerung treibt neben Ackerbau ergiebige
Viehzucht; das Land ist offen, mit kurzem Gras und nur an
den Wasserrinnen mit Busch bedeckt.

Den Mtate abwärts bleibt die Fruchtbarkeit auf gleicher
Höhe; das Thal ist aber wegen räuberischer Einfälle zum
größten Theil verlassen. Dieses Eden schließen im Westen die
Kleinen Rubeho=Berge ab, deren höchster steilansteigender
Uebergang 1368 m über dem Meere liegt. Nach Südwesten
und Westen flachen sie sich ganz allmählich ab und bilden
wahrscheinlich die nördliche Begrenzung des Matamombo=
Thales; im Norden enden sie rasch in einer ungemein wild=
reichen, von Dschungeldickicht durchsetzten Ebene, die nach Westen
über die Karavanenstraße herabbiegt und von einer Thalschlucht
mit Steinsalzlager begrenzt wird. Hier und in dem unmittel=
bar westlich aufsteigenden Hügelzug von Mlali (1127 m über
dem Meere) sind wahrscheinlich die Quellzuflüsse des salzig=
bittern Matamombo zu suchen. Zwischen dem fruchtbaren und
stark bewohnten Bezirk von Tubugwe und Mbambwa er=
heben sich die Kiboriani=Berge bis zu 1800 m. Nördlich
von ihnen beginnt, bei Sagala, mit anbaufähigem Boden
das mächtige Hochplateau Innerafrikas; bei der vorwiegenden
Trockenheit, die nur während fünf Monaten von einzelnen
Regenschauern unterbrochen wird, ist die Luft rein und frei
von Malariakeimen.

Nicht zum Flußgebiet des Wami, aber ethnographisch zu
Usagara gehört die sogenannte Kirigawana=Route; sie geht
von Ugogi der Südseite des Rubeho=Gebirges entlang, über=

steigt dieses bei Kiperepeta und endet bei Kikoboga am Süd=
ende der Makata=Ebene. Sie wird mit Vorliebe bei dem Marsch
aus dem Innern gewählt, da hier weniger oder seltener an
die Häuptlinge Tribut zu zahlen, überall der Nahrungsbedarf
zu bekommen und die meist offene Steppe leicht zu pas=
siren ist.

Unbequemlichkeiten verursachen nur die vielen Flußüber=
gänge und das schlüpfrige Auf= und Absteigen an den Berg=
rippen, welche entweder mit schwarzschlammiger Erde bedeckt
sind oder aus nacktem Felsgestein bestehen. Südöstlich von
Ugogi, nach einem kurzen Marsch durch welliges, dorniges
Land, eröffnet sich dem Blick bei Murundusi, dem Grenz=
ort zwischen Uhehe und Usagara, eine herrliche, fruchtbare
Gegend: feines Gras, Tamarinden, Sykomoren und Miombos
von außergewöhnlicher Stärke, in denen Papagaien, Tauben
und Dohlen nisten; zwischen den Behausungen der Eingebore=
nen Rinder in Menge; in Gruben von 5—6 m Tiefe vorzüg=
liches Trinkwasser. Von hier bis Maroro (653 m) trifft man
nur dürres, rauhes Land von rother Erde; vereinzelte
Schluchten mit weißsandigen Ufern, von smaragdgrünen Bäu=
men umsäumt. Bei Rubi, das von Wahehe bewohnt wird,
gibt es viel Tabackbau. Westlich von Kikako durchschreitet
man auf steinigem Bergpfad den einzigen zusammenhängenden
größern Wald. Maroro besitzt frisches Gewässer, das rasch
in der schwarzen Erde der tiefern ebenen Lagen versumpft
und hohes, binsenartiges Gras hervorschießen läßt. Auf den
Feldern dazwischen gedeihen in der feuchtheißen Luft Mais,
Durra, Bataten und Taback. Der Ort ist ungesund und die
Plage der Mosquitos peinlicher als sonst auf diesem Wege.
Von Maroro gelangt man durch Stein und Gestrüpp über
den Paß von Kiperepeta nach dem von grünen Hügeln um=
gebenen, ziemlich fruchtbaren Bezirk von Kisanga, in welchem
das Dorf Kirigawana liegt. Verleihen auch Sykomoren und
Wollbäume dem Landschaftsbild einen etwas mehr erfreu=

lichen Anblick, so ist doch das Erträgniß der Felder sowol hier wie am Ruhembe=Bach von geringer Beschaffenheit.

Bevölkerung.

Die Wasagara sind im Wami=Thal meist Ackerbauer und in den Hochebenen der Nordgrenze meist Viehzüchter. Ziegenfelle, Grasröcke, zuweilen auch Tuchsetzen bilden die spärliche Bekleidung; Ringe von Messingdraht um die Arme, die Fußgelenke, um den Hals (hier zuweilen weit abstehend) und schwer herabziehende Ohrgehänge bilden den Schmuck; Pfeile, Assegais und Steinschloßgewehre in geringer Zahl die Waffen. Stirn, Brust und Arme werden tätowirt. Wegen der häufigen Ueberschwemmungen und aus Furcht vor den thal= wärts ziehenden Räuberhorden bauen sie sich fast ausnahmslos an den Abhängen des Gebirges an. Im mittlern Wami=Thal, zwischen Msuero und Kondoa, und theilweise in den nördlichen Districten bis Mbambwa wohnen sie in den schmutzigen, von Ungeziefer wimmelnden viereckigen Lehmgehöften, in den Tembes, sonst in den üblichen bienenkorbartigen Hütten. Von ihrem Nationalcharakter können wir nur die eine negative Thatsache anführen, daß sie kein besonders tapferes Volk sind und sich den Sklavenjagden der Waseguha, Wahumba, Wagogo und Wahehe wenn möglich durch das Verlassen von Haus und Hof entziehen. Elend und scheu ist ihr Aussehen und Beneh= men im Mukondogwa=Thal, entschieden stämmiger und kampf= lustiger am Rumuma und an der Nordgrenze. Unter ihnen wohnt ein gesonderter Jägerstamm, wie die Wandorobbo unter den Wakuafi und die Wakamba unter den Wanguru, nämlich die Wakwa im Wami=Thal bei Mungubugubu und Msuero; sie erlegen Elefanten und Büffel mit vergifteten Pfeilen oder auch mit Steinschloßgewehren.

Eine politische Organisation für ganz Usagara oder nur für einen größern Theil existirt nicht. Was als Ortschaft in den Karten bezeichnet ist, bedeutet meistens einen Bezirk oder

eine Gemeinde; die zugehörigen Hüttencomplexe haben ein ge=
meinschaftliches Oberhaupt, einen Dorfhäuptling. Diese „Herr=
scher und Fürsten" sind voneinander unabhängig und von
keinem wird berichtet, daß er hervorragenden Einfluß in einem
größern Umkreis gewonnen. Nur eine Ausnahme könnte be=
stehen, wenn sich die Verhältnisse seit der Reise des französischen
Missionars Etienne Bauer im Jahr 1885 nicht geändert haben:
das Land am Westufer des Wami zwischen Loonga und
Komberina mit Farhani und Rudewa und am Ostufer mit Ka=
konga und Kisukara stehen unter der Oberhoheit der Fürstin
Simbamweni in Ukami.

Schlußbetrachtung.

Was an Naturproducten das Wami=Gebiet gegenwärtig
hervorbringt, kommt für den Export kaum in Betracht: es
sind nur Feldfrüchte, die den Localbedarf decken. Demnach
kann auch der Import, Baumwollzeuge, Eisen= und Messing=
draht, bei der Bedürfnißlosigkeit der wenig energischen Be=
völkerung von keiner besondern Bedeutung sein.

Allein die Fruchtbarkeit des Bodens ist in einzelnen
Gegenden so gewaltig und so wenig ausgebeutet, daß eine
erhöhte Culturthätigkeit Aussicht auf lohnenden Ertrag ver=
spricht. Die geringen Resultate der bisherigen Versuche in
Mbusine, Kiora und zum Theil auch in Sima dürfen nicht ab=
schrecken; es waren nicht die besten, sondern nur die zunächst
liegenden Plätze ausgewählt worden.

Soweit die bisher erworbene Kenntniß des Landes es
erlaubt, kann behauptet werden, daß zum Plantagenbau in
erster Linie sich eignen: Mondo im Thal des Luseru für Kaffee,
Cacao, Zuckerrohr, Taback; Farhani in der Makata=Ebene für
Zuckerrohr und Taback; das mittlere Sima=Thal, ebenfalls für
Taback.

In zweiter Linie: das obere Thal des Luseru bei Sagasa,
Kibanti und am Luvumo.

Endlich, besonders als Jagd- und Viehzuchtstationen: Kitangi und Mbambwa.

Für alle, auch für die erstgenannten Ansiedelungen gilt als sehr bedeutendes Erschwerniß der Mangel guter Verkehrswege und die allzu große Entfernung von der See.

Die Arbeiterfrage wird wahrscheinlich keine ungünstig entscheidende Rolle spielen, denn die Bevölkerung ist in jenen Bezirken eine zahlreiche und an Ackerbau gewöhnte.

_____

Das Kingani-Gebiet mit Asaramo, Akami und Kutu.

Allgemeine Gestaltung.

Zwischen den Mündungen des Kingani und des Rufidschi liegt die Küste als ein 5—20 km breiter, niedriger, knapp über die Meereshöhe sich erhebender Streifen Landes da. Von diesem steigt ein Plateau empor, das zwischen den beiden genannten Flüssen sich bis nach Sungomero in Kutu ausdehnt. Es ist eine von Süd nach Nordwest geneigte Fläche; es fällt von der höchsten Erhebung am Konoge-Hügel (210 m) der Küste entlang bis gegen Bweni (90 m) und längs des Rufidschi bis Sungomero (153 m) langsam ab; rascher und tiefer senkt es sich gegen das Thal des Kingani (Dundunguru 58 m und Kiranga Ranga 22 m). Der östliche Plateaurand tritt als ein Hügelgelände zwischen Kondutschi und Dar-es-Salaam dicht an die See heran, buchtet sich weiter südlich aus und gibt Raum für die Verbreiterung der Thalebene des Mbeji; von den Marui- bis zu den Konoge-Hügeln verläuft er nahezu parallel mit der Seeküste.

Im Vergleich mit der ersten Terrasse Useguhas liegt die Hochfläche Usaramos um durchschnittlich 150 m niedriger und reicht ununterbrochen um etwa 100 km weiter landeinwärts. Deshalb machen sich auch die Seewinde und das Seeklima bis tief nach Kutu hinein bemerklich. Der östliche Thalgrund des Kingani von Bomani bis Usungula wird von dem west= lichen durchschnittlich um 70 m überragt, sodaß dieser wie eine Hügelkette erscheint.

Im Westen von Usaramo steigt, vom Gerengere und Mgeta wie von zwei Armen umfaßt, eine vielfach gegliederte Gebirgs= masse empor. Den Centralstock bildet das Uruguru=Gebirge in Ukami mit einer Erhebung von 1800—2000 m. Es dehnt sich nach Nordosten bis zum Kungwe oder Kira=Berg (1768 m) aus, der als Höhenzug südöstlich sich fortsetzt und mit dem Kidunda=Berg am Mgeta endet. Nach Süden dacht sich das Uruguru=Gebirge zu den Dutumi= oder Mkambaka=Bergen (900—1200 m) und nach Westen zu den Kigambwe=Bergen ab. An diese schließen sich nördlich die 570 m hohen Kihindo= (oder Mindu=) und die Mguruwandege=Berge an, welche Ukami und Kutu von der Makata=Ebene in Usagara scheiden; im Süden stößt das Rufutu=Gebirge (ungefähr 800 m) an.

Die schroffen Abhänge der Dutumi=Berge umschließen im Norden die Thalebene von Sungomero und Kiriru; dagegen bildet eine östliche Abzweigung der Rufutu=Berge von Mbwigwa gegen Behobeho die Wasserscheide zwischen dem Mgeta und dem Mjendasi=Ruaha.

Das ganze Gebirge in Ukami und Kutu besteht aus Granit, der als nackter Felsen auf den Kämmen und höchsten Gipfeln zu Tage tritt oder in mächtigen, zerstreut liegenden Blöcken gefunden wird. Manchmal ist er von Thon= und Sandsteinschichten überlagert. Die Bergcontouren sind kuppel= förmig oder wildgezackt. Eine eigenthümlich symmetrische Form besitzt der Kilima Hatambula bei Behobeho; von einer flachen Terrasse erhebt er sich viereckig, gleich einem Denkmal, nahezu senkrecht. Die Masse besteht aus Sandstein; dazwischen liegen eingesprengte Lavalager, welche die totale Verwitterung ge= hemmt und die Gleichförmigkeit bewirkt haben.

Flußsystem.

Das Plateau von Usaramo wird an seiner Westgrenze von dem Kingani und an seinem Südrande von dem Rufidschi bespült, aber in keiner Richtung von irgend nennenswerthen Rinnsalen durchfurcht. So erhält der Kingani von der gegen sein Bett stark geneigten 60—100 km breiten Hochfläche keinen einzigen nennenswerthen Zufluß; alles Wasser, das ihm zu= strömt, kommt von der linken Seite, von den Bergen von Ukami und Kutu. Nur dem steilen Ostrand der Hochfläche entquellen eine größere Zahl von Bächen, die sich nach kurzem Lauf in das Meer ergießen, so der Msinga in die Bucht von Dar=es=Salaam, der Mbesi in die Schungu=Bai und der Mgasi in die Bai von Kisiju.

Der Kingani entsteht aus dem Zusammenfluß des Geren= gere und Mgeta bei Usungula. Beide entspringen im Ukami= Gebirge.

Das Quellgebiet des Gerengere liegt in dem Zusammen= stoß des Uruguru=Gebirges mit den Kigambwe=Bergen. Nach kurzem nördlichen Lauf schlägt er in mehrfachen Windungen eine östliche und von Konge eine nahezu südliche Richtung ein. Im Oberlauf nimmt er von rechts den Mrogoro mit dem Ton= geni, dann bei Pingongo den Makobola und endlich nördlich von Quaba den Longwe auf. Von der Useguha=Terrasse strömt ihm bei Konge der Tange zu. Er ist ein klares Wasser mit starkem Gefäll, in theils sandigem, theils felsigem Bett. In der Regenzeit wird er von den Sturzbächen des Gebirges überfüllt und tritt verwüstend über seine Ufer. Die Ueberschwemmungen steigern sich in manchen Jahren bis zur Zerstörung weiter, angebauter Strecken, besonders bei Sim= bamweni und Musondi. Seine Breite beträgt in der Regen=

zeit bei Simbamweni 2 m, seine Tiefe $1\frac{1}{2}$ m und die Ufer=
höhe 4 m; bei Musondi ist er 27 m (nach Stanley 18 m)
breit, knietief und seine Ufer haben die Höhe von 7—8 m,
wie Cameron angibt. Die Breite des Flußbettes selbst er=
weitert sich aber hier bis zu 225 m.

Der Mgeta entspringt auf der Südseite des Kigambwe=
Gebirges, durchströmt die Ebene von Sungomero und behält
noch bis Kidunda den Charakter eines in sandigem und stei=
nigem Bett fließenden gelblichen Bergwassers bei; kurz nach
der Regenzeit hat er hier eine Breite von 45 m und eine
Tiefe von $3\frac{1}{2}$ m. Er nimmt von den Tutumi=Bergen den
Mgasi und Dutumi auf und vom Uruguru=Gebirge den noch
nicht erforschten Mswasi. Dicht unterhalb des Mabruki=
Passes befindet sich die Wasserscheide des Mgeta vom Ruaha;
nach Süden fließt der Msendasi ab, nach Osten der Msegwe
und Bilansi. Bei Kidunda erhält er den einzigen stärkern
Zufluß vom Plateau, den in tiefeingeschnittenem Bett über
Blöcke von Quarz, Syenit, Hornblende und rothem Sandstein
dahinfließenden Manjora.

Der Kingani (auch Rusu und zwischen Kidunda und
Usungula Mpesi genannt) wälzt sein rothbraunes, süßlich
schmeckendes Wasser von Usungula in vielfach geschlungenem
Lauf mit nordöstlicher Richtung dem Meere zu. Seine Breite
schwankt im untern Lauf je nach der Jahreszeit zwischen
15 und 45 m. Die Thalebene, die bei Kiranga Ranga eine
Breite von 11 km besitzt und bei Dunda auf 4 km sich ver=
engt, erweitert sich bei der Fähre von Bagamoyo und Bikiro
bis zu 13 km. Seine Ufer sind schlammig. Er wird ein=
geschlossen von den Plateaurändern von Ukwere auf der linken
Seite (105 m) und von Usaramo auf der rechten Seite (allmählich
ansteigend von 22 und 38 m bis zu 58 m bei Dundunguru).
An seiner Mündung schließen sich mit Mangrovewaldungen dicht
umsäumte Lagunen an. Er ist bis Dunda zu jeder Jahreszeit
schiffbar, zur Regenzeit noch 20 km weiter stromaufwärts.

Klima.

Das niedrige, weitausgedehnte Plateau von Usaramo ge=
stattet dem feuchten Küstenklima den Zutritt bis tief in die Thäler
von Kutu, die Hochfläche von Ukwere hingegen hält die vom Meer
aufsteigende Feuchtigkeit von dem Tiefland von Ukami ab. An der
Küste weht von 9 oder 10 Uhr vormittags angefangen tagsüber
der Seewind, nach Sonnenuntergang bringt der Landwind ent=
setzliche Schwüle. Man bemerkt noch in Sungomero am Vormit=
tag und am Abend die Seebrise. Der über die erhitzte Ebene
streichende Wind begegnet im Innern den vom Gebirge herab=
fließenden kühlern Luftströmungen, weshalb in Kutu mit Aus=
nahme einiger Wochen im Januar fortwährende Feuchtigkeit
herrscht und häufige Niederschläge sich einstellen. An der Küste
und nahe landeinwärts tritt zwischen der großen Regenzeit (März
bis Mai) und der kleinen (October und November) eine aus=
gesprochene andauernde Trockenzeit ein. Wird einerseits Kutu
durch den Wechsel von Seewind und Bergwind fast unauf=
hörlich in Dunst gehüllt, dem sehr empfindlichen plötzlichen
Austausch zwischen Schwüle und Kälte ausgesetzt und durch
die aus faulender Vegetation aufsteigenden Giftgase in eine
nie versiegende Brutstätte des Fiebers verwandelt, so genießt
Ukami, dank Ukwere und den eigenen Bergen, nicht nur den
befruchtenden Segen intermittirenden Regens fast in allen
Monaten, sondern auch eine gleichmäßigere, angenehmere Tem=
peratur und besitzt deshalb weit günstigere Gesundheitsverhält=
nisse als Kutu und der größere Theil von Usaramo.

Um einen ziffermäßigen Vergleich der Temperaturen
anzustellen, kann man nur die Aufzeichnungen Burton's[1] und
die Tabellen von O. Kersten in Bezug auf Kutu, Usaramo und
Sansibar benutzen; und auch bei Burton genügen allein die
Angaben über Sungomero den Anforderungen annähernd
erschöpfender Genauigkeit; denn für Usaramo sind es zu wenig

---

[1] R. F. Burton, Zanzibar (London 1872), II, 434 fg.

Mitteltemperaturen für Usaramo und Kutu im Vergleich mit Sansibar.

Monat.	Gegend.	Meereshöhe in Metern.	Anzahl der Beobachtungstage.	R.°			R.°		
				B. 6 U.	R. 4 U.	R. 6 U.	Maximum	Minimum	Differenz
Januar (Februar)	Sansibar	—	29	21	22,8	21,4	23,5	20,4	3,1
	Kondutschi, an der Küste	—	1	20	29,7	21	—	—	—
Januar	Plateau von Usaramo	ca. 30—60	10	19	31,6	22,6	34,6	18,6	16
Januar	Sungomero in Kutu	153	23	17,9	29,4	21,7	34,6	18,6	16⁻
				B. 10 U.	R. 4 U.	R. 6 U.			
August (Juli)	Sansibar	—	28	19,4	20,6	—	21,8	16,6	5,2
	Kaole, an der Küste	—	3	21,4	21,7	—	—	—	—
August	Sungomero	153	7	18,9	20,8	—	23,6	18	5,6

Temperaturen in der Thalebene und im Gebirge von Kutu.

Monat.	Gegend.	Meereshöhe in Metern.	Anzahl der Beobachtungstage.	R.°			R.°		
				B. 6 U.	R. 4 U.	R. 6 U.	Maximum	Minimum	Differenz
December (Ende)	Mabruki-Paß u. Kirengwe	600 u. 204	4	18,7	27,5	22,4	—	—	—
Jan. (Anf.)	Sungomero	153	4	18	32,7	22,1	—	—	—
Juli (Anf.)	Mabruki-Paß u. Kirengwe	600 u. 204	7	15,3	18,5	22	—	—	—
Aug. (Anf.)	Sungomero	153	7	—	20,8	—	—	—	—

Anmerkung. Die Aufzeichnungen Burton's für das Festland sind nicht genau um 6 Uhr vormittags und 6 Uhr nachmittags gemacht, sondern bei „Sonnenaufgang" und „Sonnenuntergang". Die Temperaturen auf dem Mabruki-Paß Anfang Juli stammen von J. Thomson, der sie „am Morgen, Mittag und Abend" notirte.

Beobachtungstage und die hier gebrauchte Ortsangabe „auf dem Rückmarsch" ist zu allgemein. Thomson[1] hat wol auch eine Reihe von Thermometerablesungen angegeben, aber sie dürften bei dem Mangel der Stunde, ja in den meisten Fällen der Tageszeit überhaupt, nur in ganz beschränkter Weise einige Verwerthung finden.

Betrachtet man die Durchschnittstemperatur im Monat Januar für Sansibar und Sungomero, so springt der bedeutende Unterschied in die Augen; in Sansibar steigt und sinkt während des Tages und der Nacht das Thermometer kaum um 2° R., in Sungomero dagegen kühlt sich die starke Mittagshitze rasch in zwei bis drei Stunden um 7,1° R. und während der Nacht noch um 4,2° R. ab. Noch deutlicher zeigen sich die starken Differenzen, wenn man die Schwankungen der Temperatur nicht im Monatsmittel, sondern an einzelnen Tagen, wie bei Burton zu finden ist, beachtet.

Abkühlung.

	Von 4 Uhr nachm. bis Sonnenuntergang	Von Sonnenuntergang bis Sonnenaufgang
Vom 3. bis 8. Januar:	um 11° R.	um 2,4° R.
	11,2	4
	8	5,2
	12	4,6
	9,1	3,4
Vom 16. bis 21. Januar:	um 10,6	um 5,4
	8,5	8,2
	5	5,4
	9,7	6,3
	10,7	6.

Der Abkühlung bis zum Abend folgt eine ungleichartige während der Nacht; niemals ist aber die Abkühlung im Ver-

---

[1] Jos. Thomson, Expedition nach den Seen von Central-Afrika (Jena 1882), II, 233.

lauf der ganzen Nacht gleich intensiv wie jene während der kurzen Zeit von 4 Uhr nachmittags bis zu Sonnenuntergang.

Mit einigem Vorbehalt müssen die Temperaturangaben über das Plateau von Usaramo der Betrachtung unterzogen werden. Denn sie erstrecken sich auf einen verhältnißmäßig ungenügenden Zeitraum und wurden in stetem Wandern von dem Innern nach der Küste gemacht. Aber die Temperaturabnahme ist auch hier eine rapide und an einzelnen Tagen eine sehr intensive.

Abkühlung.

	Von 4 Uhr nachm. bis Sonnenuntergang	Von Sonnenuntergang bis Sonnenaufgang
Vom 21. bis 31. Januar um	3,3° R.	um 3,2° R.
	5,7	2,3
	4,7	2,4
	8	2,6
	7	4,4
	11,3	1,6
	10,6	5
	11,6	4,4
	8,8	4,6.

Die Hitze um Mittag steigert sich in Usaramo um ein Merkliches im Verhältniß zur Kutu=Ebene und mildert sich (wenn man drei von den angeführten Tagen nicht in Rechnung zieht) in geringerm Grade, da ja die kalten Luftströmungen vom Gebirge auf weitere Entfernungen nicht so wirksam sein können, als in der nächsten Umgebung. Daß die Differenz zwischen Maximum und Minimum in Kutu und Usaramo gleich hoch ist, dürfte vielleicht dem Einfluß jener drei absonderlich gearteten Tage zugeschrieben werden.

Die Temperaturvergleichung von Sansibar und Sungomero im Monat August erlaubt (bei allem Vorbehalt wegen der geringen Zahl von Beobachtungstagen) den einen Schluß, daß Kutu an der allgemeinen Abnahme der Hitze theilnimmt

und daß es nur in Erinnerung an die höhere Januartemperatur
bedeutend kühler erscheint als Sansibar.

Nach allen Reiseberichten ist die Luft, sobald man das
Gebirge selbst betritt, ungemein erfrischend. Wenn auch die
Mittagshitze um 2°—5° sich mindert und in vereinzelten Fällen
das Thermometer nachts sogar auf 16° und 15° herabsinkt, so
scheint doch die ausschlaggebende Ursache des erhöhten Wohl-
befindens die Dunstlosigkeit und Reinheit der Atmosphäre zu sein.

Von Ukami wissen wir nach Stanley nur, daß die Tagestemperatur sich gewöhnlich zwischen 23° und 24° R. hält und
daß die Nächte kühl sind.

Wirft man zum Vergleich einen Rückblick auf die klimatischen Verhältnisse des Wami-Gebietes, so ergibt sich, wenigstens für Januar und Februar, ein wesentlicher Unterschied
zwischen Useguha und Usagara einerseits und Usaramo und
Kutu andererseits. Jene um 2—400 m höher gelegenen Binnen-
länder besitzen eine viel gleichmäßigere warme Tagestemperatur
und infolge dessen eine um die Hälfte verminderte Abkühlung;
dagegen übersteigt das Maximum der Mittagshitze am Kingani,
am Mgeta und auf dem südlich anstoßenden niedrigen Plateau
das Maximum der andern Landschaften um 7° R. Auch die Heftig-
keit der Abkühlung von Nachmittag bis Sonnenuntergang in der
Thalebene von Sungomero wird nur annähernd von jener am
Südfuße des Rubeho-Gebirges erreicht: dort 8°—12°, hier
4°—8° R.

Vegetation und Thierwelt.

Nach der allgemeinen Gestaltung und nach den klimatischen
Verhältnissen hat das Gebiet des Kingani drei voneinander
getrennte Eigenthümlichkeiten in Bezug auf die Pflanzen-
bedeckung: der schmale Küstensaum producirt außer Getreide
eine große Anzahl tropischer Früchte, er zeichnet sich durch
Kokospalmen und Kopalwaldungen aus, in denen das halbfossile Harz in ungeheuerer Menge und von besonderer Güte

Förster. 11

ausgegraben wird; das Plateauland ist wegen der ausdörren-
den Hitze und der Lateriteigenschaft des Bodens mit wenigen
Ausnahmen gänzlich unfruchtbar und die Thalsohle des Kingani wegen seiner morastigen Beschaffenheit höchstens für vereinzelte Reisculturen verwerthbar; die Gebirgsgegenden von
Ukami und Kutu strotzen von der Fähigkeit, die reichsten Früchte
dem Anbau zu gewähren, liefern aber theils wegen der mächtigen
Urwälder, theils wegen geringer Bevölkerung und herrschender
Fieberluft kaum viel mehr als den Bedarf der täglichen Nahrungsmittel.

Nur in Bezug auf Kutu muß hervorgehoben werden, daß
der in Sungomero gebaute Taback sehr gesucht ist und bis an
die Küste verschickt wird und daß in seinen Waldungen Schätze
von Kautschuk verborgen liegen.

Charakteristisch für das ganze Gebiet ist das Nichtvorhandensein von Rinderheerden; entweder gedeiht kein Futtergras, sondern nur das harte, hohe schilfartige, mit Giftpflanzen
in ungeheuerer Menge untermischte, oder die Tsetsefliege ver-
nichtet mit ihrem tödlichen Stich jede aufwachsende Zucht.

Man findet, je nach der Beschaffenheit der Bezirke, Felder
von Reis, Zuckerrohr, Taback (besonders in Kutu), den Stechapfel (Datura stramonium), Reis, Hirse, Sesam, Erdnüsse,
Bohnen, süße Kartoffeln, selbst Ananas und Orangen (doch nur
an der Küste); wild wächst der Bang (Hanf), die Baumwoll-
und die Ricinusstaude. An Bäumen wird sorgsam gepflegt die
Kokospalme, der Mango= und der Melonenbaum. Mit der
Einführung der Oelpalme wurde bei Dar=es=Salaam ein halb-
gelungener Versuch gemacht. Die Wälder bestehen in der
Küstenniederung besonders aus Mangrove= und Kopalbäumen,
im Gebirge aus Fächerpalmen, Wollbäumen, Mimosen, Tamarinden und gummireichem Schlinggewächs.

Erprobte Culturfähigkeit des Bodens zeigt sich an der Küste,
an ein paar Stellen des Plateaurandes längs des Kingani
und in den Thälern des Gebirges.

Wild ist selbst in den weiten Savannen Usaramos wenig vorhanden. Wer vom Jagdglück begünstigt ist, kann bei Kidunda am Kingani und am obern Gerengere hie und da Heerden von Antilopen, Zebra und Büffeln antreffen. Auch dem Leoparden kann man begegnen, höchst selten dem Löwen. Desto massenhafter erscheint im Kingani das Flußpferd und das Krokodil, und im Usergeſtrüpp eine Menge von Schlangen, doch von ungefährlicher Natur.

Außer den gefürchteten riesigen Ameisenzügen ist die Hauptplage des Landes die Tsetsefliege; sie herrscht verderbenbringend namentlich in Ukami (aber nicht in Mrogoro); sie verschont nur die Menschen, Ziegen und säugenden Kälber.

Als Hausthier trifft man überall Ziegen und Hühner; Schafe jedoch in geringerer Anzahl.

Die einzelnen Landschaften und ihre Bevölkerung.

Usaramo.

Usaramo grenzt im Osten an das Meer, im Süden an die Thalebene des Rufidschi, im Nordwesten an den Kingani. Die Westgrenze gegen Kutu läßt sich im allgemeinen durch eine Linie bezeichnen, welche von Kidunda aus in südsüdöstlicher Richtung gegen den Rufidschi gezogen wird.

Die Küste, auch hier Mrima genannt, besteht aus dem weißesten und feinsten Sand, den Trümmern von Korallenbänken, zusammengehalten durch eine Art von kriechenden Winden mit fleischigen Blättern und lilafarbigen Blüten. Zahlreiche Buchten schneiden in das Festland ein; hinter den mit wilder Vegetation üppig bewachsenen Sandbänken ziehen sich Lagunen hin, deren Ufer mit dichtem Mangrovegebüsch umsäumt sind. Wo der Boden aus dem Flutgebiet der See emporsteigt, ragt ein Wall von Kokos- und Delebpalmen, Melonen- und Wollbäumen auf.

Bagamoyo liegt 8 km südlich der Kingani-Mündung.
Es besitzt keinen Hafen, sondern nur eine Rhede, 3—4 km
seewärts. Bei ruhigem Wetter erfolgt die Landung mit Schiffs=
booten ohne Schwierigkeit, bei Seewind ist sie unmöglich, und
bei Ebbe müssen die letzten 100 m durchwatet werden. Bei
Sturm bieten die nördlichen und südlichen Sandbänke einigen
Schutz.

Bagamoyo ist der wichtigste Handelsplatz an der deutsch=
ostafrikanischen Küste; hier münden die begangensten Kara=
vanenstraßen aus dem Innern; vor dem Aufstand 1888 kamen
in der günstigen Jahreszeit oft 8—10000 Träger wöchentlich
an. Für sie ist die Stadt das ersehnte Eldorado, in dem es
Nahrungsmittel, Pombe und Weiber in Hülle und Fülle gibt
und wo wochen=, ja monatelang Rast gehalten wird. Häuser
von Korallengestein und Fachwerk, die Wohnsitze der Araber
und der indischen Krämer, bilden einige enge, übelriechende,
unregelmäßige Straßen, die dem Strande parallel laufen;
diese umschließt im Südwesten das Negerviertel mit seinen
Hunderten von Strohhütten. Zu den größten Gebäuden zählen:
eine Moschee, ein Hindutempel, das Stations= oder Usagara=
haus der Deutsch=Ostafrikanischen Gesellschaft (früher für den
Wali bestimmt), 150 m vom Strande entfernt, und das
Natu=Haus (Lagerhaus für die Karavanen). Während der Be=
lagerung Bagamoyos durch Buschiri wurden sämmtliche Neger=
hütten und ein großer Theil der Gebäude aus Fachwerk zer=
stört oder verbrannt. Der ganze Ort liegt wie in einem Hain
von Kokospalmen und Mangobäumen. Die ständige Einwohner=
zahl wurde auf 15000 geschätzt.

In der nächsten Umgebung befinden sich die Schambas
der reichen Araber mit den Pflanzungen von Kokospalmen,
Bananen, Mangobäumen, Baumwollstauden, Zuckerrohr, Ge=
treide, Hülsenfrüchten und Ananas. Nordwestlich, nicht ganz
1 km entfernt, liegt die wegen ihrer wirkungsvollen Thätig=
keit und außerordentlichen Gastlichkeit berühmte französische

Missionsstation „de la congrégation du Saint-Esprit et du Saint-Cœur de Marie". Sie besitzt außer einer hübschen steinernen Kirche ein schloßähnliches Gebäude, massivgebaute Wohnhäuser für die Ordensschwestern und für die Zöglinge, eine Schreiner- und Schlosserwerkstätte sowie Viehstallungen. Was der Boden von Bagamoyo, wenn emsig gepflegt, an Naturproducten in reichster Fülle hervorzubringen vermag, das beweisen die Gärten, Felder und Haine der Mission. Auch wird behauptet, daß durch die Anpflanzung Tausender von Kokospalmen die Missionare die Gesundheitsverhältnisse ihrer Station bedeutend verbessert hätten.

Zwei bis zwei und eine halbe Stunde von der Stadt land-einwärts betritt der Fuß des Reisenden unberührte Wildniß; in der Richtung der Kingani-Fähre: zuerst sumpfige Stellen, lichtes Gehölz in der Savanne; dann in der Thalebene dichtes Dschungel und Wald, zuletzt tiefen Morast. Oder das rechte Ufer aufwärts: Savanne mit Busch und zwischen flachen Boden-anschwellungen sumpfige Mulden.

Der Küste entlang südlich von Bagamoyo bis Dar-es-Salaam setzt sich die Fülle tropischer Vegetation fort.

In dem nahen Kaule (Kaole) nahmen bis zu Anfang der sechziger Jahre die Karavanen ihren Ausgang; das Landen bei Ebbe ist hier noch schwieriger als bei Bagamoyo, man muß 800 m entfernt aus den Booten steigen, um durch Waten trockenen Grund zu gewinnen.

Kondutschi, ein reizend gelegener Ort, in dem auch Vieh-zucht getrieben wird, ist Ausfuhrplatz für Getreide und Kopal und ein berüchtigter Schlupfwinkel der Sklavenhändler.

Dar-es-Salaam. Die Rhede bietet bei Südwestmonsun gute und geschützte Ankerplätze, nicht aber bei Nordostmonsun; in letzterm Falle ankern die Schiffe in der nahen, nördlich und günstig gelegenen Bai von Msasani. Dar-es-Salaam besitzt einen geräumigen und vollkommen sichern Hafen; die Einfahrt durch die gewundene und enge Gasse von Korallen riffen ist schwierig, namentlich für Segelschiffe. Dampfer mit 6 m Tiefgang können nur bei Hochwasser durchkommen, diejenigen von geringerm Tiefgang bei jedem Wasserstand. Die Stadt liegt an der Mündung des Msinga; er bleibt bis über 6 km landeinwärts schiffbar für Boote von 3—3½ m Tiefgang.

Said Madschid, ein Vorgänger von Said Bargasch, Sultan von Sansibar, hatte beabsichtigt, durch Hafenanlagen und durch den Bau von geraden und breiten Straßen die Stadt mit ihrer entzückenden, fruchtbaren, schönbewaldeten Umgebung zu einem behaglichen Wohnsitz und zu einem Haupthandelsplatz zu erheben. Sein Werk wurde nicht fortgesetzt. Was an steinernen Häusern nicht vollendet wurde, verfiel in Trümmer. Doch machen noch jetzt die Reihen massiver Gebäude längs des Hafens, die breiten, steinernen Treppen, die zum sandigen Quai hinabführen, und die sorglich eingefaßten Quellen mit frischem Trinkwasser den Eindruck civilisatorischer Thätigkeit. Gegenwärtig ist die deutsche evangelische Mission am Werk, ein stattliches Gebäude aufzuführen.

Da Dar-es-Salaam als Hinterland das unfruchtbare Usaramo und die noch nicht exportfähigen Gebirgsländer Kutu und Ukami besitzt und von der bedeutendsten Karavanenstraße nach dem Innern, nämlich der durch Ukwere und Useguha führenden, zu entfernt liegt, so wird für die nächste Zukunft seine Anziehungskraft nur eine local beschränkte, hauptsächlich für den Kopalhandel an der Mrima wirksame sein.

Die Ebene steigt von der Stadt mäßig in zwei, von Korallenfelsen gebildeten und mit rothem Sandstein und Thon überdeckten Stufen an. Die Höhe der ersten beträgt 6 m, die der zweiten 15—18 m.

Südlich von Dar-es-Salaam bis zum Mkunde erstreckt sich eine 50 km lange wellige, stellenweise morastige Savanne mit Waldgebüsch, die am Strand von Mboamadschi bis Kimbidschi in Mangrovesümpfe übergeht und in dem aus-

gedehnten Schlammgebiet von Zegea endet. Am Mbesi tritt
eine Unterbrechung ein durch gut cultivirten Alluvialboden;
der Fluß kommt aus der sehr fruchtbaren, besonders mit Reis
bebauten Ebene von Liwali. Zwischen dem Mkunde und
Mgasi liefert „der Garten von Kwale", durch regelmäßige
leichte Regenschauer befruchtet, die ausgiebigsten Ernten von
Mais, Hirse, Reis, von Kokosnüssen und Mangofrüchten. Die
übrigen Küsten= und Handelsplätze liegen in sumpfigen Man=
grovegebüschen, in Brutstätten des Fiebers. Die Bewohner
der Mrima gewinnen aus den großen Waldungen von Kopal=
bäumen, die den Ostrand des Plateaus von Mangatani bis
zu den jenseit des Rufidschi gelegenen Matumbi=Bergen um=
säumen, sehr bedeutende Quantitäten von halbfossilem Kopal,
dem wesentlichsten Handelsartikel an den Küstenplätzen Kisiju,
Kitmangao und Kivinja. Die Bevölkerung zieht dorfweise
und wohlbewaffnet in die Wälder und gräbt aus Löchern von
1½ m Tiefe das werthvolle Product aus. Das Harz der
Kopalbäume wird nur zur Gewichtsvermehrung des reinen
Fossils benutzt. Der Export von Kopal aus Kwale und Del=
gado betrug 1867/68 an 40000 Dollar Werth. Der feinste
wird im District Kirgeji (nördlich vom Mkunde) gefunden.

Von Kisiju bis Sandasi, welch letzteres von einem
Hain riesiger Kopalbäume überschattet wird, nimmt die Gegend
den steppenartigen Charakter des nördlichen Landstrichs an.

Das Plateau von Usaramo ist ein einförmig gewelltes
Land; der quarzhaltige, rothbraune Sandboden, mit dünner
schwarzer Humusschicht überzogen, ist im Wechsel bedeckt mit
2—3 m hohem, hartem Gras, mit lichtem Gehölz und stache=
ligen Dschungeln; aus morastigen Einsenkungen strömt die
verfaulende Vegetation verpestende Dünste aus. Während der
Regenzeit fast vollständig überschwemmt, versengt die glühende
Sonne in der Trockenheit alles blühende Leben. Das ist der
Typus der Landschaft sowol an der Karavanenstraße von Baga=
moyo bis Makutaniro am Kingani als auch auf dem Wege

durch die Mitte von Dar=es=Salaam bis westlich von Mjanga=
pwani. Das „Thal des Todes und des Hungers" wird der
hohe Uferrand des Kingani von Muhonjera bis gegen Ujun=
gula und „Malaria=Ebene" die ihn begleitende Flußniederung
genannt. Das zum Trinken gebotene Wasser ist entweder
schmutzig und gesundheitsschädlich, oder es fehlt ganz, wie west=
lich von Mkamba in dem höhern Theil des Plateaus.

Wo sich aber der Mensch an die Ausrodung der Wälder
gemacht oder wo engbeschränkte günstige Bodenverhältnisse es
gestatten, da hat die Productionskraft der geringen Humus=
schicht genügt, um mit guten Ernten von Getreide, Taback und
besonders von Reis den angewendeten Fleiß zu belohnen. So
am Kingani. Man könnte in Dunda (der ehemaligen deutschen
Station), wenn es auch wegen der umliegenden fiebererzeugen=
den Sümpfe und der schweren, ungünstig zusammengesetzten
Erde nicht sehr empfehlenswerth ist, doch mit einigem Erfolg
Reis im Thale und vielleicht Baumwolle und Taback auf der
Höhe bauen; ebenso in Madimola (deutsche Station), obwol
dessen Boden bei der Analyse ein noch weniger befriedigendes
Resultat als jener von Dunda ergeben hat.

Kiranga=Ranga ernährt eine große Anzahl von Ein=
geborenen durch den reichlichen Ertrag seiner Felder.

Ujungula (deutsche Station) besitzt nach K. W. Schmidt
Boden von erster Qualität (49,1 % Sand, 50 % thonhaltigen
Staub, reich an Phosphorsäure, geringer an Humus); aber es
bedarf einer ergiebigen künstlichen Bewässerung.

Bis Ujungula reicht die Existenzfähigkeit der Dumpalme;
weiter nach dem Innern wird die Mimose der charakteristische
Baum. Von Degela=Mora behauptet Speke, es wäre der
reichste Bezirk in Ujaramo und an Ergiebigkeit der Ernten mit
Indien zu vergleichen.

Westlich von Dar=es=Salaam, 20 km entfernt, befindet sich
das hübsch auf einer sanften Erhebung gelegene Pugu, wo
eine Station der Deutsch=Ostafrikanischen Gesellschaft und ihr

gegenüber auf steil abfallender Höhe eine Niederlassung der bairischen katholischen Benedictiner-Mission errichtet worden waren. Man hat den Versuch gemacht, in dieser freundlichen Gegend Taback zu pflanzen.

Auch inmitten der öden monotonen Hochfläche (südwestlich von Liwali) wird der Reisende von einer üppigen Landschaft überrascht: es ist Mkamba mit gutbewaldeten Höhen, mit Mango-, Melonen- und Orangenbäumen, mit Korn, Gemüse- und Reisfeldern.

Kopal wird, wenn auch nicht in der Masse wie an der Mrima, doch immerhin die Arbeit lohnend bei Tumba, Makutaniro und westlich von Mkamba ausgegraben.

Bevölkerung.

Die Bewohner der Mrima vom Kingani bis zum Rufidschi sind aus denselben Elementen zusammengesetzt, wie diejenigen an der Küste von Useguha (siehe S. 140): aus den Wamrima und Suaheli. Die Dorfhäuptlinge der Wamrima heißen „Zumbe"; sie sind es, welche die aus dem Innern kommenden Karavanen mittels Tributforderungen und Ueberfahrtszöllen, so namentlich an der großen Fähre über den Kingani bei Bagamoyo, auf das Unverschämteste ausgebeutet haben und eine Veränderung der politischen Verhältnisse als ihren persönlichen Nachtheil betrachteten. Die Wamrima im Bezirk Kwale (südlich von Dar-es-Salaam) vom Mbesi bis Mangatani standen, als sie Elton 1874 besuchte, unter einem einheitlichen Herrscher, Kimwere; die Zumbe hatten als Rathgeber einen „Zemader" zur Seite. Bedurfte der Zumbe erhöhtes Einkommen oder verlockten ihn die von den Indern in Aussicht gestellten Verkaufspreise, so befahl er seinen Unterthanen in die Wälder zu ziehen und Kopal zu graben. Niemals duldete er, daß die Inder selbst oder die Dorfbewohner aus eigenem Antrieb die Kopalreichthümer sich verschafften. Er besaß das ausschließliche Monopol der Kopalgräberei und

strich für seine Person einen beträchtlichen Antheil am Gewinn
ein. Beim Export mußte noch ein 20% betragender Zoll an
den Sultan entrichtet werden. So blieb den Arbeitern, d. h.
den gewöhnlichen Dorfbewohnern, selbst nur ein mäßiger Lohn.

In Bagamoyo und Dar=es=Salaam sind als gebietender
Theil die Araber von Sansibar ansässig; zu ihnen gesellen
sich als Händler, Unterhändler und Zollbedienstete die Inder;
an den Küstenplätzen südlich von Dar=es=Salaam liegt in
den Händen der letztern fast ausschließlich der ganze Handel
mit dem Binnenland und Sansibar.

Die Wasaramo am Kingani waren zu Burton's Zeiten
der Schrecken der Karavanen; wurden ihre Forderungen nicht
vollauf befriedigt, so erklärten sie sofort den Krieg; zuweilen
überfielen sie auch die Reisenden plötzlich und hinterlistig.
Das dürfte sich nach den Berichten aus neuerer Zeit wesent=
lich verändert haben; der friedfertige Charakter der Eingebore=
nen in der Mitte des Plateaus, in Mkamba und Kifonga, wie
Thomson ihn schildert, scheint auch bei dieser Bevölkerung, min=
destens bei jener am untern Kingani, die Oberhand gewonnen
zu haben. Uebrigens ist ihnen stolzes Selbstvertrauen auf
eigene körperliche Kraft und geistige Findigkeit in höherm
Grade verblieben als den benachbarten Wakutu.

Die Wasaramo sind gut gebaut, dunkelbraun bis tief=
schwarz, von ausgeprägtem Negertypus. Sie tragen Baum=
wollzeuge um die Lenden, die Reichern weiße Hemden und
Fes, die Frauen ein Busentuch, Perlhalsbänder und um die
Handgelenke Messingspangen. Man sieht bei ihnen häufig einen
eigenthümlichen Halsschmuck (Mgoweko), eine Art von Cravatte
von rothen, gelben, weißen und schwarzen Perlen, mit Holz=
stücken dazwischen. Das Haar wird mit rother Erde steif
pomadisirt. Sie kennen weder Beschneidung noch Tätowirung.
Ihre Hauptbewaffnung bestand früher aus Speeren und ver=
gifteten Pfeilen; jetzt trifft man auch bei ihnen Feuergewehre,
wenn auch in geringer Menge an. Daß sie von jeher einen

höhern Grad von Cultur erreichten, beweisen die Wohnungen
der Häuptlinge und Wohlhabenden: sie sind aus Lehm, viereckig, mit zweiseitigem Strohdach und einer Veranda, im
Innern in Zimmer abgetheilt.

Die Wasaramo betreiben Ackerbau und Kopalgräberei;
ja sie verdingen sich nicht nur als Träger, sondern auch zur
Arbeit an die Küste. Eine Anzahl von mehrern, aus 5—6
Hütten bestehenden Ansiedelungen steht unter einem Häuptling, dem „Fasi", dem ein erster Rathgeber, Mwene Goha,
beigegeben ist. Eine weiter ausgebildete politische Organisation
existirt nicht.

1857 haben sich flüchtende Wadoë bei Makutaniro und
Degela-Mora am obern Kingani niedergelassen; ob sie sich
erhalten oder ganz verschmolzen, ist nirgend erwähnt. Ebenso
wenig wissen wir von den Makamba und Wasangara, die
Burton als Unterabtheilungen der Wasaramo bezeichnet, die
aber in keinem andern Reisebericht wieder auftauchen.

Ufami.

Die Heimat der Wakami grenzt im Norden und Nordwesten längs des Gerengere an Useguha und Ukwere, im Südosten, dem Mgeta entlang, an Usaramo; der unbewohnte höchst-
gelegene Theil des Uruguru-Gebirges trennt im Süden von
Kutu ab, wie im Westen die Kigambwe-, Kihindo- und Mguru-
wandege-Gebirge von Usagara.

Schönheit der Gegend, Reichthum der Vegetation und
Cultivation des Bodens culminiren in den zwei Parallel-
thälern des obern Gerengere bei Simbamweni und Mohale.
Von Süden und Westen überragen die malerischen Häupter
des Uruguru- und Kigambwe-Gebirges die sanft nach Norden
verlaufenden Höhenzüge; die schönbewaldeten Abhänge sind
bis in die Höhe von 1000 m mit kleinen Dorfschaften über-
säet und senden frisch und klar rieselnde Bäche in die Tiefe
hinab; die Thalsohle schmücken blumenreiche, Honig liefernde

Wiesen, ein seltener Anblick in Ostafrika, und auf den Feldern gedeihen außer Korn, Mais und Bohnen das Zuckerrohr und die Banane. Das Klima gilt im allgemeinen als gesund. Zwei Feinde bedrohen dies Eden: Ueberschwemmungen, die nicht regelmäßig, aber doch häufig mit verheerender Gewalt eintreten, und die Tsetsefliege, welche das Aufblühen einer ersprießlichen Rindviehzucht verhindert. Doch der Ruf des Wohlstandes dieser Gegend war von jeher ein so mächtiger Reiz gewesen, daß ungefähr vor vierzig oder funfzig Jahren ein Stamm der Waseguha von Magubika (westlich von Saadani) unter Führung des Häuptlings Kisabengo aufbrach und nach hartem Kampfe und mit Unterstützung des Sultans Said Soliman von Sansibar sich zum Herrn des Landes machte. Kisabengo legte seine Residenz am Ufer des Mrogoro an, um= gab die Wohnhäuser seiner Familie, seiner Rathgeber und vor= nehmsten Unterthanen mit einer 4 m hohen steinernen Mauer, die mit Thürmen an den Ecken und mit Thoren an den Seiten, durch kunstvoll geschnitzte Thüren verschlossen, sichern Schutz gewährte. Um diese burgartige Wohnstätte des Fürsten siedelten sich an tausend Hütten der Eingeborenen an; eine niedrige Lehmmauer begrenzte und schützte auch sie. Als Kisabengo starb (wahrscheinlich 1867), hinterließ er drei Kinder. Das älteste von ihnen, seine Tochter Simbamweni (d. i. die Löwen= Fürstin), übernahm die Herrschaft und nach ihr ist der Hauptort von Ukami benannt. Ihr ältester Bruder, Kingo Mkuba, ließ sich in Ujagara nieder; der jüngere, Kingo Mdogo, verblieb am Mrogoro. Simbamweni, verheirathet mit Mwane Gomera, trennte sich von ihrem Mann und verlegte ihren Wohnsitz nach dem benachbarten, am Tongeni gelegenen Mohale (zuweilen Kunguhera oder Kingruira genannt), sodaß gegenwärtig der Ort Simbamweni oder Mrogoro die Residenz von Kingo Mdogo geworden ist. Nahe auf einem Hügel wurde die fran= zösische Missionsstation Mrogoro gegründet.

Von Mrogoro geht die Karavanenstraße durch lichtes

Gehölz über den Gerengere und über die hügelige Einsattelung der Kihindo=Berge nach der Makata=Ebene in Usagara.

Um in östlicher Richtung von Mohale nach Musondi am mittlern Gerengere zu gelangen, hat man vor Kiroka einen dichtbewaldeten, steilzerklüfteten Engpaß zu überschreiten, dessen Untergrund aus Quarz und glattem Sandstein besteht. Bei Kongafa befindet man sich mitten in der Gebirgswelt des hohen Uruguru; auf dem schwarzschlammigen Thalboden wird Reis in großer Menge, an den Abhängen Hirse und Korn gebaut. Von dem mächtigen Kungwe= (oder Kira=)Berge senkt sich das Gelände allmählich zum Gerengere hinab als stark gewelltes, schwierig gangbares Hügelland, das zuerst als dürrer Granitboden von Akaziengehölz bekleidet wird und von 12—15 m tiefen Schluchten durchzogen ist, später von einem 12 km breiten Wald von Wollbäumen, Tamarinden und Mimosen überdeckt ist und zuletzt in einer sumpfigen Strecke endet.

Das Gebirge tritt längs des Gerengere bis zur Mündung des Longwe hart an dessen Ufer heran; zwischen diesem und dem Mgeta liegt eine gegen 20 km breite unbewohnte Savannen= Ebene.

Bevölkerung.

Um die Wakami als einen ursprünglichen Stamm aufzu= fassen oder sie den Waseguha oder Wasagara als Unter= abtheilung einzuverleiben, geben die bisherigen ethnographischen Berichte keine genügenden Anhaltspunkte. Man kann nur an= nehmen, daß sie, verborgen in einem ziemlich hohen Gebirgs= land, vom Völkerverkehr getrennt im Norden durch steinige Steppenwildniß, im Süden durch ungangbare Bergeshöhen, sich jedenfalls einen concentrirten Stammescharakter allmählich hätten erwerben müssen, wenn sie nicht durch den massenhaften Andrang von Karavanen und durch fortwährende Sklaven= jagden in ihrer eigenartigen Entwickelung gestört worden

wären. Was man von ihnen weiß, beschränkt sich darauf, daß
sie schen, gutartig und sehr fleißige Ackerbauer sind, daß ihre
meist aus 15—20 Hütten bestehenden Dörfer im Waldgestrüpp
versteckt und außerdem durch befestigte Thore geschützt liegen;
daß ihre ärmlichen, von Ungeziefer wimmelnden runden Hütten
aus Flechtwerk und Erde gemacht sind und sich einer Veranda
als einziger Annehmlichkeit erfreuen. Einen Vortheil würden
sie, wenigstens den umwohnenden Stämmen gegenüber, da=
durch besitzen, daß sie ein einheitliches Stammesoberhaupt
in der Person der Fürstin Simbamweni haben. Allein diese
Landesmutter scheint sich weniger um die Wohlfahrt ihrer
Unterthanen zu bekümmern, als um die Vermehrung ihres
eigenen Reichthums, ihres arabischen Prunkes und um die
Erhaltung der ihr so nothwendigen Gunst des Sultans von
Sansibar. Sie hat ihre Macht jenseit der Kihindo=Berge und
über die Makata=Ebene hinaus bis nach Rudewa und Farhani
in Usagara ausgedehnt.

Kutu.

Die Grenzen von Kutu ergeben sich im Norden und
Westen durch das Uruguru= und Rusutu=Gebirge, im Süden
größtentheils durch die Wasserscheide des Mgeta und Ruaha=
Rufidschi; im Osten aber kann sie nur willkürlich durch eine
Linie angenommen werden, die von Kidunda südlich nach dem
Plateaurücken gezogen wird. Mgunda sowol, wie Behobeho,
müssen trotz ihrer Lage am Südabhang der Wasserscheide
wegen der ansässigen Wakutu zur Landschaft Kutu gerechnet
werden.

Der bewohnte und bisjetzt allein bekannte Theil von
Kutu erscheint als ein nach Osten geöffneter Bergkessel. In
ihn führen hinein die Karavanenstraßen vom Kingani=Mgeta
über Dutumi, vom Rufidschi über Behobeho, vom Makata=
Hochthal über die Pässe Mabruki und Goma und vom Ruaha
durch das Thal des Mjendasi über Mgunda.

Dutumi ist einer der fruchtbarsten Bezirke Kutus. In der Ebene von schwarzer, mit Sand gemischter Erde, welche die wildgezackten Kämme des Uruguru= (hier Mkambafa ge= nannten) Gebirges nördlich umfränzen, werden auf den Feldern der ausgerodeten Waldungen Maniok, Bataten, Gurken, Sesam, Zuckerrohr und Bananen gebaut und Schafe, Ziegen und Hühner in großer Menge gezüchtet.

Im weitern Umkreis ist Dutumi von uncultivirbaren Strecken eingeschlossen. Folgt man dem nach dem Ort benannten Bach bis zur Mündung in den Mgeta bei Kiriru, so trifft man zuerst auf den Jegea=Sumpf, der in der Höhe der Regen= zeit nicht zu durchwaten ist, sondern südlich umgangen werden muß; dann auf dornige Savannen und vereinzelte Wald= partien von Wollbäumen und Akazien und zuletzt auf einen schwarzschlammigen Boden mit Büscheln von hohem und hartem Gras. Zwischen dem durch Reisbau ausgezeichneten Kiriru und Kidunda wechselt ein durch Mimosen und Gummibäume geschmücktes parkähnliches, ziemlich wildreiches Land mit dichtem Dschungelgebüsch ab. Einen ähnlich niederschlagenden Eindruck macht die Landschaft westlich von Dutumi bis nach Sungo= mero. Hier erreicht das ohnehin lästige Savannengras die enorme Höhe von 4 m, die endlosen Wälder sind netzartig von Lianen durchzogen und fiebererzeugende Miasmen steigen auf aus den düstern, engen und schlüpfrigen Pfaden.

Freundlicher erscheint der Zugang ins Innere von Kutu von Behobeho aus. Der Ort selbst liegt mitten in einem ausgerodeten Urwald von Fächerpalmen, Wollbäumen, Akazien, riesigen Epheuranken und Farrnbäumen, in dem eine ungeheuere Menge von Pavianen haust; ein krystallhelles Wasser in san= digem Bett durchschneidet die kornreichen Gefilde. Westlich von Behobeho und jenseit eines niedrigen Höhenzuges er= öffnet sich ein liebliches Thal mit Hainen oder breitern Licht= ungen in den geschlossenen Waldungen und mündet in den Mgeta.

Die heißen Quellen von Madschijaweta entspringen auf der nördlichen Abdachung der Mgeta-Ruaha-Wasserscheide, am Fuße eines aus Granit gebildeten Höhenrückens; sie besitzen eine Temperatur von 52°—58° R. Das aufquellende, stark strömende Wasser formt durch Sinterabsonderung hohe Kegel. Reicht der unterirdische Druck nicht mehr hin, um die höher und höher werdenden Kegel zu überströmen, so bricht die Quelle an anderer Stelle durch die schuppigen Schichten von Kalktuff hervor. Thätige Kegel sind weich, außen grau, inwendig weiß. Die Sinterbildungen haben hellgelbe, rosarothe und rothbraune Färbungen. Das über Terrassen abfließende Wasser sammelt sich in einem Weiher von 60 m im Umfang, dessen Ränder brüchig sind und dessen aufsteigende Dämpfe eine unerträgliche Hitze verbreiten. Das Wasser der Quelle selbst ist klar, wohlschmeckend, wohlriechend und enthält sehr viel Kohlensäure. Es wirkt heilsam auf den menschlichen Organismus, namentlich soll es die hochgradigsten Verdauungsstörungen heben.

Steigt man über den Mabruki-Paß durch dorniges Gebüsch und auf abschüssigem, rothem Pfade abwärts, so erquickt das Auge der kornreiche Bezirk von Usiraha oder Mbwigwa und das von wilder Vegetation erfüllte, 48 km lange und 10—12 km breite Thal des Mjendaji. Hier, in nächster Nähe der Quellen des Mjegwe liegt Mgunda, so benannt nach einem Häuptling der Waniamwesi, der auf dem Marsch aus dem Innern dauernd sich hier niedergelassen und die ehemalige Bedeutung Sungomeros als Rastplatz der Karavanen auf diesen Ort übertragen hat.

Ueber einen Paß von niedrigen Hügeln kommt man von Mgunda den Mjegwe entlang durch ein malerisch prächtiges Thal, in welches der Vilanji zwischen hohen, sumpfigen und wildbewachsenen Ufern mündet. Von hier aus schlingt sich der Pfad seitab von dem rechten Ufer des Mjegwe durch ein zerschnittenes, mit Farrnkräutern und Sträuchern anmuthig bewachsenes Terrain, in dem verwitternder Basalt zu Tage tritt, nach den freundlichen Gefilden von Kiregwe.

Anders der Abstieg vom Rufutu=Gebirge über den Goma= Paß nach Sungomero. Kiahenge, ein Conglomerat elender Hütten, der erste bewohnte Ort, liegt am Fuße der Berge an der Vereinigung des Rufutu=Baches mit dem Mgeta. Einzelne Tamarinden stehen auf dem spärlichen, von Wasserrinnen zer= rissenen Boden; erfrischend wirkt die klare, fieberfreie Luft und der weite Umblick auf die umliegenden Berge. Einen ähnlichen Anblick gewährt Msisi Mdogo (240 m), dessen Boden mit rothen, gelben und weißen Quarztrümmern über= säet ist. Der Weg zwischen beiden Plätzen führt über steile, rothbranne Hügel zwischen Gebüsch von Aloën und Euphor= bien und Waldpartien von Kalebassen und Mimosen hindurch.

In der Ebene von Sungomero sammeln sich die Ge= wässer der nah umschließenden Hügel und Berge; sie finden bei der geringen Höhenlage von 153 m über dem Meere nur einen träg schleichenden Abfluß. Die fortwährenden, kaum wäh= rend ein paar Wochen im Jahre aussetzenden Regenschauer, im Verein mit einer drückenden Mittagshitze und mit starken Thaufällen am Morgen vermehren die Feuchtigkeit der ver= dunstenden Bäche und Flüsse. Was gebaut wird an Korn, Taback und Kokospalmen, was wild wächst an Bang (rauch= barer Hanf) und an massenhaft vorkommenden Stechäpfeln, gedeiht in der üppigsten Fülle. Die Gegend lieferte früher den zahlreichen Karavanen eine unerschöpfliche Menge von Lebens= mitteln, Fleisch ausgenommen; denn für Rindvieh ist kein ge= eignetes Gras und Weideland vorhanden. Die allmähliche Verringerung der Bevölkerung und der Feldarbeiter, vor allem die stets herrschende Fieberluft hat in dem letzten Jahrzehnt die Karavanen aus Sungomero nach dem ebenso fruchtbaren und dabei gesündern Mgunda gedrängt. Nach Thomson ist sogar der Name Sungomero verschollen und man kennt die Gegend nur noch unter der Bezeichnung Kisaki.

Bevölkerung.

Die Wakutu sind eine durch Klima und besonders durch Sklavenjagden gänzlich degenerirte Rasse. Schwächlich von Körperbau, elend genährt durch Mehlbrei unter Zusatz von Sesam- und Ricinusöl und durch moderige Fische aus stagnirenden Gewässern, dürftig mit einem Schurz aus Kalebassenfasern, in seltenen Fällen mit einem Stück Baumwollzeug oder Ziegenfell bekleidet, bewohnen sie niedrige, schmutzige Hütten. Entlaufene Sklaven und Sträflinge und heruntergekommene Freie aus der Küstengegend trieben zu Burton's Zeiten ihr räuberisches Unwesen unter ihnen; der Sultan von Sansibar, zur Hülfe gegen diese angerufen, vermochte die fast vollständige Ausrottung nicht zu verhindern. Die Zuvorkommenheit der Wakutu gegen Fremde, ihre Bereitwilligkeit, Karavanen abgabenfrei durch das Land ziehen zu lassen, beruht auf ihrer Hauptcharaktereigenschaft, der Verzagtheit. Selbst als Träger sind sie kaum zu verwenden, denn die Furcht vor der Fremde macht sie, wo sich Gelegenheit findet, sofort zu Ausreißern.

Schlußbetrachtung.

Vom Gesichtspunkt der Besiedelung durch europäische Unternehmungen sind die Verhältnisse an der Mrima, am Kingani und im Gebirgsland wesentlich voneinander verschieden.

Die Mrima eignet sich in Bezug auf Klima und Boden unfraglich zur Anlage von Plantagen an folgenden Plätzen: bei Bagamoyo und Dar-es-Salaam; in der Thalebene des Mbesi bis Liwali und in dem „Garten von Kwale". Die französische Mission bei Bagamoyo hat den Beweis geliefert, daß mit Sorgfalt und Ausdauer befriedigende Ernten werthvoller tropischer Producte erzielt werden können. Auch die blühenden Schambas der Araber überzeugen von dem gewinnreichen Erfolg cultureller Arbeit. Den Hauptertrag liefern die Kokospalmenpflanzungen. Die Mrima fällt freilich in die

Zone der Souveränetät des Sultans von Sansibar; die daraus entspringenden Schwierigkeiten werden aber ein wirkliches Hinderniß dann nicht mehr bilden, sobald einmal die zugestandene deutsche Verwaltung hier effectiv geworden. Die größte Schwierigkeit dürfte darin zu suchen sein, daß herrenloses oder unberührtes Land hier selten oder in zu geringem Umfang existirt und daß der Kaufpreis rentabeln Bodens ein zu hoher ist, um die kostspielige Cultur durch deutsche Pflanzer zinstragend zu machen. Quantität und Qualität der Arbeiter wäre in genügendem Grad vorhanden, die Nähe des Meeres von besonderm Vortheil. An einzelnen Stellen würde man gewiß mit der feindseligen oder misgünstigen Haltung der Eingeborenen zu kämpfen haben; denn sie würden durch die Einwanderung vielmehr eine Störung ihres altherkömmlichen Thun und Treibens befürchten und sich dagegen wehren, als daß sie bei den ohnehin ziemlich geordneten Verhältnissen die Weißen als die sonst wirksamsten Beschützer von Person und Eigenthum begrüßten. Man müßte mit Vorsicht ans Werk gehen, jedenfalls anfangs der Versuchung widerstehen, den ergiebigen Kopalhandel den Händen der habgierigen Häuptlinge und Inder zu entziehen. Bei dem Mangel umfassender, diesen Punkt besonders berührender Berichte kann nicht mehr zu Gunsten oder Ungunsten der Colonisirung der Mrima gesagt werden.

Das rechte Kingani-Ufer verspricht nach den gemachten Erfahrungen und nach den Bodenuntersuchungen von Dr. K. W. Schmidt für die nächsten Jahre keine nennenswerthe Ausbeute, wobei jedoch nicht ausgeschlossen sein soll, daß umfangreiche Reisculturen in der Thalebene möglich sind und daß durch Ausrodung von Waldungen auf dem Plateaurand ziemlich ertragsfähige Felder in späterer Zeit gewonnen werden können. Dagegen berechtigt die außerordentliche Fruchtbarkeit der Umgebung von Usungula zu der Annahme, daß hier die Plantagenarbeit unter Zuhülfenahme künstlicher Bewässerung einer günstigen Zukunft entgegensieht.

Von den Gebirgsländern ist Kutu wegen dünner Be=
völkerung und verderblichen Klimas nicht in Betracht zu ziehen,
sondern nur Ukami. Es mag noch andere, dem Meere näher=
gerückte fruchtbare Landschaften in Ukami geben, zur Zeit kennen
wir nur allein die Thäler von Mohale und Simbamweni als
ungemein productiv. Die Existenz einer angesehenen fürstlichen
Macht und das Vorhandensein einer an Ackerbau gewöhnten
thätigen Bevölkerung sind wichtige und günstige Factoren.
Ungünstig ist natürlich die von der See entfernte Lage (180 km
oder 14 Marschtage) und die zur Zeit bestehende Bedrohung
durch große Ueberschwemmungen.

Mit Ausnahme des sehr beliebten Tabacks von Sungo=
mero exportirt die Küste allein, und zwar in erster Linie:
Kokosnüsse und Kopal, dann Korn, Reis und Zucker. Der
Import an Baumwollzeugen, Gewehren, Pulver, Eisen und
Metallwaaren wird fast ausschließlich von der Bevölkerung der
Mrima consumirt; die Kauffähigkeit und die Nachfrage nach
Waaren im ziemlich menschenarmen Binnenland ist sehr gering.

Zwischen Rufidschi und Rovuma.

Allgemeine Gestaltung.

Das Landgebiet zwischen Rufidschi und Rovuma ist der
am wenigsten erforschte Theil von Deutsch=Ostafrika; keine
bedeutende, vielbegangene Karavanenstraße geht von irgend=
einem Punkte der dazwischenliegenden Küstenstrecke aus, und be=
kanntlich haben von jeher die Karavanenstraßen den Forschungs=
reisenden die Richtung nach den unbekannten Fernen gegeben.
Nur im südlichsten Theil, von Lindi und Mikindani aus, führt
ein wichtiger Handelsweg am Nordufer des Rovuma nach dem
Nyassa=See, und von dieser Gegend besitzen wir auch einiger=
maßen befriedigende topographische Nachrichten. Dagegen ist
die Küste in allen Buchten und Flußdeltas und einige Meilen

landeinwärts so vollkommen untersucht, daß wir über ihren Culturwerth und über die besten und schlechtesten Landungs= plätze genügend orientirt sind. Auch die Richtung, Verzweigung und Benutzbarkeit der zwei Hauptströme unterliegen im allge= meinen keinen geographischen Zweifeln mehr.

Aber troß dieses gegebenen Materials würde eine er= schöpfende Darstellung des Landes in Bezug auf Gestaltung, Bodenbeschaffenheit, Vegetation, Bevölkerung und Culturfähig= keit mehr ein Product der Phantasie als des Wissens sein.

Der schmale niedrige Küstensaum, die Mrima von Usa= ramo, erweitert sich von Kikunja im Norden bis Furu im Süden zu einer Ebene von 50 km Ausdehnung; sie erstreckt sich zungenartig, vornehmlich am rechten Ufer des Rufidschi, an den Matumbi=Hügeln vorbei bis nach Korogera in einer unbestimmten Breite. Südlich von Furu verengert sie sich mehr und mehr und wird von Kilwa Kivindje bis Mikin= dani von dem dicht an das Meer herantretenden Hochplateau überdeckt.

Das linke Ufer des Rufidschi (das Plateau von Usaramo, 110—120 m hoch) erhebt sich bis Korogera ziemlich steil, da= gegen scheint das rechte Ufer ganz allmählich als Hochfläche von Nord nach Süd emporzusteigen.

Diese Hochfläche erreicht ihre höchste Erhebung in der Landschaft Makonde mit 770 m. Vereinzelte (noch nicht durch die Forschung in Zusammenhang gebrachte) Bergkuppen und Höhenzüge sehen wie aufgesetzt aus: die Matumbi= und die Mandandu=Berge ca. 570 m (?), der Rangwale 426 m und Lukunde 610 m, endlich der Mtandi bei Masasi 640 m.

Eine Besonderheit dieser Hochfläche ist ihre gleichmäßig niedrig bleibende Ausdehnung bis weit nach Westen, nach dem Innern des Festlandes. Während die erste Terrasse Useguhas schon bei Magubika in einer Entfernung von 50 km von der Küste ihre höchste Höhe von 339 m und diejenige von Usaramo mit 240 m bei Msisi Mdogo in Kutu nach 200 km ihr Ende

erreicht, schließt die Hochebene des rechten Rufidschi=Ufers erst
bei Mkomokere in Mahenge mit 240 m Höhe nach einer Strecke
von 330 km ab.

Die westliche Begrenzung ist nur im nördlichen Winkel
durch die 2100 m hohen Uhehe=Berge festgestellt; die östliche
bildet die Mrima von Kikunja bis Kilwa Kivindje und von
da an das Meer bis zur Mündung des Rovuma.

Klima, Vegetation und Thierwelt.

Bei der ungeheuern Ausdehnung des gleichmäßig lang=
sam ansteigenden Landes muß man auf ein gleichmäßiges,
sonnendurchglühtes Klima im östlichen Theil des Innern
schließen. Dagegen verdichtet sich die Feuchtigkeit der Küsten=
luft, unterbrochen durch diese breite Zone der Trockenheit,
ähnlich wie im südlichen Usaramo, an den Bergen von Uhehe
und an den Höhen von Lukunde, von Masasi und Makonde
zu häufigen Niederschlägen, sodaß die Regenzeit am obern Ru=
fidschi Anfang Januar beginnt, während sie bei Kilwa erst
Ende März einsetzt.

Wegen der Lagunen und Sümpfe gilt das Klima an der
Mrima und in der Thalebene des Rufidschi als sehr ungesund;
etwas günstiger ist es an der Küstenstrecke von Kiswere bis
Mikindani; als sehr gesund wird es in der hochgelegenen und
waldreichen Masasi=Gegend gerühmt.

Ueber die Temperaturen läßt sich gar nichts Positives
sagen; Thomson hat wol in seinem Werke „Expedition nach
den Seen" eine erkleckliche Reihe von Thermometerablesungen
mitgetheilt; da sie aber nur zur Bestimmung des Barometer=
standes vorgenommen wurden und keine Tageszeit, die jeden=
falls verschieden war, angegeben ist, so sind sie in Bezug auf
Temperaturverhältnisse unbenutzbar.

Bei Maples (Proc. of the R. G. S. 1880, S. 353) be=
findet sich allein eine bemerkenswerthe Notiz; während des

November 1879 war in Mafafi die Mitteltemperatur 22° R. von 9 Uhr vormittags bis 4 Uhr nachmittags blieb sie constant auf 29,2° R.

Den klimatischen Verhältnissen entsprechend gliedert sich die Vegetation in drei Zonen: in die der Küste, des mittlern Plateau und des Gebirgslandes.

Der niedrige Küstensaum ist zum größten Theil mit Sümpfen und Savannen, der hochgelegene mit dichtem Gehölz und Gestrüpp bedeckt im Zusammenhang mit anstoßenden Kopal- und Gummiwaldungen. An den wenigen Stellen, wo das Land urbar gemacht worden und bebaut wurde, zeigen sich Kokospflanzungen und Kornfelder in bestem Wachsthum.

Weiter landeinwärts läßt die ausdörrende Hitze nichts anderes aufkommen als kärgliche Savanne und dornige Akazienwaldungen. Eine Ausnahme schafft das vom Rufidschi im Mittellauf am rechten Ufer in weiter Ebene abgelagerte Schwemmland; dieses liefert dem Ackerbauer mehr als den eigenen Bedarf. Auch die mäßigen, in dem durchschnittenen wasserreichen Hügelland gelegenen Waldungen nördlich vom Rovuma, in denen die Kautschuk-Liane überaus kräftig wuchert, bergen in sich die Keime erfreulichster Culturfähigkeit, wie vereinzelte Niederlassungen, so Mesule und Mafafi, beweisen.

Im Gebirgsland Mahenge offenbart sich auf den herabgeschwemmten, nahrungsreichen Bodenschichten die Ueberfülle der Pflanzenwelt sowol in der Mächtigkeit der Dschungeln und Gräser, als auch in dem reichen Erträgniß der bebauten Gefilde. Gänzlich unfruchtbar ist die Bergwildniß am obern Rufidschi zwischen Kingani und Schuguli; der steinige Grund bringt hauptsächlich nur dornige Mimosen hervor.

Auffallend ist in diesem ganzen Gebiet die Armuth an jagdbaren Thieren. Weder die Wälder noch die Steppen sind belebt; nur in den Fluten des Rufidschi und Rovuma treiben schaarenweise das Flußpferd und das Krokodil ihr Unwesen.

Die einzelnen Landschaften und deren Bevölkerung.

Da weder geographisch noch ethnographisch abgegrenzte
Bezirke nach unserer gegenwärtigen Kenntniß in dem Land
zwischen Rufidschi und Rovuma (mit Ausnahme von Mahenge)
existiren, muß die Topographie mit folgenden ungleichartigen
Landcomplexen versucht werden: das Flußthal des Rufidschi
und des Ulanga mit Mahenge, die Küste, die Route von der
Decken's und das Land Makonde mit Majaji.

Rufidschi-Thal und Mahenge.

Der Rufidschi erhält seinen Namen nach der Vereinigung
des Ulanga mit dem 90 m breiten unerforschten Luwego.
Beide Flüsse umströmen bei Schuguli eine dichtbewaldete Halb-
insel, die aus Granit besteht und sich als Mbrerara-Berg 600 m
über die Thalsohle erhebt. Durch eine Felsenenge von 6 m
Breite stürzen die vereinigten Wasser zwischen 15 m hohen
Ufern jählings hinab und durchfließen bis zum zweiten Kata-
rakt bei Maruka eine mehr als 120 km lange fast unbewohnte,
spärlich mit Wald bedeckte Bergwildniß. Nahe oberhalb Maruka
mündet der Ruaha. Unterhalb dieses Ortes durchbricht der
Rufidschi in $4\frac{1}{2}$ m Breite eine von Nord nach Süd laufende
Felsenbergkette (wahrscheinlich die Fortsetzung des Kilima-
Hatambula bei Behobeho), erweitert darauf bei Korogera sein
Rinnsal in zahlreichen Verzweigungen und verringert seine Tiefe
bis auf einen Fuß. Die Umgebung ist gewelltes Land mit Quarz-
blöcken und zahlreichen Mimosen und scheint sehr wenig bevölkert
zu sein. Die Breite des Flußbettes zwischen Korogera und Rdun-
gunu wechselt von 90 zu 800 m je nach der Menge der Inseln,
die das Wasser in viele Arme vertheilen, sodaß der Strom in
der Trockenzeit wie ein schlammiges Sumpfgewirr sich aus-
nimmt. Die Umgegend verflacht sich; nur bei Kikumbi steigt
das Nordufer wieder empor und begleitet als rotherbige vertrocknete Steppe in einer Höhe von 6—15 m den Fluß bis

Malingwa; auf der rechten Seite setzt sich die Ebene, durch die Matumbi=Hügel unterbrochen, sowol stromabwärts als auch nach Süden fort, die, wenn unberührt von Menschenhand, nur Savannengras und lichtes Buschwerk hervorbringt, bei fleißiger Bebauung aber Reis, Mais, Taback, Zuckerrohr und auch Baumwolle zu liefern im Stande ist. Zur Regenzeit ist diese Ebene eine einzige Wasserfläche.

Ist es auch einmal dem Engländer Beardall gelungen, ein Boot von der Mündung bei Kikunja bis nach Korogera zu bringen, so ist doch wegen der zahllosen Untiefen an eine Schiffbarkeit des obern und mittlern Rufidschi nicht zu denken, kaum für flache Canoes von 2 Fuß Tiefgang und zwar nur bei Hochwasser. Beardall war oftmals gezwungen, sein ebenfalls flaches Boot auf die Schultern nehmen und streckenweise tragen zu lassen. Von Adungunu abwärts wächst die Stärke der Bevölkerung. Malingwa ist sogar ein Ort von 200 Hütten. Die Breite des Flusses nimmt mehr und mehr ab, seine Tiefe dafür zu. Bei Adungunu beträgt jene 270 m, bei Nananda 70 m, bei Kabi 135 m und endlich bei der großen Ueberfahrts= stelle Njantumbo (Kisomo) 72 m. Njantumbo, ein Ort von 70 Hütten, liegt in der Mitte der großen, fast baumlosen und sehr fruchtbaren Savanne zwischen Kikunja und Mohoro: es gedeihen Mais, Hirse, Bananen, Erdnüsse und Kokospalmen; Rinder, fette Schafe, Ziegen und Hühner werden in Menge gehalten, namentlich südlich des Flusses. Die Masse der Pro= ducte ist so groß, daß sehr viel nach Kikunja oder Samanga zum Export gebracht wird. Mpembeno war früher die Ueber= gangsstelle, wurde aber ganz verlassen. Von hier bis zur Mündung ist der Rufidschi für Dampfbarkassen mit 1 m Tief= gang schiffbar, auch rückwärts zu jeder Jahreszeit, wenngleich wegen der vielen Untiefen ziemlich schwierig. Die Eingebore= nen benutzen die Wasserstraße nicht einmal stromabwärts, weil die Rückkehr entgegen der starken Strömung zu viel Arbeit macht; sie ziehen den Landweg nach Kikunja vor.

Das Delta des Rufidschi ist mit Mangrovewaldungen dicht besetzt, die zum Schiffsbau vorzüglich geeignetes und in weite Ferne verschicktes Holz liefern; bei Kisimiti erheben sich landeinwärts die Ufer, der Boden wird sandig und trägt Mangobäume, Kokospalmen und Bananen in reichlicher Fülle.

Der Rufidschi hat drei Hauptmündungen:

Der Kikunja, 3½ km breit mit 3½ m Tiefe am Ende. Der Ort Kikunja selbst ist sehr ungesund, das Trinkwasser schlecht, die Felder aber sind gut bebaut, auch auf den nahegelegenen, nach Südwest verlaufenden Sandsteinhügeln. Kikunja ist Exporthafen besonders für Kopal aus der Landschaft Kwale.

Der Simboranga; ein ziemlich tiefer Kanal, für Kutter benutzbar.

Der Mjala; die directeste Verbindung mit dem Meer, aber so eng und mit Sandbänken durchsetzt, daß nur Canoes ihn befahren können; am Ausfluß erweitert er sich von 17 zu 135 m mit einer Tiefe von 3½ m.

Die übrigen, aber wenig benutzten Arme sind: Suninga, Kiomboni und Jaja.

Von den Uferbewohnern des Rufidschi wird wenig berichtet; sie bilden keine ethnographische Einheit; gemeinsam ist ihnen nur die Hinneigung zum Araberthum und Mohammedanismus und die Kenntniß des Kisuaheli. Jedes Dorf hat seinen eigenen Häuptling, und kein Häuptling ist von dem andern abhängig. Den Ackerbau betreiben sie mit großem Fleiß. In der Ebene von Njantumbo ist die Bevölkerung intensiv schwarz, untersetzt, sehr häßlich und besonders schmutzig. Ihnen eigenthümlich ist die Anlage der Dörfer mit durchgehender breiter Hauptstraße und das Unterlassen jeder Art von Umzäunung, was auf sehr friedliche Verhältnisse schließen läßt.

Die Namen der verschiedenen Stämme flußaufwärts sind: Wamamboka (wahrscheinlich eine Unterart der Waginbo), Wasoma, Wamlanji, Wamhoka und Wahimba.

Die Landschaft Mahenge liegt zwischen dem Ruaha und Ulanga und wird im Westen von dem 2100 m hohen Uhehe-Gebirge abgeschlossen.

Der Ruaha hat seine Quellen in den Konde-Bergen (am Nordende des Nyassa-Sees) und durchbricht nach langem, noch nicht erforschtem Laufe die Gebirgsmasse zwischen Uhehe, Usagara und Kutu. Trotzdem führt er weniger Wasser mit sich als der Ulanga; er ist unschiffbar wegen der zahlreichen Sandsteinbarrièren; er ist in der Trockenzeit im Land Mahenge sehr seicht. Bei der Mündung des Msendasi besitzt er eine Breite von 70—90 m. Der Msendasi fließt von den Höhen von Mgunda durch ein pfadloses, wildarmes Dickicht von Dschungeln und Wäldern.

Der Ulanga ist der Abfluß des 40—50 km sich ausdehnenden Sumpfes von Tschikoja; an seiner engsten Stelle hat er eine Breite von 68 m, bei Ngohoma wurde sie auf 200 m geschätzt. Im Oberlauf von hohen Bergen umgeben, flacht sich bei Ngohoma sein linkes Ufer zu einer bis an den Fuß der Uhehe-Berge reichenden Ebene ab, die zur Regenzeit weithin überschwemmt wird. Seine Schiffbarkeit scheint auf kurze Strecken beschränkt zu sein; jedenfalls findet sie an den Schuguli-Fällen und an der Unbefahrbarkeit des Rufidschi ein unüberwindbares Hinderniß der Fortsetzung.

Das Uhehe- oder Udschungwe-Gebirge (2100 m) wird nach vier- bis fünftägigem Marsch von Matanga aus auf einem Paß (2030 m) überschritten. Es stellt eine Reihe von Bergketten dar, eine fast vollkommen unbewohnte Wald- und Felsenwildniß, aber voll herrlicher, erfrischender Luft und von malerischem, großartigem Landschaftscharakter. Nach Westen fällt es allmählich und in geringer Tiefe ab zu dem monoton gewellten Hügelland von Uhehe.

Die Niederung von Mahenge besteht aus sehr fruchtbarem Schwemmland, das bei stets herrschender Feuchtigkeit allen Pflanzen zum üppigsten Wachsthum verhilft. Wo es bebaut wird, da gedeihen Reis, Mais, Bataten, Erdnüsse, Melonen, Tabak, Zuckerrohr, Baumwolle, nur nicht die Banane. Da die Bevölkerung gering und die vorhandene mehr zu Raub= zügen als zum Ackerbau geneigt ist, so erscheint Mahenge zum größten Theil als das Land der dichtesten Dschungel mit versumpften Strecken. Die einzige größere Culturstätte ist Mkomokere.

Die Mahenge sind heller von Farbe, feiner von Gesichts= zügen und klüger von Verstand als die benachbarten Wakutu. Im Frieden reducirt sich ihre Bekleidung auf ein schmales Tuch, vorn und hinten am Gürtel herabhängend oder nur über die Schulter geworfen, auf ein Stückchen Thierfell oder Rindenzeug; für die Frauen auf eine Schürze von Affen= häuten und auf Armbänder von Messingdraht. Für einen Kriegszug jedoch schmücken sie den Kopf übermäßig mit Federn und behängen Rücken und Seiten mit Katzen= und Leoparden= fellen. Besondere Sorgfalt verwenden sie auf den Bau und die Verwendung ihrer Hütten. Auf Mauern von geschickt bearbeitetem Flechtwerk ruht das runde oder viereckige Stroh= dach; oder es wird der Unterbau auf eine 1 m hohe Platt= form gestellt und das Dach wie eine Kapuze zum Boden reichend darüber gestülpt. Sie erbauen für die Feldfrüchte eigene Speicher und für die Schafe, Ziegen und Hühner von den Wohnungen abgesonderte Ställe.

Die Mahenge wurden früher einmal von den Maviti, einem Zweigstamm der Zulus, der von dem Nyassa=See herab= kam, in Furcht und Schrecken versetzt. Da dieser Kriegszug weiter nach Osten sich wälzte und überall die Bevölkerung bis zur Wehrlosigkeit einschüchterte, so nahmen die Mahenge, nach= dem das Gewitter über sie weggezogen, Kleidung und Waffen der Maviti an und versuchten auf diese Weise und zwar mit Glück bei den Nachbarn Unterwürfigkeit mit leichter Mühe zu erlangen. So brachten sie selbst die Bewohner des ferngelegenen Korogera und Behobeho unter ihre unbeschränkte Botmäßigkeit.

Der Küstenstrich.

Von Mohoro bis Matompiani (nördlich von Kilwa Kivindje) zieht sich eine mit Wald und Gebüsch bestandene Savanne hin und endet in schwarzem, schlammigem Boden zwischen braunen, tiefeingeschnittenen Bächen; der niedrige und für Boote schwer zugängliche Strand verläuft in Mangrove-sümpfe. Die spärliche Bevölkerung concentrirt sich in Furu und namentlich in Samanga; sie verstand es durch angestrengte Thätigkeit vereinzelte wüste Strecken in Reis- und Zuckerrohr-felder umzuwandeln und Futter für beträchtliche Viehheerden zu gewinnen.

Der Korallenarchipel von Kilwa Kivindje bis nördlich Kimbidschi (bei Dar-es-Salaam) und zwischen der Rufidschi-Mündung und der Insel Mafi bietet der Schiffahrt zu keiner Jahreszeit Schwierigkeiten oder Gefahren.

Kilwa Kivindje. Die Rhede befindet sich 3 km see-wärts; das Watt ist so sanft ablaufend, daß bei Niedrigwasser die Boote auf 1 km Entfernung vom Strand festsitzen und man gezwungen ist, diese Strecke zu durchwaten. Der Strand selbst besteht aus tiefem Sand- und Schlammboden, gegen Norden aus Mangrovesümpfen. Es ist eine bösartige Fieber-gegend mit schlechtem Trinkwasser. Der Mdschindjera fließt als ein dürftiges Gewässer in die Bai. Nur im Westen erhebt sich ein grünes, fruchtbares und viehreiches Hügelland mit den Schambas der Araber zwischen Kokospalmen und Orangen-bäumen. Trotz der ungünstigen Verhältnisse der Landung und des Klimas ist der Ort wegen der Zufuhr von Producten von der Nord- und der Südküste und aus dem Innern einer der größten Städte nach Dar-es-Salaam. Von der Decken schätzte schon vor dreißig Jahren die Einwohnerzahl auf 15000. Freilich wohnt die Masse in elenden Hütten; es existiren nur einzelne steinerne Häuser, darunter das Zollhaus, ein Bazar und ein verfallendes Fort.

Kilwa Kivindje errang seine Bedeutung erst, als die Nach=
barstadt Kilwa Kisiwani in Verfall gerieth. Hier hatten
sich um 1500 die Portugiesen angesiedelt und ein großartiges
Fort mit Bastionen errichtet. Als sie es wegen des verderb=
lichen Klimas verließen, kamen die Araber und schufen es zu
einem politisch wichtigen und reichen Handelsplatz um; an
300 Moscheen sollen dort einmal gestanden haben. Von all
dieser Herrlichkeit besteht jetzt nur noch ein antiquarisch inter=
essanter Trümmerhaufen, außerdem ein zweistöckiges, sehr schad=
haftes Zollgebäude, ehemals die Residenz des Gouverneurs,
etwa zehn brauchbare steinerne Häuser und das Fort, das zwar
1857 neu aufgebaut wurde, zur Zeit aber den anschlagenden
Meereswellen überlassen wird. Kisiwani liegt auf einer Insel
voll wildwuchernder Vegetation in reizloser, unfruchtbarer
Umgebung. Zwei Meerbusen umschließen die Insel: Kuawi im
Norden und Mavudji im Süden mit dem Pactolushafen. In
1½ km Entfernung von ihr ist guter Ankergrund.

Von Kilwa Kisiwani bis zur Rovuma=Mündung fällt das
Hochplateau fast direct zur See hinab; breite Korallenriffe
umsäumen den (ausgenommen bei Lindi und Mikindani) ganz
allmählich unter das Wasser verlaufenden Strand.

Dem gering bevölkerten, doch wildreichen Kiswere kann
man nur bei Hochwasser sich nähern. Ebenso ungünstig ist der
eine enge Einfahrt besitzende Landungsplatz bei Mdschinga.

Lindi dagegen hat in der äußern Bucht eine vorzügliche
Rhede. Es ist neben Kilwa Kivindje der bedeutendste Ort,
der Ausgangspunkt der Karavanen nach dem Nyassa = See.
Es zählt 500 Häuser, in einem Hain von Kokospalmen, Ba=
nanen und Bambusen auf niedrigem sumpfigen Terrain zer=
streut gelegen. Auf dem trockenen Land im Norden steht ein
Fort halb in Ruinen. Der Lindi= oder Ukeredi=Fluß, der
bis Liawa schiffbar ist und wahrscheinlich östlich von Masasi
entspringt, mündet bei einem südlich sich erhebenden, mit
Waldgestrüpp bedeckten Hügel von 50 m Höhe. Lindi ist ein

Fiebernest. Die im Westen dicht herantretende Hochfläche hat gesündere Luft, wäre auch sehr geeignet zu Culturen und zur Viehzucht, ist aber nur spärlich bebaut.

Die Außenbai von Mikindani liegt offen, allen Stürmen ausgesetzt und hat keine Ankerplätze. Doch im Innern besitzt sie drei vollkommen geschützte Häfen, zu denen man zwischen Korallenriffen in tiefem Wasser bei Flut gelangt. Der beste Hafen wäre der von Pemba, allein hier fehlt jede Landverbin= dung. Gewöhnlich wird Kimberi angelaufen, das am Ausgang eines tief eingeschnittenen Thales und am Fuße eines 100 m hohen Berges liegt. Auch das niedrig gelegene Mirumba ist günstig; es besitzt eine Kaserne zur Vertheidigung, die aber beim Mangel von Geschützständen nichts gegen Kriegsschiffe zu leisten vermag.

Araber, Inder und Eingeborene bilden in großer Menge die Bevölkerung der drei Hafenplätze; lebhafter Handel wird mit Kopal, Kautschuk, Reis und Vieh betrieben.

Die Route von der Decken's.

Um einen, wenn auch nur flüchtigen Blick in die Natur des Binnenlandes zu erhalten, muß man bis auf die Berichte von der Decken's von 1860 zurückgreifen; kein zweiter Reisender hat uns sichere Kunde über diese Gegenden gegeben.

Von der Decken kam, von Kilwa Kisiwani bis Mesule, ungefähr 250 km landeinwärts. Das langsam bis 400 m ansteigende Plateau endet mit dem 610 m hohen Lukunde= Gebirge, einem Trümmerhaufen riesiger Felsblöcke, wie die vor= her durchschrittene Landschaft zahlreiche Bäche nach Süden ent= sendet. Da das Land von Masasi und Makonde höher liegt als jenes von Mesule, und bei Kiswere ein Fluß, Umbekuru genannt, aus Westen strömend, mündet, so hat die Vermuthung, daß letzterer alle Bäche aufnimmt, welche die Route von der Decken's von Norden nach Süden durchkreuzen, Anspruch auf Wahrscheinlichkeit.

Akazienwälder bedecken bis Namisu die rothbraune Erde, schroffe Basaltkegel erheben sich aus der Umgebung von Nahigongo; Sümpfe, Savannen, Dickicht wechseln mit einigen starkbevölkerten Orten, wie Kiangara und Najoro. Ein über 30 km ausgedehntes Gebiet wirklicher und üppiger Fruchtbarkeit taucht in dem wasserreichen Hügelland östlich und westlich vom Lukunde auf, bei Luere, Rangungulu und Mejule. Nicht nur alle Feld- und Gartenfrüchte trifft man hier an, sondern auch Zuckerrohr, Bananen, Mangobäume, Baumwollstauden, ja sogar noch die Kokospalme. Hier wird, wie bei Majaji, wiederholt der Beweis geliefert, daß der Lateritboden Innerafrikas von ausgezeichneter Ertragsfähigkeit ist, wenn er von abgeschwemmtem, verwittertem Granit nahegelegener Berge gedüngt und durch quellendes Wasser befeuchtet wird.

Makonde und Majaji.

Unmittelbar südwestlich von Lindi und Mikindani steigt zwischen dem Uferedi und Rovuma das Plateau von Makonde an; es erhebt sich in einer Länge von 112 km und in einer Breite von 48 km, von 60 m bis zu 770 m an seinem Westende bei Newala. Sein Boden von rothem und grauem Sandstein mit metamorphischem Untergrund ist mit so dichtem Gebüsch, Schling- und Kriechpflanzen bedeckt, daß die Pfade mühselig tunnelartig hindurchgearbeitet sind. Bäumen begegnet man allein an den Ufern der wenigen Rinnsale. Das Land birgt in sich eine Quelle des Reichthums, nämlich die Landolphia-Ranke. Das aus ihr gewonnene Kautschuk macht den Hauptbestandtheil des nach Lindi geschafften Handelsartikels aus: 1881 wurden davon für vier Millionen Mark exportirt. An einzelnen Stellen wurde mit gutem Erfolg das Gesträpp ausgerodet; der urbar gemachte Boden erwies sich fruchtbar, so in Madschemba, das sich außerdem eines vortrefflichen Trinkwassers erfreut.

Das nördliche Ufer des Uferedi begleitet von Liawa aus,

einer wohlgepflegten arabischen Station, ein geschlossener Wald von Kautschuklianen von 25—30 km Breite bis nach dem starkbevölkerten Abdalla Peja (Mtua). Von hier bis Lidjimbe betritt man einförmige, wenig bewohnte Savannen, an die sich ein 55 km langer schattenloser Wald von Akazien, Tamarinden und Bambusen anschließt. Dann ragen auf der 480 m hochgelegenen Fläche eine Reihe von Hügeln mit vier Bergkegeln auf, deren höchster Mtandi (640 m) genannt wird, und bilden eine 15 km lange und gegen 7 km breite, äußerst fruchtbare Oase in der auch nach Westen sich fortsetzenden Waldwildniß. Der größte Ort ist Masasi, eine englische Missionsstation. Sümpfe gibt es hier nicht; die Luft ist gesund und fieberfrei. Was man auch baut, Maniok, Korn, Sesam oder Reis, Bananen, Orangen, Citronen, Granatäpfel, Mango und europäische Gemüse: alles trägt die lohnendsten Ernten ein. Den Fuß der bewaldeten Berge umschließen mächtige Granitfelsen; von ihren Höhen rieseln frische Gewässer herab.

Von Masasi senkt sich südöstlich das Land mit einem wasserarmen, aber wildreichen Gehölz gegen 30 km weit hinab und geht im Thal des Rovuma in kümmerliche Steppe über.

Nahe demselben liegt die englische Missionsstation Newala (Dschilonda), früher der Sitz des Häuptlings Matolo, in dürftiger Umgebung.

Die Bevölkerung des südlichen Binnenlandes zerfällt in vier Hauptstämme: in die Wagindo, Makonde, Makua und Yao. Sie haben mit Ausnahme der Makonde keine abgeschlossenen Wohnbezirke, sondern sind aus ihren entfernten Stammländern sippenweise untermischt in verschiedene Oertlichkeiten eingewandert.

Die Wagindo, hauptsächlich in Mesule und am untern Ukeredi seßhaft, außerdem im Thal des Rovuma, tätowiren sich die Arme und den Oberleib mit Thier= und Menschenfiguren (dies scheint ihr Stammesabzeichen zu sein); die vordern Schneidezähne feilen sie spitzig zu. Am Berg Lukunde

treiben sie mit Hülfe ihrer Sklaven sorgfältigen Ackerbau;
dem Sklavenhandel als solchem sind sie durchaus abgeneigt,
weil sie die ihnen bequem und geschickt gewordenen Arbeiter
nicht entbehren wollen. Am Rovuma haben sie andere Sitten
angenommen; dort hat sie, ähnlich wie die Mahenge, das Bei=
spiel und der Erfolg der benachbarten kriegerischen Maviti
verlockt, in deren Tracht und mit deren Waffenausrüstung
Schrecken unter den Nachbarn zu verbreiten und reiche Beute
durch Raubzüge mit leichter Mühe zu gewinnen.

Die Makonde, einer der häßlichsten Negerstämme, ver=
unstalten das Gesicht und andere Körpertheile mit den unsin=
nigsten Ornamenten, ihre Weiber außerdem noch durch das
Pelele, ein Stück Holz, das in die Oberlippe gesteckt und
allmählich durch immer größere Stücke ersetzt wird, sodaß es
bei den alten Weibern zuletzt selbst das Kinn bedeckt. Ein
Hüftentuch macht die mangelhafte Bekleidung aus, Perl= und
Messingbänder bilden den ärmlichen Schmuck. Sehr beschränkt
von Verstand, lieben sie den Frieden in der Familie und im
Erwerb und ertragen geduldig die Verachtung, mit welcher sie
von den Yaos behandelt werden. Wenn Thomson gewissenhaft
berichtet worden, so sind sie in sexueller Beziehung musterhaft:
Sünden vor oder in der Ehe werden auf das strengste bestraft.
Gerühmt wird auch die Reinlichkeit ihrer kreisrunden Hütten,
die aus 3 m hohem Pfahlwerk erbaut werden.

Die Massenwohnsitze der Makua liegen weit südlich vom
Rovuma, westlich von Mosambique; ein Theil von ihnen ist
nach dem Thale dieses Stromes ausgewandert und hat sich
auch in der Umgegend von Newala und Masasi niedergelassen.
Ihre Sprache hat derartige Eigenthümlichkeiten, daß sie von
andern Stämmen nicht nachgesprochen werden kann, obwol die
Makua selbst fremde Idiome mit Leichtigkeit gebrauchen. Sie
sind ein intelligentes Volk. Sehr fleißig im Ackerbau, geschickt
im Handel, ausgezeichnet durch Gerechtigkeitsgefühl, erwecken
und verdienen sie volles Vertrauen. Den Frauen, die ebenfalls

das Pelele tragen, wird das besondere Vorrecht eingeräumt, in eigenen Hütten zu wohnen und eigene Felder zu besitzen.

Ganz anders geartet sind die Yaos. Vom Gebirgsland östlich des Nyassa-Sees wandern sie den Ludjenda herab nach dem untern Rovuma und siedeln sich zeitweilig an zwischen den Makua und Makonde in Newala, Masasi und Madschemba in geräumigen und reinlichen Wohnstätten. Listig und that= kräftig, athletisch von Gestalt, werden sie als Krieger selbst von den Arabern gefürchtet. Ihr Handwerk, Sklavenjagd und Sklavenhandel, hat sie in regen Verkehr mit den letztern gebracht und deren Tracht und Sitten theilweise bei ihnen eingeführt. 1880 war Madschemba in Makonde ein bis Mikindani und Lindi berüchtigter Räuber und Häuptling von ihnen.

Schlußbetrachtung.

Der Reichthum an Naturproducten aus dem Lande zwischen Rufidschi und Rovuma lagert sich in den Handelsplätzen der Küste ab und findet seinen Export fast ausschließlich durch die Hände der Inder. Er besteht vornehmlich in Kopal und Kautschuk, zu geringerm Theil in Korn, Reis und Rindern. Bei der Bedürfnißlosigkeit der Eingeborenen beschränkt sich der Import auf Baumwollzeug, Eisen= und Messingdraht.

Zur Steigerung der Ausbeute eignen sich nur die wenigen Küstenstriche, in denen Kokospflanzungen einen günstigen Boden finden. Weiter landeinwärts dehnt sich eine, wenn auch nicht genügend erforschte, doch wahrscheinlich mit einzelnen bereisten Stellen gleichartige breite unfruchtbare Zone aus; sie vereitelt oder erschwert mindestens die Niederlassungen in den gesegnetern Gefilden am Fuße der entlegenen Berge. So mag Mahenge wol die Beschaffenheit eines wirklichen Cultur= landes besitzen, aber, abgesehen von seiner spärlichen und der Feldarbeit abgeneigten Bevölkerung, wird es noch Jahrzehnte

lang jedem colonisatorischen Unternehmen wegen seiner Iso-
lirung durch Berg- und Savannenwildniß verschlossen bleiben,
denn seine einzige denkbare Abfuhrstraße, der Rufidschi, ist auf
diese Entfernungen gänzlich unbrauchbar.

Doch drei Regionen gibt es, die allem Anschein und allen
Berichten nach zur Anlegung von Plantagen geeignet wären.
In erster Linie die große Ebene von Njantumbo am untern
Rufidschi. Die Fruchtbarkeit des bearbeiteten Bodens ist hier
außer aller Frage, ebenso die Verwendung des Flusses als
billige Wasserstraße bis zu dem wichtigen Küstenplatz Kikunja.
Mit der Zunahme von Culturen dürfte auch die hier herrschende
etwas bedenkliche Fieberluft abnehmen.

Dann muß die Gegend um den Lukunde-Berg in Betracht
gezogen werden. Freilich nur ein einziger Reisender hat über
die äußerst günstigen Culturverhältnisse zwischen Luere und
Mesule bisher Kunde gebracht. Aber von der Decken hat sich
immer als ein gewissenhafter Berichterstatter erwiesen, sodaß
eine auf Plantagenanlage gerichtete Forschungsexpedition vollkommen berechtigt erscheinen dürfte. Die etwas mißliche Gangbarkeit des Weges von Kilwa Kivindje bis Mesule könnte nicht
abschrecken, vielleicht aber die ziemlich große Entfernung von
etwa sechzehn Tagemärschen.

Ein dritter Platz ist das äußerst gesunde Majasi. Wol
ist zur Zeit die anbaubereite Fläche nicht groß und die Entfernung von der Küste ziemlich beträchtlich; allein es kann noch
mehr Wald ausgerodet werden und gerade derart gewonnener
Ackergrund liefert andauernd die reichsten Früchte; die Länge
des Weges bis Lindi verliert durch seine Gangbarkeit die Bedeutung eines wesentlichen Hindernisses für die Rentabilität
einer Niederlassung.

Anhang.

Werke und Reiseberichte.

Geschichte.

J. Wagner, Deutsch-Ostafrika. 2. Auflage. (Berlin 1888.)
Weißbuch. IV. Theil. (Berlin 1889.)

Usambara und Bondei. Pare und Ugono.

	Reisejahr.
J. L. Krapf, Reisen in Ostafrika. (Kornthal 1858.)	1848. 1852.
R. F. Burton, Zanzibar. II. Band. (London 1872.)	1858.
O. Kersten, C. Cl. von der Decken's Reisen in Ostafrika. I. II. (Leipzig 1869.)	1861 u. 1862.
Ch. New, Journey from the Pangani to Mombasa. Proc. of the R. G. Soc. 1874/75, S. 317.	1874.
J. P. Farler, The Usambara Country. Proc. of the R. G. S. 1879, S. 81.	1875.
A. Belleville, Journey to the Universities' Mission Station of Magila. Proc. of the R. G. S. 1875/76, S. 74.	1875.
Keith Johnston, From Zanzibar to Usambara. Proc. of the R. G. S. 1879, S. 545.	1879.
Jos. Thomson, Expedition nach den Seen von Centralafrika. (Jena 1882.)	1879.
—— Durch Massai-Land. (Leipzig 1885.)	1883.
G. A. Fischer, Bericht über eine Reise in das Masai-Land. Mitth. d. Geogr. Ges. in Hamburg, 1882/83, S. 36.	1882.
K. Jühlke, Die Erwerbung des Kilimandscharo-Gebietes. (Köln 1886.)	1885.
Kurt Weiß, Meine Reise nach dem Kilimandscharo-Gebiet. (Berlin 1886.)	1885.

	Reisejahr.
Graf Pfeil, Beobachtungen in Ostafrika. Petermann's Mitth. 1888, S. 1.	1887.
Hans Meyer, Bericht über die Reise durch Usambara. Mitth. aus den deutschen Schutzgebieten (Berlin 1888), S. 199.	1888.
Baumann, Usambara. Petermann's Mitth. 1888, S. 41.	1888.

Kilimandscharo-Gebiet.

	Reisejahr.
J. L. Krapf, Reisen in Ostafrika. II. (Kornthal 1858.)	1848 u. 1849.
O. Kersten, C. Cl. v. d. Decken's Reisen in Ostafrika. I. (Leipzig 1869.)	1861 u. 1862.
Ch. New, The ascent of Mount Kilima-Njaro. Proc. of the R. G. S. 1871/72, S. 167.	1871.
Jos. Thomson, Durch Massai-Land. (Leipzig 1885.)	1883.
G. A. Fischer, Bericht über eine Reise in das Masai-Land. Mitth. der Geogr. Ges. in Hamburg 1882/83, S. 44.	1883.
H. H. Johnston, The Kilima-njaro Expedition. Proc. of the R. G. S. 1885, S. 137.	1884.
K. Jühlke, Die Erwerbung des Kilimandscharo-Gebietes. (Köln 1886.)	1885.
Kurt Weiß, Meine Reise nach dem Kilimandscharo-Gebiet. (Berlin 1886.)	1885.
Graf Teleki, In das Gebiet des Kilimandscharo. Mitth. der K. K. Geogr. Ges. (Wien 1888), S. 353.	1887.
Hans Meyer, Besteigung des Kilimandscharo. Petermann's Mitth. 1887, S. 353 und Verhandlungen d. Gesellsch. f. Erdkunde (Berlin 1887), S. 446.	1887.
—— Der Kilima-Ndjaro. (Leipzig 1886.)	1884.
O. Ehlers, Besteigung des Kilimandscharo. Petermann's Mitth. 1889, S. 68.	1888.

Das Wami-Gebiet mit Useguha, Nguru und Usagara.

	Reisejahr.
R. F. Burton, Zanzibar. II. (London 1872.)	1857.
—— The Lake Regions of Central-Africa. (London 1860.)	1857 u. 1858.
J. H. Speke, Die Entdeckung der Nilquellen. I. (Leipzig 1864.)	1860.
H. M. Stanley, Wie ich Livingstone fand. (Leipzig 1875.)	1871 u. 1872.
Malcolm, Der Fluß Wami. Zeitschr. d. Ges. f. Erdkunde (Berlin 1873), VIII, 217.	1873.

Reisejahr.

B. L. Cameron, Quer durch Afrika. (Leipzig 1877.)   1873.

H. M. Stanley, Durch den dunkeln Welttheil. I. (Leipzig 1878.)   1874.

Price, A new route and a new mode of travelling into   1876.
     Africa. Proc. of the R. G. S. 1876/77, S. 239.

R. Böhm, Von Sansibar zum Tanganjika. (Leipzig 1888.)   1880—84.

Wißen u. Felkin, Uganda und der ägyptische Suban. (Stutt-   1876.
     gart 1883.)

Cambier, L'excursion sur la route de Mpwapwa. Soc.   1878.
     Belge de Géogr. 1878, S. 194.

E. Marno, Excursion von Zanzibar nach Lea-Liera. Mitth.   1878.
     der K. K. Geogr. Ges. (Wien 1878), S. 353.

J. T. Last, A journey in the Nguru country. Proc. of   1881.
     the R. G. S. 1882, S. 148.

—— A visit to the Masai People. Proc. of the R. G. S.   1882.
     1883, S. 517.

Et. Baur et Le Roy, A travers le Zanguébar. (Tours 1887.)   1884.

Graf Pfeil, Die Erforschung des Ulanga-Gebietes. Peter-   1885.
     mann's Mitth. 1886, S. 353.

G. A. Fischer, Bericht über die Expedition zur Auffindung   1885.
     von Dr. Junker. Petermann's Mitth. 1886, S. 363.

Kurt Töppen, Eine Reise nach dem Innern von Afrika.   1886.
     Ausland 1887, S. 657.

Graf Pfeil, Beobachtungen in Ostafrika. Petermann's Mitth.   1887.
     1888, S. 6.

Parker, The country between Mombasa and Mamboia.   1887.
     Proc. of the R. G. S. 1888, S. 92.

Das Kingani-Gebiet mit Usaramo, Ukami und Kutu.

R. F. Burton, The Lake Regions of Central-Africa.   1857 u. 1858.
     (London 1860.)

J. H. Speke, Die Entdeckung der Nilquellen. I. (Leipzig 1864.)   1860.

G. M. Stanley, Wie ich Livingstone fand. (Leipzig 1885.)   1871 u. 1872.

B. L. Cameron, Quer durch Afrika. (Leipzig 1877.)   1873.

Elton, On the coast country of East Africa. Journal of   1874.
     the R. G. S. 1874, S. 227.

Jos. Thomson, Expedition nach den Seen von Centralafrika.   1879.
     (Jena 1882.)

	Reisejahr.
Et. Baur et Le Roy, A travers le Zanguébar. (Tours 1887.)	1884.
K. W. Schmidt, Sansibar. (Leipzig 1888.)	1885.
Graf Pfeil, Die Erforschung des Ulanga-Gebietes. Petermann's Mitth. 1886, S. 353.	1885.

Zwischen Rufidschi und Rovuma.

R. F. Burton, Zanzibar. II. (London 1872.)	1859.
O. Kersten, C. Cl. von der Decken's Reisen in Ostafrika. I. (Leipzig 1869.)	1860.
Elton, On the coast country of East Africa. Journal of the R. G. S. 1874, S. 227.	1874.
J. Kirk, On recent survey of the east coast of Africa. Proc. of the R. G. S. 1877/78, S. 453.	1877.
Jos. Thomson, Expedition nach den Seen von Centralafrika. (Jena 1882.)	1879.
Chauncy Maples, Masasi and the Rovuma District. Proc. of the R. G. S. 1880, S. 337.	1879.
W. Beardall, Exploration of the Rufidji. Proc. of the R. G. S. 1881, S. 641.	1880.
Jos. Thomson, Notes on the Basin of the river Rovuma. Proc. of the R. G. S. 1882, S. 65.	1881.
Graf Pfeil, Die Erforschung des Ulanga-Gebietes. Petermann's Mitth. 1886, S. 356.	1885.

Register.

Druck von F. A. Brockhaus in Leipzig.

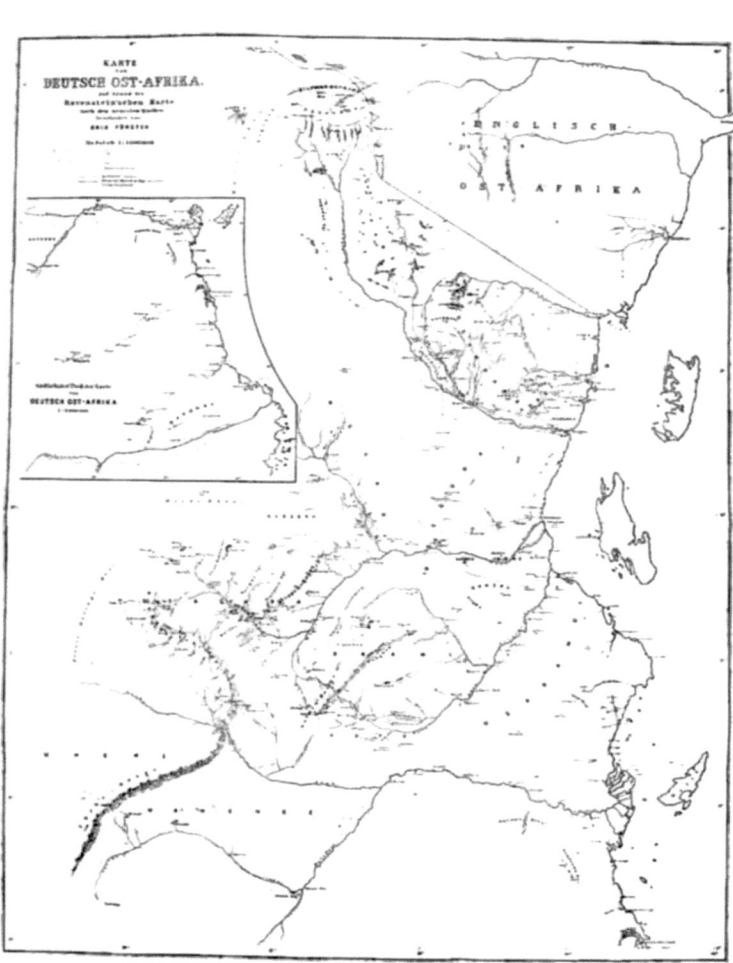